빅데이터 경영 4.0

4차 산업혁명 시대, 데이터 경영 전쟁이 시작됐다
빅데이터 경영 4.0

초판 1쇄 발행 2017년 3월 30일
초판 4쇄 발행 2019년 3월 25일

지은이 방병권

발행인 백유미 조영석
발행처 (주)라온아시아
주소 서울시 서초구 효령로 34길 4, 프린스효령빌딩 5F

등록 2016년 7월 5일 제 2016-0000141호
전화 070-7600-8230 **팩스** 070-4754-2473

값 15,000원
ISBN 979-11-5532-272-7 (13320)

※ 라온북은 (주)라온아시아의 퍼스널 브랜딩 브랜드입니다.
※ 이 책은 저작권법에 따라 보호를 받는 저작물이므로 무단전재 및 복제를 금합니다.
※ 잘못된 책은 구입하신 서점에서 바꾸어 드립니다.

라온북은 독자 여러분의 소중한 원고를 기다리고 있습니다. (raonbook@raonasia.co.kr)

빅데이터 경영 4.0

BIG-DATA MANAGEMENT 4.0

방병권 지음

서문

4차 산업혁명은
빅데이터를 먹고 자란다

나는 그날 시드니에 있었다

그랬다. 우리나라의 경제부총리가 국제통화기금(IMF)에 자금 지원을 요청하기로 결정했다고 발표한 날, 1997년 11월 21일에 나는 호주 시드니에 있었다.

그때는 몰랐다. 그날의 그 사건이 내 인생에, 우리나라의 국민들의 삶에 어떤 영향을 미칠지. 너무 많은 돈을 빌려서 기업을 운영하면 회사가 망할 수 있다는 것을, 많은 직장인들이 당연히 정년까지 다닐 것이라 믿었던 회사에게 떠밀려 산으로 들로 헤매게 될 줄 몰랐다. 또 그 와중에도 우리나라 국민들은 나라를 구하겠다고 저마다 금을 들고 나와 세계를 놀라게 할 지 몰랐다. 나는 그날의 사건, 아니 정확히 말해서는 오랫동안 누적되어온 우리나라의 경제운영 방식의 문제점이 공개된 날, 도대체 무엇이 잘못되어서 그런 일이 벌어졌는지도, 그 이후에 어떤 변화가 찾아올지도 예측할 수 없었다.

2007년 1월 9일 스티브 잡스가 아이폰을 발표한 날. 그날 이후로 세상은 많은 변화를 겪고 있다. 사람들이 마침내 컴퓨터 한 대씩을 저마다의 손에 들고 다니는 세상이 되었다. 애플사가 스마트폰을 발표한 이래로 대한민국은 세계에서 가장 많은 반도체를 만들어내는 나라가 되었다. 또 당시 세계 최고의 휴대폰 브랜드였던 모토로라와 노키아를 제치고, 대한민국의 휴대폰이 세계를 누비게 되었다. 그리고 수많은 사람들이 스마트폰과 관련된 제품과 서비스를 제공하는 직업을 갖게 되었다. 이 또한 예측할 수 없었던 일이다. 역사의 변화를 이끄는 사람들이 있고, 역사의 변화를 읽고 대처하는 사람이 있고, 역사가 변해도 다른 사람들의 설명과 움직임을 보고야 아는, 그때서야 역사의 변화를 따라가는 사람들이 있다. 이들의 차이는 어디에서 오는 것일까.

1승 4패 vs 4승 1패

2016년 3월 15일 우리나라의 바둑천재 이세돌 9단과 구글이 만든 인공지능 알파고가 벌인 다섯 번의 바둑 대국 결과 1승 4패 했다. 이 사건을 놓고 많은 사람들이 마침내 인공지능에게 인간이 패배했다고 한다. 과연 그러한가? 나는 조금 다르게 생각한다. 사람이 자동차를 개발하고 세상에서 가장 빠르게 달리는 사람과 자동차 간에 100m 경주를 시켜 놓고 인간이 지면, 마침내 인간이 기계에게 패배했다고 해야 하는 것인가?

그날에 대한 해석은 다양하게 할 수 있지만, 나는 바둑을 잘 모르는 사람도 빅데이터를 잘 활용하여 시스템을 만들면 이세돌과 같은 천재 프로기사도 이길 수 있다는 사실을 세상에 알린 날이라 생각한다. 즉, 그날을 '빅데이터가 세상에 그 중요성을 선언한 날'이라고 생각한다.

4승 1패. 빅데이터의 입장에서는 그날의 기록을 그렇게 남기고 있다.

우리는 이미 4차 산업혁명의 파도 속에 있다

우리가 알고 있든지 모르고 있든지, 세상은 4차 산업혁명 속으로 들어가고 있다. 하나하나의 역사적 사실이 누적되면 거대한 파도가 된다. 그 엄청난 파도의 한 가운데 있으면 이게 파도인지 아닌지 모르는 경우가 있다. 오랜 시간이 지난 후에야 '아, 그때 그 사건이 우리에게 이런 영향을 주었구나'라고 뒤늦게 깨닫지 않기 위해서 우리는 부지런히 세상의 변화를 파악하고 그 변화가 우리에게 어떤 의미가 있는지, 그리고 그 속에서 나는 무엇을 해야 하는지를 알아내야 한다.

나는 4차 산업혁명에서 우리에게 중요한 것은 빅데이터에 대한 관심을 갖고 이를 이용하는 것이라고 생각한다. 빅데이터는 어려운 것이 아니다. 그리고 빅데이터는 그 크기만 크고, 속도만 빠른 것이 아니라, 이전 보다 훨씬 더 다양한 데이터들이 우리가 사는 세상의 도처에 널려 있어서 빅데이터라고 하는 것이다.

이전에는 측정할 수 없었던 많은 것들이 측정이 가능해지고 있다. 현장의 데이터가 적을 때에는 정책 결정이 더 중요했다. 제도와 철학 같은 추상적인 것이 더 중요했다. 그러나 정책의 결정도 현장의 살아 있는 데이터를 파악하지 않고는 사상누각에 불과하다. 삶의 모든 현장에 녹아 있는 빅데이터가 우리의 의사결정에, 선택을 하는데, 보다 나은 의사결정을 하는데, 보다 좋은 선택을 할 수 있데 도움을 줄 것이기 때문에 이를 우리의 무기로 만들자는 것이 이 책의 주제이다. 4차 산업혁명은 기업뿐만 아니라 개인까지도 일하는 방식의 변화를 요구하고 있다.

이 책이 나오기 까지 체계적인 프로그램으로 많은 도움을 준 라온북에 감사를 드린다. 자식에 대한 변함없는 믿음을 가지고 지켜보아 주시는 부모님과 세상에 홀로 서 있지 않다는 사실을 늘 일깨워주는 나의 가족 민영, 유섭, 예린의 도움으로 이 책이 세상에 나오게 되었다. 무엇보다도 이 책에 나오는 많은 사건들을 같이 만들어 온 같이 근무했던 동료들에게 감사의 마음을 전한다.

새로운 하루를 맞이하며
방병권

목차

서문 4차 산업혁명은 빅데이터를 먹고 자란다 • 6

CHAPTER 01 — 당신이 아는 빅데이터는 틀렸다
데이터는 숫자가 아니다 • 14
경영학 중심의 사고를 버려라 • 19
4차 산업혁명의 중심에는 빅데이터가 있다 • 26

CHAPTER 02 — 데이터를 대하는 태도를 바꿔라
빅데이터가 기업경영의 판을 바꾸고 있다 • 34
빅데이터의 핵심은 질문이다 • 41
문제 해결의 열쇠가 데이터에 있다 • 47
고객의 욕망이 데이터에 보인다 • 53
빅데이터가 실패 확률을 줄여준다 • 60
묻지 말고 관찰하라 • 68
언제까지 장님 더듬기식 경영을 할 것인가? • 75
흥미로운 실험 결과들 • 82

CHAPTER 03 — 1등 데이터 경영 조직은 어떻게 일하는가
구글은 어떻게 빅데이터로 1위 기업이 되었는가? • 92
시장을 발칵 뒤집은 아마존의 데이터 경영 • 98
유일무이한 기업 GE의 도전 • 105
실리콘밸리, 데이터 기반 비즈니스의 보고 • 111
1인 기업도 빅데이터로 산다 • 118

CHAPTER 04 — 우리 조직이 데이터로 할 수 있는 일들
회사의 모든 일을 데이터로 표현하라 • 128
측정만 해도 비용이 줄어든다 • 133
식당 서비스 품질 향상 • 141
건강 기반 복지서비스 • 150

물류창고 표준화 • 157
통근버스 노선 단축 • 165
사내교육 효과 극대화 • 172
적정 인력 산정하기 • 180
심리학의 여섯 가지 원칙 이용하기 • 187

CHAPTER 05 — 빅데이터로 일하는 스마트 조직 만들기
데이터를 아는 조직 만들기 • 200
분위기를 확산하라 • 208
누가 의사결정을 하는가? • 215
의사결정의 포인트를 파악하라 • 222
데이터로 일하는 순서 • 234

CHAPTER 06 — 빅데이터 경영의 핵심, 유연한 질문형 조직 만들기
Why를 아는 조직 만들기 • 244
가설적 사고하기 • 250
몰입 환경 조성하기 • 258
스스로 문제를 발견하는 조직 만들기 • 269
데이터로 성과 관리하는 법 • 277
7Habits로 자율조직 만들기 • 289

CHAPTER 07 — 빅데이터 경영을 결심한 당신에게
사내 데이터 전문가 어떻게 육성할 것인가? • 308
스마트 조직의 최종 목표는 맞춤형 예측 시스템 • 314
세상을 보는 관점 • 317
빅데이터 활용시 주의 사항 • 325
신사업 발견을 위한 브레인 스워밍 • 335
결국은 데이터를 보는 사람의 마인드이다 • 342

CHAPTER 01

당신이 아는 빅데이터는 틀렸다

데이터는
숫자가 아니다

우리는 일반적으로 데이터를 숫자라고 오랫동안 생각해왔다. 기업의 경영에서도 중요한 숫자를 잘 파악하고 있는 것을 매우 중요한 역량으로 생각해왔다. 물론, 회계를 잘 알고 재무제표를 잘 보고 분석할 수 있는 능력은 직장생활이나 경영을 하는데 있어서 필수적인 요건이다. 또한 자신이 맡은 업무 분야에 있어서도 각종 현황을 노트에 숫자로 꼼꼼하게 적어 놓고 있다가 상사의 질문에 즉시 대답하는 것은 능력을 인정받는 아주 좋은 방법이다.

영어에서도 결산표의 마지막 행인 이익과 손실을 가리키는 'bottom line'이라는 말이 최종 결과, 가장 중요한 사실을 뜻하는 말로 사용되고 있다. 그만큼 기업을 경영하는 사람들에게는 손익에 영향을 미치는 요인들을 숫자로 파악하고 있는 것은 중요하다는 것이다. 그래서인지 기업에서도 구성원들을 대상으로 회계와 재무의 기초 교육을 필수적으로 하는 경우가 많다. 또한 직장생활을 하는 사람들은 차별화된 경쟁력을 갖기 위해 별도로 회계 관련 공부를 하기도 한다.

논문 작성을 위해 설문조사를 하거나, 실험 결과를 분석하기 위해서도 또 품질관리를 위해 식스시그마를 활용할 때에도 우리는 모든 자료를 숫자로 표현하기 위해 정량 데이터, 정성 데이터로 분류했다. 그리고 정성 데이터도 일정한 분류를 활용하여 코드화시키는 작업을 했다. 이렇듯 우리는 오랫동안 모든 자료의 분석을 위해 숫자로 표현을 해왔고, 데이터라고 하면 숫자를 먼저 생각하는 것이 당연한 것으로 여겨 왔다.

그러나 『예측은 분석이다』의 저자 에릭 시겔에 따르면 실제로 우리가 살고 있는 세상에서는 데이터의 80%가 문자라고 한다. 숫자 데이터는 20%도 안 된다는 이야기다. 이것도 2013년의 경우이니 이후로도 전 세계에서 쏟아지는 데이터가 얼마나 어떤 형태를 가지고 있는지 현황을 다 파악하기란 무척 어렵다. 시시각각으로 현황이 바뀌고 있기 때문에 데이터의 종류를 분류한다는 것조차 의미가 없다는 이야기이다.

그럼 데이터란 무엇일까? 옥스포드 대사전은 데이터를 '추론과 추정의 근거를 이루는 사실'이라고 정의하고 있다(『데이터 분석 전문가 가이드』, 한국데이터베이스진흥원 지음, 한국데이터베이스진흥원). 즉, 우리가 어떤 의사결정이나 선택을 하고 나아가 미래의 변화 방향에 대해 추정하기 위해 사용되는 모든 근거를 데이터라고 한다.

한 걸음 더 나가서 사람들은 지금을 빅데이터 세상이라고 하는데 빅데이터란 무엇일까? 미국의 시장기관 IDC는 빅데이터를 '다양한 종류의 대규모 데이터로부터 저렴한 비용으로 가치를 추출하고, 데이터의 초고속 수집 및 발굴, 분석을 지원하도록 고안된 차세대의 기술 및 아키텍쳐'라고 정의하고 있다(『의사결정 시스템』, 이명재, 황영수 지음, 생능출판).

다양한 종류라고 하는 데 과연 얼마나 다양한 종류가 얼마의 속도로 쏟아지고 있는지를 아래의 그림이 보여주고 있다. 즉, 페이스북에는 1분마다 책 350권 분량의 데이터가 올라오고 유튜브에서는 1분마다 72시간 분량의 비디오가 생성이 되며, 아마존에서는 1분에 8만

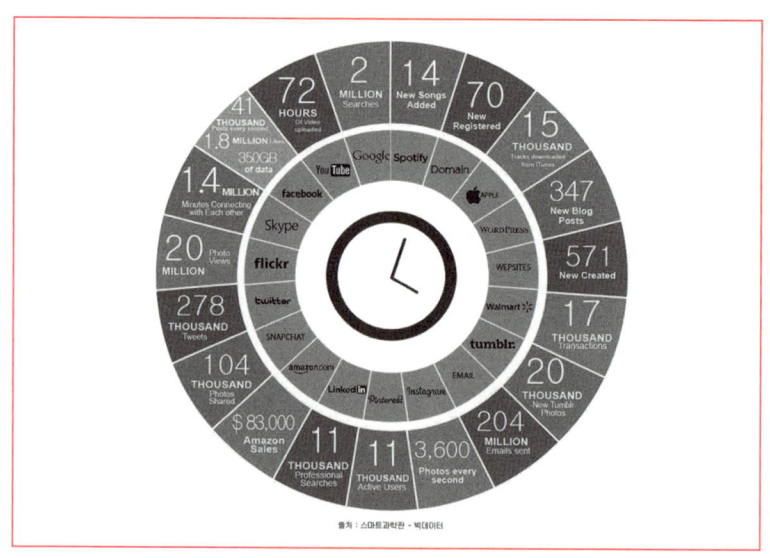

1분 동안 인터넷에서 생성되는 데이터의 양

3천 달러의 인터넷 거래가, 월마트에서는 1분에 1만7천 건의 거래가 이루어지고 있다. 실로 엄청난 양의 데이터가 인터넷에 올라오고 있다.

이게 왜 중요할까? 도대체 무슨 의미일까? 중요한 것은 이 엄청난 데이터들이 거의 공짜나 다름이 없이 인터넷에서 제공되고 있다는 것이다. 단순히 각종 실험의 결과나 현황에 대한 숫자 자료뿐만이 아니라 수많은 사람들이 자신들이 아는 지식을, 생각하는 것을, 사는 모습과 세상이 돌아가는 모습을 동영상과 사진으로 찍어 인터넷에, 블로그에 올리고 있다는 것이다.

즉, 많은 경우에 있어서 우리는 궁금한 일이 있을 때 해당 분야의 전문가를 어렵지 않게 찾고, 내가 전공하지 않은 분야의 지식도 검색을 통해서 쉽게 공부할 수가 있다는 것이다. 세상의 거의 모든 것을 데이터로 전환하는 시기에 살고 있는 우리는 더 이상 길을 찾아가기 위해서 보험회사에서 제공하는 지도책을 차에 비치하지 않아도 되고, 고객이 무엇을 원하는지 일일이 물어보지 않아도 되고, 회사의 구성원들이 회의를 하면서 일을 하면서 어떤 생각과 감정으로 지내는지를 직접 물어볼 필요가 없어진 것이다.

숫자로 시작한 데이터는 문자, 그림, 사진, 소리, 동영상 그리고 센서를 통한 자료까지 그 종류를 헤아리지 않고 데이터로 전환되고 있다. 고객에게 어떤 제품을 얼마에 팔았는지만 관리하던 것에서 벗어나, 고객이 그 제품을 살 때 다른 제품은 무엇을 샀는지, 무슨 요일에 몇 시에 샀는지, 물건을 산 고객은 남자인지 여자인지 연령대가 어떻게 되는지 등등 거의 모든 자료가 데이터로 우리의 손에 넘어 오게 된다.

우리는 이런 데이터를 통해 어떤 제품을 같은 공간에 배치해야 하는지, 고객이 원하는 새로운 제품은 무엇이 있는지, 어느 연령대의 고객들이 어떤 제품을 어떤 요일에 잘 사가는 지 등등의 다양한 분석을 통해 시장을 개척하고 제품을 개발하고 새로운 서비스를 제공할 수 있다.

즉, 더 이상 회계나 재무의 숫자에 얽매이지 말고 더 큰 세상의 데이터를 보고 새로운 지평으로 나가야 한다는 이야기이다. 또 인터넷에서 제공되는 각종 자료와 지식 그리고 현황을 통해 새로운 가치를 창출하기 위해 분석하고 예측해야 한다는 것이다.

빅데이터 시대를 살기 위한 가장 첫걸음은 우리의 생각을 바꾸는 것이다. 지금 우리가 사는 세상은 노다지가 거의 공짜로 제공되고 있다. 그리고 그것들은 인터넷에, 우리 주위에 널려 있다.

경영학 중심의 사고를 버려라

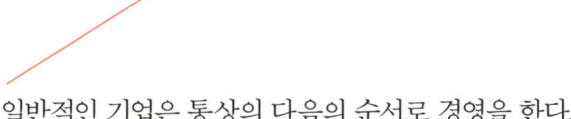

일반적인 기업은 통상의 다음의 순서로 경영을 한다.

1. 비전 워크숍을 통해 회사의 비전, 미션, 핵심가치, 실천원칙을 만든다.
2. 매년 연말이 되면 회사의 사업환경과 경영현실을 반영하여 중장기 사업계획을 작성한다.
3. 중장기 사업목표에 따라 사업의 조정 및 실행 계획을 만들고 각 사업부별 중장기 및 익년도 운영계획을 수립한다.
4. 수립된 전략 및 운영계획에 따라 각 본부별, 팀별로 KPI(핵심성과지표)에 따라 실행계획을 수립한다.
5. 단위조직별 목표에 따라 개인 단위 수준까지의 목표를 수립한다(MBO).

6. 월별, 분기별로 계획 대비 실행수준을 확인하고 계획을 수정한다(Rolling).
7. 연말에 조직별 개인별 평가를 위해 실적을 작성한다.
8. 평가 결과에 따라 조직단위 및 개인별 보상을 시행한다.
9. 조직의 성과가 좋지 않은 경우 조직의 장을 교체하고 개인별로는 저성과자에 대한 재교육 또는 퇴출을 시행한다.

물론 세부 시행 내용이나 방법에 따라서는 다소 변화가 있을 수 있지만 전형적인 흐름은 대개 위와 같이 흘러간다. 대부분이 경영학 또는 MBA를 이수한 사람들이 만들어 놓은 흐름이기 때문에 비슷할 것이다.

이러한 경영의 흐름에서는 중요하게 생각하는 것이 1) 전략의 탁월성, 2) 강력한 실행력, 3) 효율성(수익성 및 비용절감), 4) 성과책임으로 정리할 수 있다. 이 가운데에는 가장 중요한 것이 역시 수익성이다. 돈이 되는 사업, 돈이 되는 사람만이 중요하다는 관점이다.

이렇게만 잘 운영을 하면 오래가고 좋은 기업이 될까? 대부분은 그렇게 될 수 있을 것이다. 그리고 오랫동안 그렇게 잘 운영이 되어 왔으니 많은 기업들과 학자들이 이런 흐름과 요건들을 강조하여 왔을 것이다.

미국 중소기업들이 5년 동안 생존할 확률은 35%에 불과하다고 한다. 그러나 대부분의 기업은 이런 통계가 자신에게는 적용되지 않는다고 생각한다. '당신이 세운 기업의 성공율이 얼마나 된다고 생각하나요?'라는 질문에 약 81%의 기업인이 자신의 성공 확률은 70% 이상으로 잡았다고 한다(『생각에 관한 생각』, 대니얼 카너먼 지음, 이진원 옮김, 김영사). 인간은 항상 희망적이다. 특히 자신의 문제에 있어서는 더욱 그렇다.

사람은 진화를 한다. 사람의 생각도 진화를 한다. 어제의 생각이 다르고 오늘의 생각이 다르다. 그리고 내일의 생각도 또 달라져 있을 것이다. 거기에 사람이 만든 기술의 진화로 덧붙여 생각해야 한다. 사람이 만든 기술은 그 진화 속도가 더 빠르다. 19세기 후반에 발명된 전화가 널리 사용이 되기까지는 약 반세기가 걸렸다. 그러나 20세기 후반에 등장한 휴대폰은 확산되는데 불과 10년 밖에 안 걸렸다.

생물학적으로 진화하는 인간의 몸과 산술급수적으로 진화하는 인간의 생각 그리고 기하급수적으로 증가하는 기술 간에는 항상 괴리가 발생을 한다. 우리가 일반적으로 기업을 경영하는데 있어서 적용하고 있는 기법들도 오랫동안 그 자리를 지켜왔다.

우리가 사는 지금 세상의 특성을 'VUCA'라고 표현한다. 이는 변동성(Volatility), 불확실성(Uncertainty), 복잡성(Complexity), 모호성(Ambiguity)의 앞머리 글자를 따서 만든 말이다. 우리는 하루 앞도 예측을 하기 어렵다. 언제 어디서 어떤 일이 일어나서 세상을 어떻게 바꾸어 놓을지 다 알기 어렵다. 이런 세상에 살면서 그리고 이런 세상에서 경영을 하면서 회사의 일부만이 경영의 환경을 분석하고 전략을 수립해 구성원들에게 효율성을 높이라며 강력한 실행을 주문하고, 실적이 좋지 않은 경우에는 책임을 묻는다면 지금의 환경에 적응하기도, 5년 이상 살아남기도 어렵다.

닐 도쉬와 린지 맥그리거는 『무엇이 성과를 이끄는가』에서 조직이 위에서 방침을 정해서 하부에 전개하는 성과수행 방식을 전술적 성과(Tactical Performance), 조직의 구성원들이 환경변화에 따라 기민하게 대응하는 방식을 적응적 성과(Adaptive Performance)로 구분하고 이 두 가지가 조화를 이루어야만 조직의 경쟁력을 유지할 수 있다고 한다.

조직이 전술적 성과만을 강조하는 경우 경영환경의 변화에 따라 발생하는 갑작스럽고 미묘한 변화에 대한 대처 능력이 떨어진다. 구성원은 정해진 목표를 달성하여 평가를 잘 받는 것 외에는 관심이 없고 그럴 여유도 없다.

2008년 전 세계의 금융위기를 초래한 사건은 성과주의가 가져온 비참한 결과라고 할 수 있다. 개인별 실적에 따라 엄청나게 차이가 나는 보상은 월가의 많은 금융거래 전문가들로 하여금 결합상품이라는 악마를 만들게 했고 마치 폭탄 돌리기식으로 서브프라임 모기지론 상품을 거래했던 것이다.

이러한 환경에 대한 변화의 지체와 성과주의의 모순은 수익성과 효율성을 중심으로 한 회계 숫자 중심의 경영이 가져온 폐단이다. 수익성 없는 사업은 하지 않고, 수익성 없는 조직은 폐지하고, 수익성 없는 일은 하지 않는 조직과 구성원의 일하는 방식이 고착되면 격변하는 새로운 시대에는 살아남기가 어려워진다.

『기하급수의 시대가 온다』에서 저자들은 기존의 경영방식으로 운영되는 회사들을 '산술급수 기업'이라고 하고 구글, 아마존, 페이스북 등 빠르게 성장하는 기업들을 기하급수 기업이라고 하여 다음과 같이 특성을 비교하고 있다. 여기서 MTP는 '거대한 변화를 불러오

산술급수 기업	기하급수 기업
조직 구조가 톱다운 방식 및 위계서열식	자율성, 소셜 네트워크 기술
재무 실적에 의해 좌우됨	MTP, 대시보드
산술급수적, 순차적 사고	실험, 자율성
혁신은 주로 내부에서 나옴	커뮤니티&크라우드, 주문형 직원, 외부 자산 활용, 인터페이스(첨단의 혁신)
전략적 계획은 주로 과거를 바탕으로 짬	MTP, 실험
리스크를 감수하지 못함	실험
프로세스가 경직되어 있음	자율성, 실험
많은 인력을 운용함	알고리즘, 커뮤니티&크라우드, 주문형 직원
자체 자산을 소유, 관리	외부 자산 활용
현 상태에 대한 투자가 큼	MTP, 대시보드, 실험

는 목적'이라는 뜻의 'Massive Transformative Purpose'의 약자다.

위 표에서 오른쪽(기하급수 기업)의 특성을 보면 세 가지의 단어가 반복되어 사용되고 있음을 알 수 있다.

첫 번째는 커다란 꿈(MTP)이다. 이 기업들은 수익성을 쫓은 것이 아니라 커다란 꿈을 쫓아 간다는 것이다. 구글의 에릭슈미츠가 2003년 이사회에서 발표한 구글의 사업계획에는 재무계획이나 수익의 추정에 대한 논의가 담겨 있지 않았다고 한다. 오로지 세상을 바꾸겠

다는 꿈, 세상의 모든 사람들이 언제 어디서든지 원하는 정보를 얻을 수 있게 만들겠다는 고객의 가치만을 추구했다는 것이다. 아마존도 고객이 원하는 세상의 모든 것을 판다는 꿈을 가지고 있다.

　두 번째는 실험이다. 주어진 전략에만 순응하지 않고 끊임없이 새로운 것을 추구하는 정신, 회사가 정해놓은 프로세스대로만 따라하는 것이 아니라 끊임없이 새로운 방법을 시도해보고 새로운 정보와 기술이 있으면 자신의 하는 일과 회사의 사업에 적용해보는 실험정신이다. 이러한 실험정신이 활성화되기 위해서는 "정해진 전략대로 성실히 나를 따르라, 네가 뭘 아냐"고 하는 경영 방식 보다 "그래 잘 했다, 실패해도 좋아"라는 과감한 도전이 필요하다.

　세 번째는 자율이다. 실험정신에는 당연히 자율이 중요하다. 정해진 전략대로 업무를 수행하는 것이 아니라 환경이 변화하면 유연하게 대처하는 적응적 성과가 조직에 살아 있기 위해서는 구성원의 자율성이 살아 있어야 한다. 구성원이 자율적으로 일을 하기 위해서는 조직의 목표, 즉 원대한 꿈을 공유하고, 의사결정에 있어서 자신이 결정했다는 자율감과 실행에 있어서 할 수 있다는 자능감이 중요하다.

　이러한 세 가지가 왜 빅데이터 경영에 있어서 왜 중요할까? 바로 고객의 가치는 우리를 둘러싼 빅데이터에서 찾을 수 있기 때문이다. 혁신 기업으로 유명한 일본 CCC의 마스다 무네아키 회장은 회사의 가장 중요한 경영자산은 현장에서 일하는 구성원들의 풍부한 식견과 경험 그리고 회사에서 쌓은 고객에 대한 다량의 데이터라고 말했다.

이런 중요한 지적 자산은 회사의 대차대조표에는 실려 있지 않아서 기존의 경영방식에는 한계가 있다. 조직이 가지고 쌓아온 지적 자본을 고객 가치로 전환할 수 있는 것은 구성원들이 현장에서 자율적인 실험정신으로 고객을 위한 가치 창출을 위해 회사가 같이 꾸고 있는 원대한 꿈을 추구할 때 빛을 발할 수 있다.

회사는 이제 빅데이터의 세상을 맞이해서 수익성 대신 고객의 가치를, 실행력 대신 자율성을, 성과주의 대신 실험정신을 장려해야 한다.

4차 산업혁명의 중심에는 빅데이터가 있다

　4차 산업혁명이라는 말은 사람들이 간헐적으로 사용하여 오다가 '2016년 다보스 포럼'을 계기로 그해 1월부터 본격적으로 사용되기 시작하였다. 그리고 우리나라에서는 2월부터 본격적으로 등장하기 시작했다. 4차 산업혁명의 개념에 대해서는 아직까지도 정의하는 사람에 따라 다르지만, 위키피디아는 산업혁명에 대해 다음(27p 그림 참조)과 같이 구분하고 있다. 즉, 사이버 공간과 물리적인 공간간의 연계된 시스템으로 정의하고 있다.

　1차 산업혁명은 증기를 이용한 기계혁명, 2차 산업혁명은 전기를 이용한 대량생산의 혁명, 3차 산업혁명은 컴퓨터와 온라인이 가져온 자동화 혁명, 그리고 4차 산업혁명은 디지털로 물리적 공간과 사이버 공간이 연계된 혁명으로 분류되고 있다.

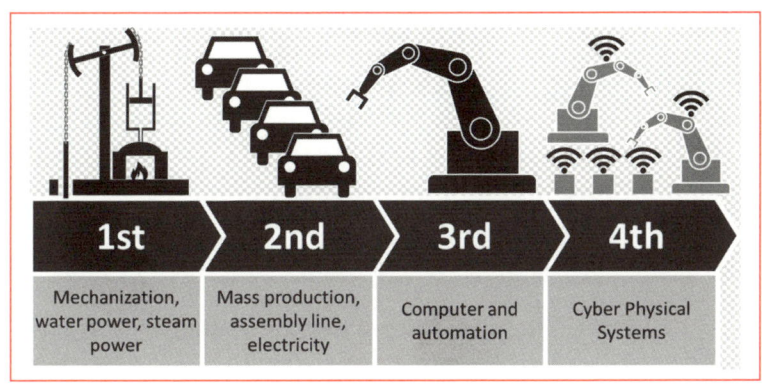

출처: 위키피디아

　일반적으로 4차 산업혁명은 네 가지 분야에서 혁명이 일어나고 있다고 한다. 첫 번째가 사물인터넷이다. 세상의 모든 만물이 인터넷으로 연계되는 세상이 온다는 것이다. 두 번째는 로봇공학이다. 인공지능을 가진 로봇이 인간이 하기 싫거나 하기 어려운 분야를 대체하는 날이 오고 있다. 세 번째는 디지털 제조 혁명으로 기계에서 나온 각종 자료를 바탕으로 생산성을 혁신하는 것이다. 네 번째는 합성 생물학이다. 인간의 DNA염기서열을 연구하여 불치병을 치료하고 나아가서 인간의 수명을 연장할 수 있는 혁명이다. 이들 네 가지의 기술을 다시 잘 분해하여 보면 공통점이 있다. 바로 빅데이터이다.

　사물인터넷은 물건과 물건 그리고 센서와의 연계를 통해 엄청난 데이터를 쏟아내게 될 것이다. 로봇공학이 인간에게 편의를 제공할 수 있는 것은 빅데이터를 바탕으로 한 인공지능의 지원 덕분이다. 디지털 제조 혁명 역시 기계의 생산과 작동 과정에서 나오는 빅데이터를 분석하여 정비시간을 줄이고 생산성을 향상시키는 개념이다. 마지막으로 합성생물학도 인간의 DNA에 담긴 엄청난 정보를 분석해서 인간의 생명에 새로운 기회를 부여하는 것이다.

세상은 이렇게 무섭게 변하고 있는데, 인간이 변화에 적응하기란 쉽지 않은 것 같다. 19세기 전쟁을 배경으로 한 영화를 보면 양쪽 군대가 넓은 들판에 마주서서 전쟁을 하는, 도저히 이해가 안 되는 장면이 나온다. 양쪽 군대가 들판에 횡과 열로 가지런히 정렬해 서 있다가 한 쪽이 상대 쪽을 향해 총을 쏘면 서서 그대로 맞고 죽기도 하고 운이 좋으면 살기도 하고, 다시 이쪽 편이 상대방에게 총을 쏘면 상대방 군대도 그대로 서서 총을 맞고 있는 기이한 장면을 볼 수 있다. 이는 총이 발명된 이후에도 칼과 창으로 상대와 싸우던 전술에서 벗어나지 못했기 때문이다. 적군을 들판에서 다 죽여야 성으로 쳐들어갈 수 있었던 창칼의 시대를 벗어나지 못했던 것이다. 은폐, 엄폐를 통해 총으로 적과 싸우는 기술은 오랜 시간이 지난 다음에 적용되기 시작했다고 한다.

미래학자 살림 이스마일에 따르면 '무어의 법칙' 덕분에 10년 전에는 DNA합성연구소를 만들려면 10만 달러가 들었지만, 지금은 그 비용이 5천 달러 선까지 떨어졌다고 한다. 또한 3D프린터의 경우에는 7년 전에는 4만 달러나 되었지만 지금은 단돈 100달러면 살 수 있다고 한다.

마이크로소프트는 2015년에 인터넷 사용자가 47억 명에 이른다고 하고, 에릭슨은 2020년까지 6세 이상의 인구 중 90%가 휴대전화를 가지게 되며 스마트폰 가입자는 61억 명에 이를 것으로 예상하고 있다. 시스코는 2016년에는 월별 모바일 데이터 트래픽이 10.8엑사바이트(Exabytes)에 달할 것으로 예측했다. 이를 연간 모바일 데이터 트래픽으로 전환하면 130엑사바이트에 달하는데, 130엑사바이트는 DVD 330억 장, MP3파일 4천300조 개, 문자메시지 81경3천조 개와 맞먹는 거대한 분량이다. 이러한 거대한 변화에 맞서서 우리는 무엇을 할 것인가? 총으로 싸우는 시대에 칼과 창으로 싸우는 전술로 맞설 것인가?

우리가 매일 생활에서 사용하고 있는 검색엔진은 바로 빅데이터를 바탕으로 정보를 제공하는 것이다. 이처럼 우리는 이미 빅데이터 세상에서 빅데이터를 잘 이용하고 있다. 한 걸음만 더 나가면 새로운 세상이 펼쳐질 것이다. 그런데 지구는 평평하다고 믿어 눈에 보이는 세상의 끝에 가면 끝 모를 낭떠러지로 떨어질 것 같은 두려움을 가졌던 시대의 사람들처럼 살면 안 된다.

혹자는 새로운 4차 산업혁명에서 빅데이터로 살아남기 위해서는 수학을 잘 해야 한다고 한다. 또는 빅데이터를 잘 활용하기 위해서는 데이터베이스 전문가, 통계 전문가, 분석을 하려고 하는 해당 분야의 전문가가 모두 필요하다고 한다. 맞는 말이기는 하지만 그것보다 더 중요한 것이 있다. 바로 빅데이터를 대하는 자세이다.

빅데이터는 새로운 기회를 찾는 방법이다. 빅데이터는 우리가 사는 주위에 널려 있다. 즉, 우리는 마음만 먹으면 얼마든지 빅데이터를 활용하여 문제를 해결하고 새로운 가치를 창출할 수 있는 기회를 얻을 수 있다는 정신을 가져야 한다.

꼭 수학이나 논리학, 그리고 나가서 데이터 구조에 대해 잘 알고 통계적인 분석 기법을 많이 알아야 하는 것은 아니다. 보다 중요한 것은 새로운 가치를 추구하는 자세, 보다 좋은 방법은 없을까라는 실험정신, 데이터를 확인하고 데이터를 측정해보려고 하는 사실과 현장을 중시하는 자세, 그리고 나가서 이 문제는 어떤 원인이 어떻게 영향을 미쳤을 것이라고 생각하는 가설적인 사고력, 마지막으로는 문제의 원인을 끝까지 찾아 파고들어가는 끈질김과 선택과 집중을 통해 문제를 해결하는 실행력이 중요하다.

분석하는 기술에 대해서는 너무 걱정하지 않아도 된다. 그런 전문가는 세상에 많다. 진짜 문제를 해결하는 사람은 문제 의식을 가진 사람이다. 새로운 기술이 사업으로 이어지는 것은 인터페이스의 문제다. 영화「아이언맨」에 나오는 자비스가 인터페이스가 되는 세상이 얼마 남지 않았다. 그때가 되면 데이터를 모으고 분석하는 것은 자비스가 다 알아서 할 것이다. 그러나 그때가 되어도 여전히 필요한 것은 자비스에게 질문을 하는 '사람'이다. 질문할 수 있는 능력은 어디서 올까? 무섭게 변하는 세상, 빅데이터를 대하는 자세부터 바꾸어보자.

"
빅데이터 시대를 살기 위한 가장 첫걸음은
우리의 생각을 바꾸는 것이다.
지금 우리가 사는 세상은 노다지가 거의 공짜로 제공되고 있다.
그리고 그것들은 인터넷에, 우리 주위에 널려 있다.
"

CHAPTER 02

데이터를 대하는 태도를 바꿔라

빅데이터가
기업경영의 판을
바꾸고 있다

데이터는 매일 대략 250경 바이트씩 증가하고 있다고 한다(1경은 1뒤에 0이 18개 붙는다). 그리고 당연하게도 앞으로 그 증가 속도는 더욱 빨라질 것이다.

이탈리아에서 레스토랑 체인을 운영하는 올리브가든은 매장 운영에서 나오는 거의 모든 데이터를 분석하고 있다. 고객에 대한 분석으로 불필요한 메뉴와 반찬의 종류를 줄이고, 고객의 수요를 예측 분석하여 종업원의 운영을 탄력적으로 조정하였다. 그 결과 2년 동안 비정기적으로 일하는 종업원의 근무시간을 40% 줄일 수 있었고 음식의 낭비를 10% 줄일 수 있었다.

나이키는 운동화에 센서를 부착하여 고객이 얼마나 빨리, 얼마나 먼 거리를 달리는지 데이터를 모았다. 이를 통해서 사람들은 주로 일요일에 달리기를 즐기고 시간 기준으로는 오후 5시 이후에 달리기를 즐긴다는 것을 알았다. 그리고 사람들은 매년 새해가 되면 자신의 운동 목표를 높인다는 것을 알았다.

베스트바이는 단골 고객에 대한 매출 분석을 바탕으로 전체 고객의 7%가 43%의 매출을 결정한다는 것을 알고 이들 단골 고객에게 집중적으로 서비스를 강화하는 프로그램을 운영했다.

일반적으로 대중을 상대로 소비재를 판매하는 회사들은 자신의 고객이 누구인지 잘 모르지만, 코카콜라는 홈페이지에 가입하는 고객에 대해 지속적으로 관계를 유지함으로써 이들 고객이 개별화된 서비스를 받고 있다는 느낌을 가질 수 있게 하였다. 이 사이트는 하루에 30만 명의 고객 방문을 기록하였고 이는 2007년 대비 2008년에 130배가 늘어난 수치이다.

이 외에도 많은 기업들이 빅데이터를 활용하여 사업의 경쟁력과 기업내부의 운영효율을 추진하고 있다. 그 결과로 미국의 인사관리협회(SHRM)는 2016년에 가장 인력을 구하기 어려운 10개의 직업 중의 하나로 데이터사이언티스트를 꼽고 있다. 미국에서만 약 6천 개의 기업이 440만 명의 데이터 분석 관련 IT인력을 찾고 있다. 앞으로 더 많은 인력이 필요할 것이다.

전략 전문가로 유명한 마이클 포터는 「하버드비즈니스리뷰」 2014년 11월호와 2015년 10월호 두 번의 연재에 걸쳐 사물인터넷으로 연결된 빅데이터의 세상이 기업의 경쟁 환경과 기업경영에 어떤 영향을 미치는지 분석하였다.

마이클 포터에 따르면 우리는 지난 50년 동안 기업의 경쟁전략과 운영에 있어서 세 번의 획기적인 영향을 받았다고 한다. IT환경 이전에는 일반적으로 기업은 매뉴얼, 서면절차, 구두로 가치사슬을 운영해왔다. 그러다가 60~70년대의 자동화의 영향으로 많은 분야에 있어서 자동화가 이루어졌고, 80~90년대에는 인터넷의 부상으로 기업 내부의 각 기능이 연계된 것을 물론이고 외부의 관련업체에까지 통합되어 효율성을 추구할 수 있게 되었다. 지금 우리가 겪고 있는 세 번째 물결은 센서, 프로세스, 소프트웨어는 물론이고 이들 간에 발생하는 엄청난 데이터를 저장하고 분석함으로써 제품과 서비스의 수준을 끌어올리고 있다고 한다.

우리는 이러한 변화가 우리를 둘러싸고 있는 경쟁환경과 기업경영에 어떤 영향을 미치는지 주의해서 살펴볼 필요가 있다. 먼저 우리를 둘러싸고 있는 경쟁환경을 보면 아래의 다섯 가지 요소로 나누어 볼 수 있다.

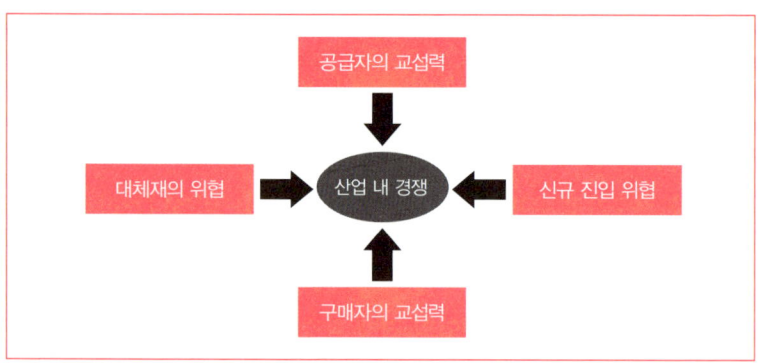

마이클 포터의 '5Force Model'

항공기 엔진 제조업체인 GE항공은 자사의 터빈엔진에 붙은 수백 개의 센서로부터 수집한 정보를 바탕으로 기대 성능과 실제 성능 간의 차이를 분석했다. 그리고 이를 바탕으로 최종 소비자에게 더 많은 서비스를 제공함으로써 항공기 기체 제조업체에 대한 영향력을 키워나가고 있다. 경쟁기업 간에 있어서는 고객에게 얼마나 더 개인화된 다양한 서비스를 제공하는가가 경쟁의 우위에 설 수 있는 요건이다.

테니스 라켓 회사인 바볼랏은 라켓에 센서를 부착하여 공의 속도, 회전 및 라켓에 맞는 위치를 추적 분석함으로써 선수들의 경기력 향상에 도움을 제공하고 있다.

산업의 발달에 따라 신규진입 가능성은 항상 열려 있다. 진입장벽을 구축하기 위해서는 제품정보와 고객의 정보를 축적하고 이를 분석하여 차별화되고 개별화된 서비스를 제공할 수 있는 시스템을 구축하는 것이다. 대체재에 있어서는 가장 눈여겨봐야 하는 분야가 공유 서비스 모델이다.

짚카(Zipcar)는 차량 소유권을 대체하고 있고 대도시에서의 자전거 공유 모델은 자전거의 구매 및 자동차의 소유를 대체할 가능성이 있다. 전 세계적으로 급성장하고 있는 숙박 네트워크인 에어비앤비(Airbnb)의 파급력은 글로벌 호텔체인은 물론이고 콘도 업계까지 위협하고 있다.

마지막으로 공급자 교섭력에서는 IoT의 세상인 만큼 센서, 소프트웨어, 연결시스템, 펌웨어 그리고 데이터의 저장과 분석 서비스를 제공하는 회사를 눈여겨볼 필요가 있다. 이들이 시스템을 통해 얻어

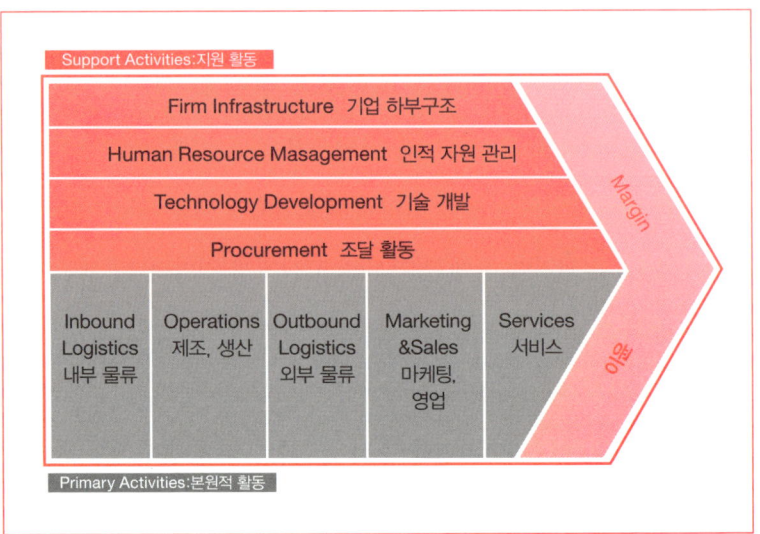

마이클 포터의 가치사슬(Value Chain)

진 기술력과 정보력을 바탕으로 서비스의 영역을 확장하고 경쟁력을 확보하게 되면 공급력에 있어서도 우위를 차지하게 될 가능성이 있다.

이러한 변화는 기업의 경쟁환경 뿐만 아니라 기업내부의 가치사슬에도 영향을 미치고 있다. 기업들은 그 동안 기업경영에 필요한 정보를 내부의 가치사슬에서 발생하는 연구, 제조, 마케팅, 영업 및 기타 지원활동 자료를 활용하고, 이를 보완하기 위해서 외부에서 설문조사, 리서치 및 전문 컨설팅을 통해 경영 효율화에 활용하여 왔다.

그러나 이제는 기업들이 나이키 등 앞에서 예를 든 기업들과 같이 자신들이 공급하는 제품과 서비스에서 직접 데이터를 취득하고 분석하고 있다. 이제 데이터는 기업의 경쟁력을 결정짓는 핵심 자산으로서 인적자원, 자본, 기술과 어깨를 같이 하게 된 것이다.

제품개발, 제조, 품질관리, 마케팅 등에서 발생하는 정보는 한 곳에 모여 고객의 취향을 분석하고 제품개발에 즉시 반영하고 제조상의 어려움은 연구개발에 피드백 되어 연구개발 단계에서 고객의 니즈와 공정의 어려움을 감안하게 되었다. 또한 공장의 운영에 있어서도 독일은 '인더스트리4.0', 미국은 '스마트 매뉴팩처링'을 기치로 내걸면서 네트워크로 연결된 기계들이 생산을 완전히 자동화하고 시스템의 연계와 분석을 통해 최적화하고 있다. 또한 물류에 있어서도 주파수 인식장치(RFID)를 통해 제품을 실시간으로 추적 관리할 수 있을 뿐만 아니라 창고를 최소면적으로 운영하고 생산지에서 공급지로 직접 공급할 수 있는 등의 유통혁명을 이끌고 있다.

이러한 가치사슬 변화의 중심에는 데이터의 가치를 최대한 활용하는 능력이 경쟁 우위의 원천이 되고 있다. 아직은 일부 기업에서 이루어지고 있지만 전사적으로 고객과 제품의 제조, 연구, 마케팅에 관련된 모든 데이터를 통합적으로 분석하여 시스템적으로 정보를 제공하는 추세가 늘어나고 있다.

데이터에 대한 분석의 단계는 단순 서술 단계(descriptive), 분석 단계(diagnostic), 예측 단계(predictive)를 넘어서 처방(prescriptive)로 나아가고 있다. 처방이란 의사의 처방과 같이 개개의 고객과 장비, 기계에 이르기까지 맞춤식으로 문제를 진단하고 처방하는 서비스를 제공하는 것을 말한다.

『지적자본론』의 저자 마스다 무네아키는 고객가치의 관점에서 세 가지 단계의 스테이지가 있다고 말한다. 첫 번째는 물건이 부족한 단계로 고객의 입장에서는 상품 자체가 가치를 갖는다. 두 번째는 상품의 가치만이 아니라 고객이 어디에서 그것을 선택하는가가 중요한 플랫폼의 단계다. 마지막으로 세 번째 단계는 우리는 이미 인터넷 등에서 많은 플랫폼을 가지고 있기 때문에 고객에게는 그 이상의 가치를 제공해야 한다. 바로 고객 한 명 한 명의 라이프 패턴을 반영한 개별화된 맞춤식 제품과 서비스를 제공하는 단계이다.

세상은 이렇게 변해가고 있는데 한국의 현실은 어떠한가? 미래창조과학부가 2015년에 조사한 결과를 보면, 전체 기업 중 4.3%만이 빅데이터 시스템을 도입하였다. 빅데이터의 활용분야도 공공분야가 활용을 주도하고 있고, 그 외에는 주로 대기업을 중심으로 고객관리 및 모니터링, 향후 수요 예측 등에 활용되고 있다.

빅데이터에 대한 인식의 부족으로 아직도 활용하는 기업이나 분야가 제한적임을 알 수 있다. 그럼에도 우리나라에서도 데이터사이언티스트에 대한 인력 수요는 증가하고 있고 공급은 많이 부족한 편이다. 2015년 조사 기준으로 2018년에 3천872명이 필요하나 공급 인력은 1천504명으로 예측하고 있다. 기업에게 있어서나 개인에게 있어서 아직도 빅데이터 시장의 기회는 무궁무진하다.

빅데이터의
핵심은
질문이다

우리는 살면서 문제를 해결하기 위해 끊임없이 의사결정을 한다. 그래서 문제를 잘 해결하는 사람들이 항상 인정을 받는다. 나도 오랫동안 문제를 잘 해결하는 방법이 무엇일지 고민하며, '문제해결의 7단계', '문제해결을 위한 도구 모음', '경영혁신론' 등을 공부해왔다. 하지만 시간이 지나고 보다 많은 일들을 처리하면서 문제를 해결하는 능력보다 더 중요한 것이 문제를 찾아내는 능력이라는 것을 절실하게 깨달았다. 세상에는 문제를 해결할 수 있는 방법론은 많고, 문제를 잘 해결하는 전문가들도 많다. 그러나 이들 모두 문제 제기가 없으면 무용지물에 불과하다.

하버드대학교의 토머스 H. 데이븐포트 교수와 국방대학교의 김진호 교수는 '분석의 6단계'라는 모델을 소개하며 이것이 일반적인

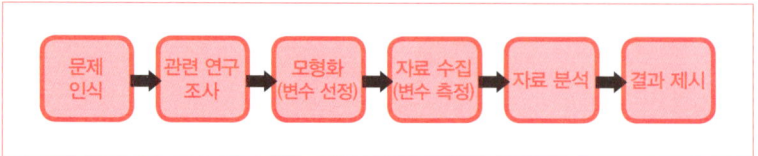

분석의 6단계

연구조사 방법의 절차와 같다고 말했다.

그럼 여기서 '문제'는 누가 발견하는가? 문제를 발견하는 사람은 어떤 특성을 가지고 있는가? 애덤 그랜트는 『오리지널스』에서 벤저민 프랭클린, 아인슈타인, 스티브 잡스 등 시대의 흐름을 바꾼 사람들에 대해 세 가지의 공통점이 있다고 말했다. 첫째 호기심이 많고 둘째 대세에 순응하지 않고 반항적이며, 셋째 위계질서에 맞설 만큼 잔인하게 정직해 위험을 무릅쓰고 신념을 실천했다고 한다.

문제를 발견하는 사람들은 현상을 보고 이상하다고 생각한다. 문제를 발견하는 사람들은 지기를 싫어한다. 옛것을 싫어하고, 남들이 하라는 대로 따라하지 않는다. 심리학자들은 이런 호기심은 미시감에서 온다고 한다. 우리가 살면서 무슨 일을 겪거나 무엇을 보았을 때 전혀 그런 일이 없음에도 이전에 겪은 것처럼 생각되는 것을 데자뷰(Deja vu)현상, 즉 기시감이라고 한다. 반면에 지금 보는 것은 이미 많이 보아온 것임에도 불구하고 처음 보는 것처럼 생소하고 이상하게 생각되는 것을 자메뷰(Jamais vu), 미시감이라고 한다. 이 미시감에서 호기심이 나온다. 무언가 이상하다는 느낌, 이렇게 밖에 더 안 되는 것일까라는 의문을 갖게 되는 것이다.

그런데 미시감은 많은 정보와 지식에서 나온다. 그래서 다양한 경험과 지식이 있는 사람들이 미시감을 갖게 되고, 이 미시감에서 호기심이 나오고, 호기심에서 현상에 대한 문제를 발견하게 된다.

그럼 이 호기심이라는 것이 과연 많은 책을 읽고 다양한 경험을 해야만 생기는 것일까? 나는 오랫동안 그 점에 대해 의문을 가졌다. 어떻게 하면 사람들로 하여금 문제의식을 갖게 할 수 있을까? 어떻게 호기심이 왕성한 사람이 될 수 있을까? 문제를 해결하는 능력보다 더 중요한 것은 문제의식 있는 사람이 많아야 우리 회사가 경쟁력이 있다는 점이다.

내가 생각하는 문제를, 내게 보이는 문제가 왜 저 사람들에게는 보이지 않으며, 생각해내지 못하는 것일까? 나는 왜 좀 더 창의적으로 문제를 생각해내지 못할까? 내가 더 큰 문제, 다른 사람들이 생각해내지 못한 문제를 찾아낼 수 있으려면 어떻게 해야 하는 것일까? 이 엄중한 질문에 대해 나 스스로 오랫동안 답을 찾지 못하고 있다가, 몇몇 심리학자들의 주장과 실험 결과 그리고 직접 내 눈으로 확인하면서 답을 찾았다.

호기심은 생기는 것이 아니라 원래 인간으로서 갖고 태어나는 것이었다. 기본적으로 모든 인간은 갓난아기 때부터 호기심을 가지고 태어난다. 그게 인간의 본성이다. 그래서 인간은 진화해온 것이다. 진화의 힘이 바로 호기심이다.

그런데 왜 성인이 되어서는 호기심 정도에 많은 차이가 나는 것일까? 바로 우리의 부모와 학교의 교육이 그러했고, 직장에서의 선배와 상사가 그렇게 만들었다. 아이들이 질문을 하면 부모는 처음 한두 개의 질문에는 대답을 잘해주다가 조금만 더 하면 짜증을 낸다. "지금 아빠 바쁜 거 안 보이니? 엄마한테 물어봐", "야, 너 그걸 질문이라고 하냐? 그것도 몰라?", "야, 뭐 그렇게 말이 많아! 하라면 하라는 대로 해, 인마!" 주위를 둘러보면 이런 말들이 무성하다. 그런 수많은 말들을 듣고 자란 우리는 호기심을 잃어가는 것이다.

그럼 어떻게 하면 호기심을 되찾을 수 있을까? 없어진 호기심을 되찾기 위해서는 심리학자들이 말하는 방법을 따르는 것이 좋을 것 같다. 다양한 경험을 하고 다양한 지식을 접하고 내가 하고 있는 일에 대해서 더 잘하는 사람과 기업을 찾아다니자. 그럼 다시 호기심이 생겨서 내가 보고 있는 현상에 대해 불편함을 갖게 될 것이다. 바로 거기에서 문제의식이 생기고 문제를 인식하는 능력이 생긴다.

스티브 잡스는 지나온 자기 인생을 돌아보면서 자신의 인생이 어디로 향할지 알지 못했지만 항상 자기가 하고 싶은 것, 호기심이 발동하는 것을 파고들었다고 한다. 한때 서체에 대해서 관심을 갖은 것은 컴퓨터와 프로그램을 하는 사람과 전혀 무관한 것처럼 보였으나 나중에는 그 경험이 매킨토시를 개발하는 데 도움이 되었다고 한다. 그는 이런 경험을 두고 "인생은 돌아보면 모든 경험이 하나로 모아져 그 사람의 경쟁력이 된다(Connecting the dots)"라고 했다.

빅데이터의 세상에서 우리는 질문의 힘을 가져야 한다. 나는 닐

9.38	6.74	8.17
5.15	6.61	3.06
9.71	0.91	4.88
3.58	4.87	6.42

도쉬와 린지 맥그리거 두 사람이 마이크로소프트사 엔지니어들을 대상으로 동기이론에 대해 강의하는 동영상을 보면서 우리나라 교육의 힘이 대단하다는 것을 느꼈다. 두 사람은 위와 같은 표를 제시하고 그 속의 숫자 두 개를 더해서 10이 되는 수들을 찾으라고 했다. 여러분도 한 번 찾아보며 몇 초가 걸리는지 알아보기 바란다.

    나는 이 실험을 우리 회사의 구성원들에게 똑같이 해보았다. 그런데 동영상에 나오는 마이크로소프트의 엔지니어들과 우리 회사의 구성원들 간에 뚜렷한 차이를 보였다. 답을 찾아내는 시간도 우리 구성원들이 훨씬 빠를 뿐만 아니라 답을 동시에 여러 명이 맞추었고, 더 놀라운 사실은 동영상에 나오는 엔지니어들은 거의 모두가 핸드폰을 꺼내서 계산기로 10이 되는지 계산을 하면서 답을 찾고 있는 반면, 우리 회사 구성원들은 전원이 암산으로 계산을 하고 있었다. 여러분은 어떤 모습이었는가? 계산기였는가? 암산이었는가? 참고로 답은 '3.58과 6.42'이다. 참 훌륭한 교육을 받은 대한민국의 국민들이여, 우리는 이처럼 뛰어난 능력을 가졌다. 거기에 잃어버린 호기심을 찾아서 주위에 널린 문제를 해결하기를 바란다.

그런데 질문도 잘해야 한다. 우리가 보통 데이터를 분석하면서 '쓰레기를 입력하면 쓰레기가 나온다(garbage in garbage out)'라고 말한다. 그런데 이때 데이터에 대한 오류 문제는 바로 잘못된 질문을 하는 데 있다. 사안의 핵심을 찌르는 질문을 해야 한다.

사이먼 사이넥은 자신의 저서 『나는 왜 이 일을 하는가?』에서 세제 제조업체들이 '어떻게 하면 옷을 더 깨끗하게 세탁할 수 있을까?'라는 문제를 해결하기 위해서 제품개발을 하면서 시장에서 경쟁을 하였는데, 몇 년 후 인류학자들에게 의뢰해서 세제를 사용하는 소비자들의 행동패턴을 관찰하면서 놀라운 발견을 했다고 한다.

세탁을 끝낸 소비자들은 세탁기에서 세탁물을 꺼내면서 '얼마나 깨끗하게 빨렸는지'를 보는 것이 아니라 '세탁물의 냄새'를 맡더라는 것이다. '얼마나 깨끗하게 빨렸는가'에서 '어떻게 하면 소비자들이 세탁물에서 깨끗하다는 느낌을 갖게 할 것인가?'로 문제의 방향이 완전히 바뀐 것이다.

문제 해결의
열쇠가
데이터에 있다

2015년 미래창조과학부의 조사 결과에 의하면 우리나라 기업들이 빅데이터를 도입하지 않은 사유로 '빅데이터라고 할 만한 데이터가 없음', '경영진의 무관심', '빅데이터를 분석할 만큼 큰 기업이 아님', '빅데이터 도입 효과가 나타날 업무가 없음' 등이 전체 미도입 사유의 75%를 차지하고 있었다.

아직도 우리나라의 많은 기업들이 빅데이터를 매우 어려운 대상으로, 우리의 주위에서 쉽게 찾아볼 수 없는 것으로 생각하고 있는 것 같다. 그중에서 가장 중요한 이야기는 빅데이터가 없다는 말이다. 과연 빅데이터가 없을까? 측정하지 않았기 때문에 없는 것은 아닐까?

세일즈 분야의 저명한 코치인 잭 댈리는 '측정할 수 있어야 실행할 수 있다'는 말을 남겼다. 우리는 앞에서 문제를 찾아내기 위해서는 질문을 잘해야 한다고 했다. 그런데 이 질문을 하기 위해서 우리는 어디로 가야 할까? 바로 현장이다. 현장에서 현상을 보고 문제를 찾아내지 않으면 다 탁상공론이 되기 쉽다. 즉, 현장에서 현상을 보고 측정을 해보아야 문제가 있는지 없는지를 알 수 있다는 것이다.

어느 가전업체에서 최근에 독신으로 사는 사람들이 증가하는 것에 착안해서 1인용 벽걸이 세탁기를 개발했다. 개발 초창기 이들은 늘어나는 독신 가구 수의 증가 추세를 분석하고 벽걸이 세탁기의 개발에 박차를 가했다고 한다. 그러나 실제로 이 세탁기를 시장에 내놓는 단계에서, 신축 중인 오피스텔들을 돌아보고 크게 실망했다. 거의 모든 오피스텔에서 빌트인 방식으로 세탁기를 제공하고 있었고, 더욱이 대부분의 독신자들은 빨래를 매일 하는 것이 아니라 일주일 분량을 모아 두었다가 세탁을 해서 실제로는 1인용 세탁기 같은 작은 제품에 대한 선호도가 떨어진다는 사실을 알았다. 제품을 구상하는 초기부터 현장에 나가서 소비자들이 무엇을 원하는 지를 파악하고 얼마나 많은 가구에 개발 제품이 빌트인으로 설치되어 있는지, 빨래를 매일하는 소비자들이 얼마나 되는지를 측정하였다면 이런 낭패를 보지 않았을 것이다.

측정에 있어서는 우리 선조들은 세계에서 둘째라면 서럽다고 할 정도로 앞서갔다. 그 대표적인 예가 바로 측우기다. 측우기는 조선시대 세종 때 백성들이 농사를 짓는데 도움을 주기 위해서 만들어서 보급했다. 세종대왕의 백성을 사랑하는 마음을 알 수 있는 대목이

비의 양을 측정하여 농사를 짓는데 활용했던 세계 최초 측우 시설인 측우기

다. 그런데 더욱 놀라운 것은 이 측우기가 사실 세종의 아들인 문종이 세자 시절 발명했다는 점이다. 일찍이 어린 나이에 선왕을 본받아 백성을 사랑하는 마음으로 만든 것이다. 고객을 사랑하는 마음으로 고객이 필요한 것을 만드는 마음 자세, 바로 우리가 배워야 할 자세가 아닐까 싶다.

이렇듯 농사의 과학화를 위해서는 비가 얼마나 오는지를 측정하기 위해 발명된 측우기는 세계에서 가장 앞선 것이었다. 유럽에서는 1639년 이탈리아의 로마에서 B.가스텔리가 처음으로 측우기로 강우량을 알아냈다. 그 후 1658년 프랑스 파리에서, 1677년 영국에서도 관측했다. 한국에서는 1442년 5월부터 측우기로 우량을 측정했으니 이는 서양보다도 약 200년이나 빠른 것이다(「오마이뉴스」, 2013.6.7).

우리가 일을 하는데 있어서 측정 불가능한 것은 거의 없다. 아니

모든 것을 측정할 수 있다고 생각하는 것이 빅데이터 세상을 사는 지혜이다. 현대그룹의 창업자인 정주영 회장은 살아생전 일을 하면서 불가능하다고 하는 사람들에게 "임자, 해봤어?"라고 물었다고 한다. 왜 해보지도 않고 어렵다, 안 된다는 말을 하느냐는 의미다.

우리에게 빅데이터 시스템을 도입할 정도로 큰 데이터가 없는 것이 아니라 빅데이터의 존재 자체를 모르거나, 있는데 그것이 빅데이터인지를 알지 못하거나, 일을 함에 있어서 측정을 하지 않는 경우가 많아서 그런 생각을 하는 것일 가능성이 많다. 우리는 이제 이렇게 물어야 한다. "임자, 측정해봤어?"

이렇게 측정을 하는 경우에도 어디에서 데이터를 얻는가가 매우 중요하다.

2차 세계대전 때 미군은 아군의 폭격기가 적군의 대공포에 희생되는 것을 막기 위해 폭격기에 장갑 장치를 덧대기로 하고 조사를 하였다. 폭격을 하고 돌아온 폭격기들을 조사한 결과 폭격기들은 조종석과 꼬리 부분을 제외하고는 거의 모든 곳에 적군으로부터 받는 총탄과 포탄 자국이 있었다. 따라서 사람들은 조종석과 꼬리 부분을 제외한 나머지 부분에 장갑 장치를 대기로 결정했다. 그러나 이 연구를 책임진 에이브러햄 왈드의 생각은 달랐다. 오히려 그는 조종석과 꼬리 부분에 장갑을 덧대자고 한 것이다. 무슨 차이가 있을까?

바로 우리가 문제를 발견하기 위해 측정하는 대상을 충분히 고려하지 않은 것이다. 다른 사람과 달리 왈드는 폭격을 하고 돌아오지

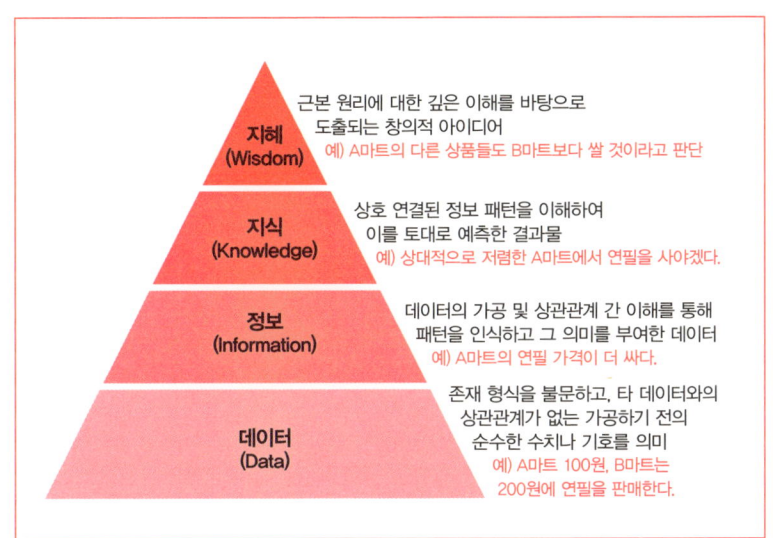

지식의 피라미드

못한 폭격기들까지 고려했던 것이다. 조사 대상인 살아 돌아온 폭격기는 조종석과 꼬리 부분에만 총탄 자국이 없으니 그렇지 못한 폭격기들은 이 두 곳에 폭격을 받아 살아 돌아오지 못한 것이다.

측정을 어떻게 하는가는 죽고 사는 것을 결정할 정도로 중요한 문제이다. 이때 살펴보면 좋을 '지식 피라미드'라는 것이 있다.

우리는 각종 실험이나 조사 그리고 일을 하면서 발생한 여러 가지의 측정 결과를 데이터라 하고, 이를 분석하여 의미를 찾아낸 것을 정보라 하고, 여러 가지 정보를 잘 연계하고 경험을 보태어 지식으로 축적을 하고, 나아가서는 여기에 아이디어를 더하여 창의적인 지식의 최고 수준인 지혜까지 이르는 것이다.

이러한 지식 피라미드도 현장에 나가지 않는 한, 현장에 나가서 올바른 질문을 하지 않는 한, 현장에서 측정을 하지 않는 한, 측정의 대상이 제대로 설정이 되지 않는 한, 그래서 데이터가 잘못 된다면 사상누각에 불과할 것이다.

자, 지금 우리는 우리가 하고 있는 일에 대해서 현장에서 측정하는 것을 생활화하고 있는지 돌아보자. 그리고 물어보자.

"임자, 측정해봤어?"

고객의 욕망이
데이터에
보인다

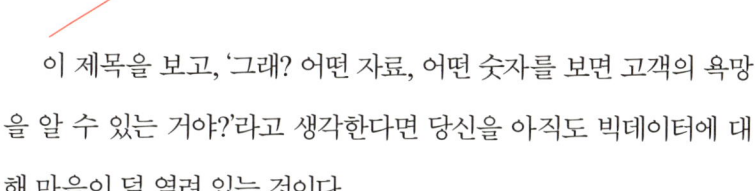

이 제목을 보고, '그래? 어떤 자료, 어떤 숫자를 보면 고객의 욕망을 알 수 있는 거야?'라고 생각한다면 당신을 아직도 빅데이터에 대해 마음이 덜 열려 있는 것이다.

한국능률협회(KMAC)는 『VOC 3.0+』라는 책을 펴내면서 고객의 목소리를 다음과 같이 분류하고 있다.

1. VOC 1.0 잃어버린 고객의 목소리를 찾아라. 엽서, 전화, 인터넷을 통해 고객과 연락을 취하던 시대로 IT환경을 최적화하기 위해 노력하던 시대

2. VOC 2.0 근원적인 원인을 해결하라. 수집된 다양한 고객의 의견을 분석하여 경영활동에 반영하는 시대로 불만에 대한 대응뿐 아니라 더 나은 고객 서비스를 개발하는 시대

3. VOC 3.0 말하지 않는 불만까지 해결하라. 고객이 찾아오기를 기다리는 것이 아니라 고객이 미처 말하지 않은 불만까지 찾아서 해결해 주는 시대.

이처럼 우리는 빅데이터라는 것이 단지 숫자뿐 아니라 게시판에 올라온 문자, 전화로 온 목소리, 나아가서 고객의 행동에 담겨 있음을 알 수 있다. 이 책에서 알려준 흥미로운 사례로 다음의 이야기들이 있다.

먼저 미국 사우스웨스트 항공의 사례로 어느 고객이 항공기를 갈아타야 하는데 비행기가 연착이 되어 늦게 도착해보니 짐이 어디로 갔는지 알 길이 없었다. 그래서 트위터에 자신의 상황을 알렸는데 항공사가 이를 알아채고 짐을 찾아주었다. 그러면서 고마워하는 고객에게 사우스웨스트 항공이 대단하다는 것을 보여줄 수 있도록 다시 기회를 달라고 해 고객의 마음을 얻었다. 고객이 어려움에 처해 있는 것을 회사에 직접 전화하지 않아도 SNS에서 검색 엔진을 활용하여 자사에 관련된 일을 선제적으로 대응하는 시스템을 구축하고 있는 것이다.

또 다른 예로는 우리나라 제약업체의 이야기이다. 유유제약의 '베노플러스'는 빅데이터를 활용하여 성공한 예로 유명하다. 원래 타박상, 부종, 벌레 물린 데 바르는 약으로 개발이 된 이 약은 오랫동안 시장에서 인정을 받지 못했다. 회사는 왜 약이 잘 팔리지 않는지 시장에 직접 나가서 조사를 하다가 뜻밖의 사실을 알게 되었다. 바로 이

약을 멍을 푸는데 사용하는 소비자들이 많다는 것이다. 그래서 이 회사는 더 자세한 분석을 통해 멍이 잘 드는 여성들이 미용 목적으로 사용하면 좋다는 데 초점을 맞추고 광고와 영업을 시작하여 크게 성공을 하게 되었다.

고객의 데이터 분석을 통해 고객이 말하지 않아도 원하는 것을 제공하는 서비스로는 미국의 유통업체인 타깃의 임산부 이야기가 유명하다.

타깃은 25개의 출산 관련 품목에 대한 구매 패턴을 분석한 결과 고객들의 출산 시기를 예측할 수 있게 되었다. 이 모델을 활용하여 임신한 고객을 대상으로 임신 첫 3개월은 비타민 보충 쿠폰을 제공하는 등 3개월 주기로 출산시까지 시기마다 필요한 물품에 대한 정보와 할인 쿠폰을 제공함으로써 매출을 증대시켰다.

타깃의 이 사례는 또 한 가지 중요한 교훈을 주기도 했다. 바로 임신 사실을 감추고 싶어 하는 고객에게 마저 할인 쿠폰을 보낸 것이다. 한 고등학생에게 보내진 이 쿠폰들을 본 학생의 아버지가 타깃에 항의를 할 때까지 회사는 이런 사실을 모르고 있었다. 이후 모델을 보완하게 되었다. 그 여학생은 실제 임신을 했었다.

이러한 사례들을 통해 알 수 있듯이 우리는 고객이 무엇을 원하는지에 대해 항상 주의를 기울이고 시스템적으로 고객의 욕망을 파악할 필요가 있다.

내가 근무했던 회사도 고객으로부터 다양한 목소리를 듣고자 6개의 채널을 운영하고 있으면서 거의 실시간으로 고객의 질문에 대한 답변과 불만을 해소하기 위해 노력하고 있다. 서비스 아이템별로 운영 시스템 내에 '고객의 소리'를 운영하는 것은 물론, 식당에는 '소통노트'를 비치하여 고객의 불만과 칭찬을 듣고 있으며 매일 노트의 반대편에 답변을 달아서 궁금증을 해소하고 있다. 또한 SNS에 '바로톡'을 개설하여 고객이 필요한 정보를 스마트폰을 통해 언제든지 찾아볼 수 있게 함은 물론이고 문의 사항에 대해서도 즉시 답변을 할 수 있도록 하고 있다.

또한 각 채널에 쌓인 데이터는 매월 서비스 아이템별로 긍정과 부정으로 분류하고 어떤 항목에 대해 불만이 있는지를 분석하고 있다. 분기별로는 서비스 아이템별로 어떤 분야에 불만이 많은지 제공된 서비스 중 만족하는 항목은 무엇인지를 파악하고 개선하고 있으며, 연간 자료의 분석을 통해 계절별로 사전에 무슨 서비스를 준비해야 하는지 시기별로 고정적으로 등장하는 고객의 불만에는 어떤 유형이 있는지를 파악하여 서비스를 제공하는 사람들에게 사전 정보를 제공하여 미리 준비할 수 있도록 하고 있다.

운영을 통해 몇 가지 배운 점이 있다. 먼저 고객은 칭찬을 잘하지 않는다는 것이다. 칭찬이 나오는 경우는 새로운 서비스를 제공하였을 때 또는 개인적으로 인상 깊은 서비스를 받았을 때가 많았다. 둘째로는 고객들은 불만을 말할 때 익명을 선호한다는 것이다. 너무도 당연한 이야기겠지만 사람은 상대방에게 내 불만을 이야기할 때 신분이 노출되는 것을 일반적으로는 꺼려한다. 이를 감안하여 고객이 불만을 표현할 수 있는 다양한 채널에서 익명을 보장하는 것이 중요하다.

또, 불만에 대한 대응도 매우 중요하다. 먼저 고객의 마음을 헤아리며 "고객님이 그런 일로 불편을 겪으셨군요"라고 맞장구를 쳐주어야 한다. 그리고 잘못을 인정하는 것이 좋다. 그런 다음 상황을 설명하고 개선 계획을 답변하는 순으로 대응을 하는 것이 중요하다.

고객들은 다양한 스펙트럼을 가지고 있다. 그 중에서도 우리가 제공하는 서비스나 제품에 대해 불만을 표현한 고객을 어떻게 대응

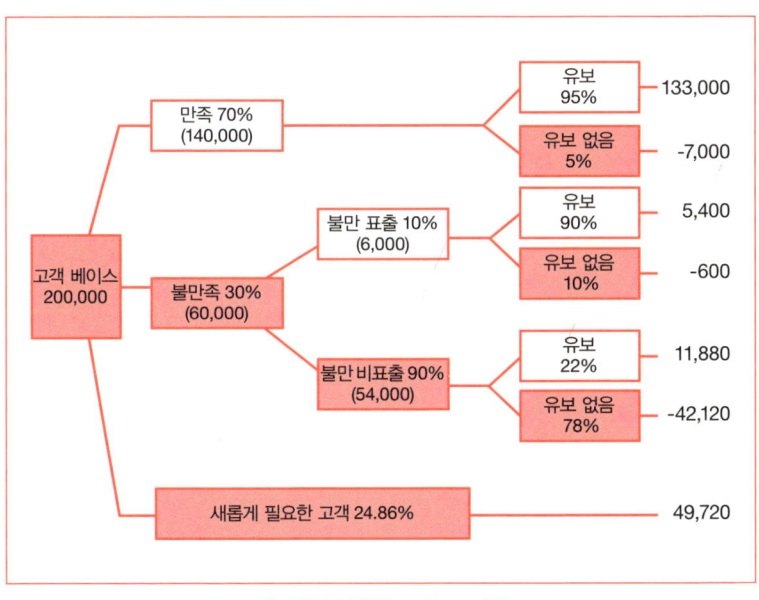

고객 만족, 불만행동 그리고 고객유보

하는가는 매우 중요하다.

마케팅에서는 불만을 가진 고객 중에 겨우 10%만이 불만을 표현한다고 한다. 이 불만 고객들에 대해 24시간 이내에 문제를 해결해주면 이들의 95%가 충성 고객으로 남을 가능성이 있지만 그렇지 못한 경우에는 테러리스트로 변해서 주위에 있는 사람 8~10명에게 자기가 생각한 불만을 퍼트리고 다닌다고 한다(『Market-based Management』, Roger Best). 새로운 고객 한 명을 유치하기 위해 우리가 얼마나 많은 노력을 기울여야 하는지를 생각하면 이들이 쫓아내는 고객들의 숫자는 엄청난 피해라는 것을 알 수 있다. 조기에 불만 고객을 해결하는 것은 매우 중요하다.

우리가 데이터를 통해 고객의 불만을 해결하고 고객의 욕망을 파악하여 상품을 개발하고 서비스를 개선하는 것도 중요하지만, 고객의 행동을 통해 고객이 말하지 않는 것까지도 찾아내는 노력이 가장 중요하다.

사람들이 마차를 주로 몰고 다니던 시대에 자동차의 대중화를 연 헨리 포드는 "내가 만약 사람들에게 무엇이 필요하냐고 물었다면 그들은 나에게 더 빠른 말이 필요하다고 말을 했을 것이다"라는 말을 했다. 데이터를 보지 않고 상상하는 사람은 하수요, 현장에서 데이터를 확인하고 제품과 서비스를 개선하는 사람은 중수요, 고객이 말하지 않아도 그들에게 필요한 것을 제공하는 혁신가는 상수라 할 수 있겠다.

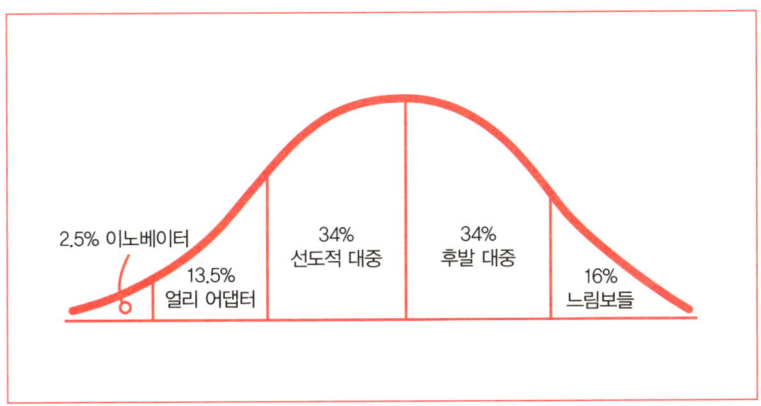

사이먼 사이넥는 제프리 무어의 '혁신의 확산 법칙'을 설명하면서, 이노베이터, 얼리 어댑터, 선도적 대중, 후발 대중, 느림보들 중에 어디에 서겠냐고 묻는다.

남들이 다 스마트폰을 사용할 때, 더 이상 배터리를 구할 수 없어서 피처폰을 버리고 스마트폰을 사용하는 느림보들이 될 것인가, 제일 먼저 혁신에 참여하는 2.5%의 이노베이터가 될 것인가. 서비스와 제품을 공급하는 우리의 입장에서는 누구를 어떻게 공략할 것인가를 생각해야 한다.

빅데이터가
실패 확률을
줄여준다

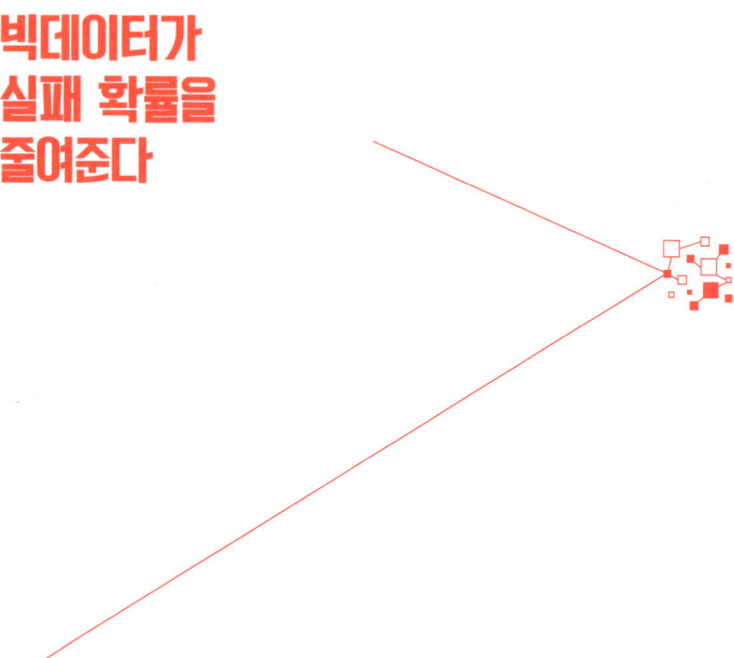

결과를 보고 말하지 마라

우리가 사는 인생은 선택의 연속이다. 선택을 함에 있어서는 결과에 대한 실패 가능성을 최대한 줄이는 의사결정을 해야 한다. 실패 가능성을 빅데이터를 활용하여 줄여보자.

술을 마시고 난 다음날 도대체 지난 밤이 기억나지 않을 때, 같이 마신 친구가 무슨 일이 있었는지 시간대별로 자세하게 말을 해주고, 거기에 더하여 내가 무슨 말실수를 했는지, 어떤 이상한 행동을 했는지 상세하게 설명해준다면 여러분은 어떤 생각이 드는가? 내 경우는 술을 진창 마시고 난 다음날은 전날의 일에 대해 절대로 복기하지 않는 것을 신념(?)으로 하고 있다. 기분 좋게 술을 먹고 난 다음에 내가 실수한 이야기를 들으면 기분이 나빠지기 때문이다.

바둑 용어로 '복기'라는 것은 사람들이 실력의 향상을 위해 자주 사용하는 말이다. 골프를 잘 치는 사람들(이른바 싱글)은 실전에서 라운딩이 끝난 다음 연습장에 들러서 오늘 내가 무엇을 잘했는지 무엇이 잘 안 되었는지를 복기하면서 잘못된 것을 고칠 때까지 연습한다고 한다. 바둑에 있어서는 게임이 끝난 후 반드시 복기하는 것이 불문율로 되어 있다. 회사에서 일을 하는데 있어서도 룩백(Lookback)이라고 해서 프로젝트가 끝나면 왜 성공을 했는지 무엇이 잘못되었는지를 다 같이 모여서 복기를 한다. 이런 복기가 있어야 다음에 더 잘 할 수 있기 때문이다. 이처럼 복기는 실력 향상을 위해서 매우 중요하다.

그러나 이 복기라는 말이 꼭 좋은 말로만 쓰이는 것은 아니다. 우리말에 "주식에서 복기해서 돈 못 버는 사람이 어디 있냐"고 한다. 무슨 주식이 대박이 나면 "아, 내가 그때 그거 살라고 했는데, 그랬으면 내가 지금 너한테 근사하게 한 턱 낼 수 있었는데"라고 하는 친구 간의 농담은 너무도 흔하다. 미국 사람들도 이런 일을 빗대어서 '월요일의 쿼터백'이라는 말을 쓴다. 주말 동안의 미식축구 결과를 놓고 "나 같으면 그때 누구에게 패스를 했을 터인데, 그때 작전을 이렇게 짰어야 하는데"라고 하면서 너스레떠는 것을 '먼데이 쿼터배킹(Monday quaterbacking)'이라고 한다. 결과를 놓고 예상을 못하는 사람이 어디 있겠는가?

실패한 예측

2016년은 예측을 하는 사람들에게 있어서는 무덤의 해가 아니었나 싶다. 2016년 6월 24일 영국이 EU에서 탈퇴(Brexit)를 하느냐 마느냐의 국민투표 결과 발표가 있던 날 많은 사람들이 깜짝 놀랐다. 대부분의 사람들이 영국이 EU에서 탈퇴하는 것은 경제적으로 정치적으로 이점이 없으니 당연히 잔류 쪽으로 결정이 될 것이라 생각했고 많은 예측가들도 그렇게 예측 결과를 내 놓았다. 그러나 결과는 예상과 달리 탈퇴를 하는 것으로 나타났다.

왜 예측한 것이 결과와 달랐는지에 대해 많은 사람들의 의견이 분분한 가운데 나온 말이 '부끄러운 토리 효과'라는 해석이다. 이는 1992년 영국 총선 때에 사전조사에서는 보수당이 노동당에 1% 뒤지는 것으로 나왔지만 실제로는 보수당이 7.6%의 표 차이로 이긴 원인을 분석하면서 나온 말이다. 즉 보수당을 지지하는 사람들이 사전조사 때는 보수당을 지지하는 것이 부끄러워서 말을 안 하고 있다가 투표에서는 자기의 뜻대로 투표를 한 결과라는 것이다.

세계는 2016년 11월 9일에 또 놀랐다. 많은 선거예측자들, 그리고 미국의 방송사들과 신문사들이 예측한 것과 달리 트럼프가 승리한 것이다. 이 결과에 당황한 많은 사람들은 왜 예측이 실패했는지에 대한 해석 의견을 내느라 바빴다.

가장 많은 의견이 영국의 국민투표 결과처럼 거짓말을 잘 하고 여성 비하 발언을 하는 트럼프를 지지한다고 말하는 것이 부끄러워서 사전 조사 시에 제대로 의사표현을 안 했다는 것이다. 이런 현상을 두고 미국 내에서는 1982년 캘리포니아 주지사 선거 시에 흑인 후보였던 토머스 브래들리가 사전 예측에서는 높은 지지율을 보이다가 실제 결과에서는 1.2%의 근소한 차이로 패배한 것에 비유하여 '브래들리 효과'라고 하기도 한다. 또 다른 의견으로는 이번 사건은 '부끄러운 트럼프 효과'가 아니라 미국 유권자의 대다수(약 69%)를 차지하는 백인들 중에 트럼프를 지지하는 많은 사람들이 공식적인 선거 예측 기관들과 언론이 모두 클린턴 후보 측이라는 생각을 갖고 있어 이들을 적으로 생각해 본심을 말하지 않았다는 해석도 있다.

어찌되었든 다 실패한 예측이다. 왜 이런 일이 반복되는 것일까? 우리의 일상생활과 회사가 일을 하는데 있어서는 이런 일이 일어나지 않는가? 너무도 당연히 우리는 항상 미래를 예측하고 그 예측 결과에 따라 희망을 걸고 살아가다가 예측과는 전혀 다른 결과를 보고 좌절하고는 한다.

우리가 일을 하는데 있어서 복기보다 중요한 것은 '보다 나은 예측'을 하는 것이다. 일이 이미 벌어지고 난 다음에 실패의 원인을 설명하기 위해 온갖 미사여구를 동원하고 과학적으로 분석을 하면 무엇을 하겠나? 바둑판이야 오늘 지면 복기를 하고 단점을 보완해서 내일 또 이기면 되지만, 인생에는 되돌릴 수 없는 일이 훨씬 많다.

실패 확률을 계산하라

'기대가 크면 실망도 크다'라는 말이 있다. 우리가 예측하는 데 있어서 지나치게 자신을 하면 실망이 크다는 의미다. 예측에 있어서는 항상 신중해야 한다. 예측을 하는 사람들이 자신의 예측 능력을 과신하고 전체의 흐름이 자신의 생각과 같다고 해서 낙관적으로 생각을 하는 것은 위험하다. 주관적인 생각을 데이터를 통해 확인을 하는 경우 맹신이 된다.

우리는 항상 일을 하면서, 인생을 살아가면서 실패의 가능성을 염두에 두어야 한다. 찰스 두히그가 『1등의 습관』에서 인용한 펜실바니아대학교와 UC버클리대학교의 연구 결과에 의하면, 미래를 예측하는데 있어서 확률론적으로 생각하는 방법을 배운 경우에는 미래를 예측하는 능력이 눈에 띄게 향상되었다고 한다.

우리가 사는 세상의 미래에는 무수한 가능성이 있다. 어느 한 가지에 대해서 생각이 고착되어 다른 가능성을 생각하지 않게 되면, 이에 대한 준비를 하지 못하고, 준비가 되어 있지 않은 경우에는 당황하고 새로운 환경에 대해 뒤늦게 대응하게 되는 것이다.

클린턴이 승리할 가능성이 52%라는 예측 결과를 보면서 사람들은 클린턴이 100% 이길 것으로 착각을 했다. 클린턴이 질 가능성도 48%가 된다는 생각을 했다면 그렇게 당황하지 않았을 것이다. 특히, 클린턴 진영에서 자신들이 패배할 확률이 48%나 된다면, 그 확률을 줄이기 위해서 유권자들을 더 자세히 분석했어야 했다. 그리고 그들이 원하는 것을 한번 더 귀 기울여 듣고 정책을 개발하는 데 노력을 하고, 그들이 원하는 정책을 발표했어야 했다. 또한 그들이 싫어하는 거짓말에 대해 사실을 밝히고 변명이라도 했다면, 결과는 달라졌을 수도 있다.

　미래에 대해 한 가지 확실한 것이 있다면 불확실하다는 것이라고 한다. 우리가 일을 함에 있어서 모든 가능성을 열어 놓고, 지금은 희미하고 가능성이 적지만 미래에 발생할 지도 모르는 것에 대해 대비하기 위해 우리는 항상 현장에서, 시간이 지나도 현장을 떠나지 말고 고객이 원하는 것, 국민이 원하는 것을 잘 관찰하고 측정해서 의사결정의 방향을 꾸준히 수정해야 한다.

잘못된 정보에 속지 않기

　우리는 이야기를 좋아한다. 그 이야기 속에 구체적인 통계가 담겨 있으면 쉽게 믿는 경향이 있다. '예일대학교 졸업생들의 목표 달성 추적연구'라는 유명한 연구가 있다. 1953년에 한 연구팀이 졸업반 학생들을 대상으로 인생의 성취 목표가 있는지를 조사한 다음 20년 뒤에 추적 조사를 했더니, 구체적인 목표를 세웠던 3%의 사람들이 나머지 97% 사람들 보다 개인적으로 부를 더 많이 축적한 것으로 나타났다는 연구이다.

　문제는 많은 자기계발 분야의 명강사들이 즐겨 인용을 하는 이 연구가 사실 무근이라는 것이다. 2007년에 「패스트컴퍼니」가 실제 이 연구가 있었는지를 추적 조사했는데 이런 연구를 한 적이 없다고 밝혀졌다. 이 내용은 심리학자 리처드 와이즈먼의 저서 『59초』에 나온다.

여기서 두 가지 포인트가 있는 데 첫째는 상대방을 속이려면 구체적인 통계 숫자에 그럴듯한 스토리를 구성해서 전달을 하면 잘 통한다는 것이고, 둘째는 그러니 우리는 아무리 그럴싸한 이야기를 들어도 그 이야기의 사실을 확인하는 치밀함을 가져야 한다는 것이다.

우리는 또한 어떤 일을 예측하는데 있어서도 예측력이 높은 요인을 활용해야 한다. 우리가 야구 중계를 볼 때 투수에 대해 승률과 방어율을 가장 중요한 것처럼 말한다. 하지만, 선거예측전문가인 네이트 실버는 투수의 실력을 나타내는 지표로는 승패율이나 방어율보다는 삼진과 볼넷의 비율로 판단하는 것이 훨씬 좋다고 한다.

빅데이터의 유행에 일조를 한 유명한 사례가 바로 버락 오바마 대통령의 선거 전략이다. 오바마 대통령은 2012년 대통령 선거에서 사전 조사를 통해, 선거 운동원이 접촉을 할 경우 역효과가 나 오히려 상대방에 투표할 가능성이 있는 유권자들에게는 선거운동을 하

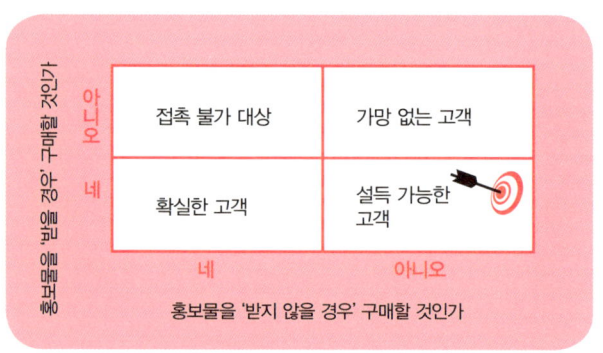

출처: 『빅데이터의 다음 단계는 예측 분석이다』 에릭시겔 지음, 고한석 옮김, 이지스퍼블리싱

지 않았다. 그리고 선거운동을 하지 않으면 자신을 지지하지 않을 사람들을 분류하여 이들을 집중 공략함으로써 최소 비용으로 선거에서 이겼다. 이를 빅데이터 기법에서는 '반응 향상 모델링'이라고 한다. 즉 옆의 표와 같이 고객이나 유권자를 분류하고 4분면에 있는 고객을 집중 공략을 하면 적은 비용으로 성과를 향상시킬 수 있다.

우리가 일을 함에 있어서 그 일이 한 나라의 운명을 결정할 일이든 개인의 직장생활을 결정할 일이든지, 미래의 결과에 대해 실패 가능성을 열어 놓고 마지막 순간까지 현장의 데이터를 통해 변화를 확인하면서 항상 변동성에 대비해야 한다. 그리고 주관적인 자신감보다는 객관적인 현상과 데이터에 근거하여 치밀하게 분석하는 것이 실패를 줄이는 지름길이다.

묻지 말고
관찰하라

우리는 일반적으로 다른 사람들의 생각이나 의견을 알고자 할 때 설문조사를 한다. 그러나 설문조사는 어떤 사람들을 대상으로 어떤 방식을 통해 어떻게 질문하는가에 따라 그 결과가 달라진다. 설문조사의 응답은 기본적으로 응답자의 기억과 기분에 영향을 받을 가능성이 매우 높다. 빅데이터의 시대에는 설문보다는 관측을 통하여 우리가 알고자 하는 것을 파악하는 것이 중요하다.

마케팅 분야 교수 매리 스터펠 등의 조사에 따르면 사람들은 자기가 말한 목표 체중보다 7.3kg 더 나가고, 노후를 위해 목표한 금액보다 68% 적은 금액을 저축하며, 85%의 사람들이 장기를 이식하겠다고 하지만 실제로는 28%만이 실천한다고 한다. 믿지 못할 것이 사람의 말이 아닌가?

가짜 뉴스

정보가 넘쳐나는 세상에는 진실만이 있는 것이 아니다. 2016년 미국의 대통령 선거에 과연 가짜 기사들이 영향을 미쳤을까?

남유럽 발칸 반도에 있는 마케도니아는 인구 2백만 명의 작은 나라이다. 그런데 이 나라에서는 2016년 기준으로 140개의 미국 정치를 다루는 사이트를 운영하고 있다. 이들은 마치 미국 사람들이 운영하는 것과 같이 사이트를 운영하면서 2016년 미국 대통령 선거 과정에서 친(親)트럼프 기사를 게재하였다. 그리고 그것이 사실이든 아니든 상관없이 게재하고 이를 통해 돈을 벌었다. 이를 테면 '카톨릭 교황이 트럼프를 지지했다', '인디애나주지사 마이크 펜스가 미셸 오바마를 가리켜 가장 음탕한 여자라고 했다', '클린턴이 개인용 이메일 서버 문제 때문에 기소가 될 것이다' 등등의 기사를 게재하였고, 이를 본 사람들을 이 기사들을 페이스북 등의 SNS에 퍼 날랐다.

인터넷에 자극적인 제목으로 글을 작성하여 유저들의 클릭을 유도해서 돈을 버는 사람들을 '클릭베이터(Click-baiter)'라고 하는데, 마케도니아의 16살짜리 한 클릭베이터는 이런 기사들을 통해 월 1백만 뷰를 기록하는 사이트를 운영하고 있다고 한다. 이 소년은 이 사이트 운영을 통해 광고 수입으로 연간 수십만 달러를 번 것으로 추정되고 있다. 이 정도의 소득이면 마케도니아 중산층의 몇 배나 되는 수준이다. 이들이 트럼프에 유리한 사이트를 운영한 이유는 민주당 대선 후보였던 버니 샌더스에 유리한 사이트를 운영해보니 별로 돈이 안 되었고, 트럼프 지지 사이트를 운영하는 것이 돈이 더 잘 벌리기 때문이었다고 한다(Slate.com, 2016.11.4).

문제는 이런 개인이 운영하는 사이트의 기사뿐만 아니라 주류 언론이 보도하는 기사의 경우도 사실 확인이 안 되는 경우가 있다고 한다. 우리나라에서도 보도가 된 아버지 부시가 클린턴 후보를 지지했다는 기사의 경우가 그렇다고 한다. 처음 이를 보도한 것을 미국 정치 사이트인 '폴리티코'인데, 다른 언론사에서도 사실 확인 없이 인용 보도를 하였고 많은 사람들이 역시 SNS에 퍼 날랐다고 한다(BuzzFeed News, 2016.10.21).

이런 가짜 기사들은 관연 유권자들의 표심에 영향을 미쳤을까? 미쳤는지 않았는지 조사가 가능할까? 사람의 생각을, 사람의 속마음을 알 수 있을까? 사람들에게 묻는 것으로는 한계가 많다.

사람들의 행동을 관찰하라

미국 대선이 끝나고 나서(수많은 예측 기관들이 여론 조사를 통해 예측한 결과와는 달리 트럼프가 당선이 되고 나서) 인도의 한 벤처 기업이 만든 인공지능 '모그AI'는 트럼프의 당선을 예측했다고 언론의 주목을 받았다. 이 인공지능의 개발자들은 다른 예측 기관이 여론조사를 한 것과는 달리, 구글과 페이스북, 트위터, 유튜브 등에서 수집한 데이터 2천만 건을 분석하여 트럼프의 당선을 예측했다고 한다(「국제신문」, 2016.11.10).

실제로 구글트렌드에서 트럼프와 클린턴의 검색 빈도를 확인해보

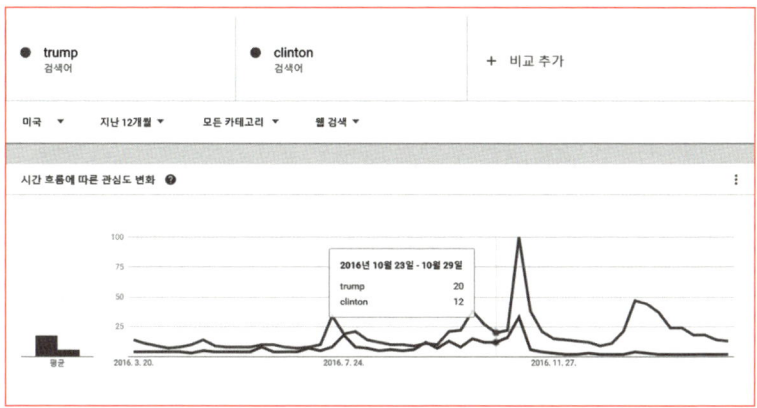

트럼프와 클린턴의 구글 트렌드 분석

면 위와 같다. 이를 살펴보면 트럼프에 대한 검색이 클린턴에 비해 압도적으로 많은 것을 알 수 있다. 물론 정확한 예측을 위해서는 이런 동일 검색이 부정적인 단어와 같이 이루어졌는지 긍정적인 단어와 같이 이루어졌는지를 분석하고, 거기에 더하여 미국의 선거인단 제도의 특성을 반영하여 주별로 예측을 하고 전체 현황을 더하면 예측의 가능성을 높일 수 있을 것이다. 즉, 사람들에게 '누구에게 투표할 것인가?'를 물어보지 않고 유권자들이 누구에게 관심을 더 많이 가지고 있는지를 관찰하는 것이 훨씬 예측 신빙성을 높이는 길이란 뜻이다.

여기서 관찰은 사람들이 관심을 갖고 '검색하는 행동을 관찰하는 것'을 말한다. 사람들의 행동은 항상 흔적을 남기게 되어 있다. 더욱이 과학이 발달하면서 더더욱 그렇게 되어 간다. 도처에 널려 있는 센서에 의해 사람 자체가 데이터 제조기가 되어 버린 것이다.

사람들의 응집력을 측정하다

MIT의 벤 웨이버 교수는 설문 조사의 한계를 극복하고 사람들의 행동을 연구하기 위해 신분중 크기만 한 카드에 적외선, 행동, 음성을 모두 감지할 수 있는 기기를 만들었다. 그리고 '소시오미터'라는 이 기기를 사용하여 뱅크오브아메리카의 콜센터 직원들의 생산성 향상 과제를 수행하였다.

콜센터에서 근무하는 사람들은 고객들의 불만과 문의를 처리하는데, 평균적으로 40%의 이직률을 기록하고 있는 감성노동자들이다. 높은 이직률은 채용 비용 뿐 아니라 생산성에도 나쁜 영향을 미친다. 이 문제를 해결하기 위해서 벤 웨이버 연구팀은 콜센터 근무자들에게 소시오카드를 개개인별로 착용하여 수개월 간 근무자들의 행동 경로와 사용하는 말 등을 채집하여 분석을 하였다.

일반적으로 콜센터 근무자들의 성과 평가는 '평균 상담 완료 시간'으로 측정을 하는데, 근무자들은 상담 시간을 단축하기 위해 일부 영리한 직원들은 고객의 전화를 받자 마자 끊기도 했다. 이들이 보다 충실하게 고객에게 응대를 하고 회사의 성과에 기여하게 하는 것은 매우 중요한 문제였다.

수개월 간의 연구 끝에, 콜센터 근무자들의 생산성에 영향을 가장 많이 미치는 것은 근로자들 간의 응집력이라는 것을 알아냈다. 통상적으로 고객과 일대일 응대 서비스를 제공하는 콜센터 근무자들 간에 무슨 상호작용이 중요하겠냐고 생각을 하겠지만, 연구팀의 결과는 전혀 다른 결과를 얻은 것이다.

근무자들 상호 간의 끈끈한 응집력을 위해서는 사무실에서 나누는 잡담이나 정식회의는 전혀 기여를 하지 못했고, 오히려 사무실 밖이나 점심시간 또는 교대를 위해 쉬는 시간을 통해 압도적으로 높아지는 것으로 나타났다. 일반적으로 말하는 '정수기 효과'로 구성원들이 커피나 물을 마시기 위해 정수기에서 만나는 시간 동안에 서로 간의 끈끈함이 더 높아진다는 것이다.

벤 웨이버팀은 연구 결과를 바탕으로 응집력을 높이기 위해 휴식 시간을 늘리는 등의 여러 가지 조치를 통해 근무자들의 스트레스를 낮추고 생산성을 23%나 높였고 이직률도 12%로 떨어트렸다(『구글은 빅데이터를 어떻게 활용하였는가』, 벤 웨이버 지음, 배충효 옮김, 북카라반).

모든 것을 측정할 수 있다

이제는 사물인터넷(IoT) 세상이라고 한다. 아니 더 나아가서 만물인터넷(IoE) 세상이라고 한다. 컴퓨터와 컴퓨터를 이어주는 인터넷이 아니라 세상의 모든 만물이 서로 연결이 되는 세상이 되어가고 있다.

2020년까지 500억 개 이상의 물건이 인터넷에 연결된다고 한다. 네트워크와 센서로 가득 찬 세상에서 주의해서 보아야 할 분야가 바로 '행태 추적' 분야이다. 보험사들이 차량에 센서를 부착해서 운전자들의 운전 습관을 분석해서 보험료를 산정하고, 대형 마트에서는 스마트폰의 와이파이 기능을 통해 고객의 쇼핑 습관을 분석하여 상품과 매장 운영에 반영하는 등의 기술이 갈수록 늘어나고 있다(『볼

드』, 피터 디아만디스, 스티브 코틀러 지음, 이지연 옮김, 비즈니스북스).

기하급수적으로 늘어가는 디지털 기술은 더 이상 우리가 알고자 하는 것을 물어보지 않아도 알 수 있게 도와주고 있다. 자신도 모르는 말로 답변하는 사람들의 주관적인 생각을 통해 우리가 알고자 하는 것을 파악하지 말고, 사람들의 객관적인 행동을 관찰하고 분석함으로써 보다 정확한 예측으로 보다 좋은 의사결정을 하자.

언제까지
장님 더듬기식
경영을 할 것인가?

우리가 하는 의사결정은 미래에 영향을 미친다. 과거를 바꾸기 위해 의사결정을 하는 것은 없다. 타임머신을 타고 가서 바꿀 수 있는 것이 아니라면 몰라도. 이때의 의사결정의 기준과 절차는 어떠해야 하는가? 미래는 불확실하고 너무 크기가 크다. 그래서 더더욱 의사결정의 근거와 절차가 합리적이어야 한다.

며느리도 몰라

어느 광고에 나오는 원조 할머니가 말했다. "며느리도 몰라". 자신이 성공한 음식 비법을 며느리에게도 알려주지 않는다는 것이다. 과거 80~90년대의 직장에서도 회사 내의 소식과 업무 관련 정보를 얼마나 많이 알고 있는가가 그 사람의 능력으로 인정이 되던 시절이 있었다. 그 시절에는 어떤 정보나 서류를 얻게 되면 책상 속 다이어리 속에 꼭꼭 숨겨놓고 내게 잘 보이는 사람이나 내가 잘 보여야 할 사람에게만 정보를 제공하였다. 그래서 사람들과의 관계가 중요했고 남들보다 얼마나 많은 것을 알고 있고 비밀정보를 많이 아느냐가 경쟁력이었다.

또 이런 비법을 자신의 믿을 만한 후계자에게만 전수해주어 가업을 잇게 하는 것이 차별화의 전략이었다. 그래서 개인의 경험과 직관이 사업에 있어서 핵심요인이었다. 이런 과정을 거쳐 성공의 지위에 오른 사람들은 가끔 주위의 충고를 잘 받아들이지 않고, 경험해보지 않은 새로운 환경이나 도전이 발생을 하면 자신의 주관을 강하게 믿는다. 자신을 여기까지 오르게 한 자신의 신념에 대한 믿음이 강하고 지금까지 의사결정을 잘해왔으니 새로운 문제에 대해서도 그렇게 하면 된다는 생각을 하는 것이다.

이런 경향은 누구에게나 있는 것인지도 모른다. 애플의 리더이자 혁신의 아이콘인 스티브 잡스마저도 이런 실수를 했다. 2001년 딘 카멘이 자동평형 개인용 이동수단인 '세그웨이'를 발명했을 때 잡스는 그 발명품에 대해 PC가 발명된 이래 가장 놀라운 기술 제품이라고 하면서 회사의 지분 10%를 6천3백만 달러에 인수하겠다고 했다. 그러나 세그웨이는 이후에 시장의 외면을 받았고 시사주간지「타임」은 2010년에 세그웨이를 지난 10년 동안 가장 실패한 기술 중의 하나로 뽑았다.

왜 스티브 잡스는 이런 결정을 하였던 것일까? 가장 중요한 이유는 잡스가 해당 분야에 대한 전문성이 없었다는 것이다. 다만 잡스는 애플에서 쫓겨나는 등의 수모를 겪으면서도 결국은 성공한 자신의 성공 경험에서 나온 의사결정의 판단력을 과신하였던 것이다. 자신의 직관이 맞는지 해당 분야 전문가의 의견을 들어보지도 않고, 여러 가지 관련 데이터를 확인하지도 않고 성공의 경험에 따라 세그웨이의 성공을 장담하였던 것이다(『오리지널스』, 애덤그랜트 지음, 홍지수 옮김, 한국경제신문사).

일반적으로 사람들은 자신에게 익숙한 것에 대해서는 잘 안다고 착각을 한다고 한다. 인지심리학자 김경일 교수가 잘 인용하는 이야기가 있다. 사람들은 운전을 하다가 고장이 나면 길 옆에 세워두고 제일 먼저 하는 일이, 차의 보닛을 열고는 엔진을 살피는 것이라고 한다. 몇몇 사람은 엔진에게 말을 걸기도 하고 걸레를 들고 닦아주기까지 한다고 한다. 평소에 늘 끌고 다니던 차이니 내가 잘 안다고 착각하는 것이다. 대다수의 사람들이 이런 행동을 하는데, 제주도에 가면 이야기가 달라진다고 한다. 렌트해서 차를 타는 사람들은 차가 고장이 나면 차를 길가에 세우고 즉시 렌트업체에 전화를 하는 것이다.

내게 익숙한 것과 내가 잘 아는 것을 구분할 줄 알아야 한다. 스티브 잡스조차 본인이 수많은 제품에 대해 의사결정을 해왔고 항상 성공을 했으니 세그웨이에 대한 판단도 맞을 것이라고 과신한 것이다. 그럼 전문가는 항상 옳은 의사결정을 할까?

주관적 의사결정의 한계

전문가들조차 자신이 알고 있는 것보다 더 많이 알고 있다고 착각을 한다고 한다. 스티븐 로빈스가 쓴 『성공을 부르는 결정의 힘』을 읽어보면 이를 대표하는 문장이 있다.

"주식 시장은 아마 영원히 상승 곡선을 탈 것이다"(1929년 미국의 대공황 직전에 예일대학교 경제학자 어빙 피셔가 한 말이다).

"어떤 일이 있더라도 미 해군은 방심하지 않을 것이다"(1941년 일본의 진주만 공습 3일 전에 미국 해군 장관이 한 말이다).

"그 누구도 집에 컴퓨터를 들여놓기를 원하지 않을 것이다"(1977년 디지털이퀴프먼트사의 설립자 올 켄스가 한 말이다).

개인만 예측을 실패하는 것은 아니다. 금융 분야에 있어서는 가장 전문가라고 할 수 있는 월가의 사람들조차 2008년 10월 23일의 금융위기를 예측하지 못하고 오랫동안 서브프라임 모기지라는 폭탄 돌리기를 한 것은 우리가 다 아는 사실이다.

왜 인간은 의사결정에 있어서 이런 실수들을 하는 지에 대해 살림 이스마일 등은 『기하급수의 시대가 온다』에서 '인간의 인지 한계'를 근거로 제시하고 있다. 물론 여기에 언급한 결과는 많은 심리학자들이 오랫동안 연구해온 결과 중 일부를 제시한 것이다.

1. 기준점 편향. 한 가지 정보나 특성에 지나치게 사로잡히는 현상
2. 가용성 편향. 머릿속에서 쉽게 떠오르는 사건에 대해 과대평가

를 해서 다른 일에 대해서도 적용하는 현상
3. 확증 편향. 기존에 자신이 가지고 있던 생각을 확인해주는 방향으로 사건을 해석하고자 하는 현상
4. 프레이밍 편향. 똑같은 정보에 대해서 그 정보를 어떻게 누가 제시하는가에 따라 결론을 달리 내는 현상
5. 낙관 편향. 우호적이고 즐거운 결과만 과대평가해서 지나치게 낙관적으로 되는 현상
6. 계획 오류 편향. 유리한 점은 과대평가하고, 소모되는 비용, 시간 등의 자원은 과소평가하는 현상
7. 매몰비용 편향. 어떤 비용을 포기하는 고통을 그 것을 얻게 되었을 때의 가치보다 더 크게 느껴지는 현상

이러한 인간의 여러 가지 왜곡 성향은 우리로 하여금 경험과 전문성에만 의존한 주관적 의사결정에는 한계가 있음을 깨우쳐주고 있다. 이러한 한계를 극복하기 위해서는 우리는 합리적 의사결정을 해야 한다.

합리적 의사결정

우리가 사는 세상의 미래는 우리가 그 결과에 대해 정확히 예측할 수 없다. 우리가 예측한 것이 맞는 지 틀린 것인지는 그 결과가 나와 봐야 알 수가 있다. 즉 우리는 어떠한 의사결정에 있어서, 최소한 의사결정을 하는 그 시점에 있어서는 정답을 맞혔는지 아닌지를 알

수 없다는 것이다. 따라서 우리는 의사결정의 시점에 가능한 합리적인 의사결정을 추구해야 한다. 인간은 결국 미래의 결과를 우리 맘대로 정할 수 있는 것이 아니며 다만 보다 더 바람직한 결과를 도출하기 위해 노력해 나가야 하는 것이다.

스티븐 코틀러가 제시한 '합리적 의사결정 6단계' 절차를 살펴보면 다음과 같다.

1단계 문제를 구조화하고 명확히 한다. 문제란 일반적으로 바람직한 또는 추구하고자 하는 수준과 현실의 차이를 말한다. 또한 구조화는 바람직한 수준에 대한 이해관계자가 원하는 수준과 관련 항목에 대한 현상을 파악하고 그 차이에서 이슈를 도출하는 것을 말한다.

2단계 의사결정의 기준을 정한다. 추구하고자 하는 목표와 가치를 기준으로 무엇이 중요한지를 결정한다.

3단계 결정기준의 가중치를 정한다. 결과에 미치는 여러 가지 요인들에 대해 우선순위에 따라 가중치를 정한다.

4단계 대안을 찾는다. 문제를 해결 할 수 있는 가능한 모든 대안을 탐색한다.

5단계 각 대안을 평가한다. 각 대안들에 대해 철저하게 분석하여 의사결정 기준에 따라 평가를 한다.

6단계 가장 높은 점수를 얻은 대안을 선택한다.

'며느리도 몰라'라고 하는 것은 정보가 제한되어 비법만으로 전수가 가능하던 시절의 이야기이다. 지금은 거의 모든 지식과 자료가 아주 저렴하게 또는 무료로 제공이 되고 있다. 지금을 사는 시대의 경쟁력은 얼마나 합리적인 의사결정을 통해 더 좋은 의사결정을 하고 이를 실행할 수 있는가에 따라 달라진다. 이를 밴 웨이버는 『구글은 빅데이터를 어떻게 활용하였는가』에서 이렇게 설명했다.

'야구에 있어서 타율이 2할5푼인 선수를 우리는 평범한 타자라고 한다. 반면에 타율이 3할인 선수를 강타자라고 한다. 겨우 5%의 차이로 우리는 강타자와 평범한 타자를 분류한다. 기업의 경영에 있어서도 영업이익률의 5%는 엄청난 차이를 가져온다.'

우리가 이 책에서 인용하고 있는 여러 기업들, 특히 기하급수적으로 성장하는 기업들은 데이터에 근거한 합리적 의사결정을 통해 보다 좋은 의사결정을 하고 있다. 의사결정 전문가인 마이클 맨킨스는 그의 저서 『결정하는 조직 행동하는 조직』에서 '의사결정이 우수한 기업들은 평균적인 기업보다 실행 확률이 8배나 높다'고 말했다.

의사결정에 있어서 주관을 버리고, 사람들이 통상적으로 가지고 있는 오류의 한계를 극복하고, 합리적인 의사결정을 위해서는 데이터를 근거로 한 체계적 의사결정을 통한 경쟁력 확보가 중요하다.

흥미로운 실험 결과들

조직을 운영하는데 참고가 될 흥미로운 실험 결과들이 있다. 이들은 우리가 인간의 행동을 이해하거나 조직을 좀 더 효과적으로 운영하는데 많은 도움을 준다. 때로는 이런 실험 결과들을 몰라서 시행착오를 겪는 경우가 많다. 호기심으로 인간의 행동을 연구하고 실험한 연구진들에게 감사의 뜻을 표한다.

회의에는 '7의 법칙'

베인앤컴퍼니의 연구 결과에 따르면, 회의에서 의사결정을 하는 경우 7명이 넘는 사람이 의사결정 집단에 참여할 경우, 1명이 추가될 때마다 의사결정의 효과는 10%씩 떨어진다고 한다. 일반적으로 사람들은 집단 지성을 활용하면 보다 나은 의사결정을 할 수 있다고 생각해 가능하면 많은 사람들을 참석시키는 것을 선호하지만, 17명이 넘는 집단의 경우에는 효과가 거의 없다고 할 수 있다.

이 연구 결과로 우리는 '링겔만 효과'와 같은 결과를 얻을 수 있다. 프랑스의 막스 링겔만은 사람이 줄을 잡아당길 때, 2명이 잡아당기면 자기의 힘의 93%를 사용하고, 3명이 당길 때는 85%의 힘을, 8명이 줄을 잡아당기면 절반의 힘을 사용한다고 한다. 결과적으로 8명이 한 팀을 이룰 때 7명이 한 팀을 이루는 것보다 더 큰 힘을 발휘하지 못한다고 한다.

여기에서 또 하나 참고해야 할 중요한 사례가 있다. 구글벤처스의 혁신 프로젝트 기법을 소개하는 『스프린트』에 의하면, 프로젝트팀도 7명으로 구성하는 것이 좋은데 여기에는 평소 함께 일하던 사람들이 아닌 여러 분야의 사람들로 구성을 해야 성공의 가능성이 높다고 한다. 또한, 참여하는 사람들의 기본적인 성향은 자기 분야에 대한 전문지식이 깊고 과제에 대한 도전의식이 강해야 한다고 한다.

조직의 구성에는 '던바의 수 150'

영국의 인류학자 로빈 던바는 인류 공동체의 적정 규모를 예측하기 위해 여러 사회 집단을 연구했다. 현대에도 존재하는 수렵 집단, 군대의 규모, 트위터상 사람들 간의 소통 빈도에 따른 규모, 사람들 간에 주고받는 크리스마스카드 규모, 등의 다양한 집단에 대해 구성원 간의 접촉 빈도와 친밀도에 대해 연구를 하였다. 그 결과 집단의 규모가 150명일 때 상호 간에 신뢰도와 조직에 대한 의무감이 가장 강한 것으로 분석이 되었다.

그러나 사람들은 일반적으로 150명과 항상 같은 수준으로 소통할 수 없으므로 친밀도와 소속감을 고려하여 전체 조직을 나누어야 한다. 그래서 닐 도쉬와 린지 맥그리거는 150명 규모의 '동기부여가 활발한 조직'을 만들기 위해 다음과 같이 제안한다.

첫 번째 일선 조직으로 리더 없이 5명으로 구성된 '절친그룹'을 구성한다. 이 그룹은 서로를 코치하고 지원한다. 이 조직의 목표는 상호 간의 최고의 친밀함을 확보하는데 있다.

두 번째 한 단계 위, 3개의 '절친그룹'을 구성하는데 이 그룹은 '사냥집단'이 된다. 공식적으로 코치를 두고, 코치는 집단이 분명한 공동의 목표를 성취하도록 돕는다.

세 번째 3개의 '사냥집단'은 '밴드'를 형성한다. 그들은 비슷한 목적을 갖기 쉽고, 함께 지식을 공유할 수 있다. 여기 밴드에서의 리더십은 비공식적이라는 것이 특징이다.

마지막으로 10개의 헌팅파티는 '빌리지'를 형성한다. 여기서의 리더는 공식적인 존재로서 10명의 코치를 코칭한다. 빌리지는 모든 구성원을 위해 공동체 의식과 정체성을 만든다.

혁신을 추진하려면 장자를 선택하지 마라

애덤 그랜트는 『오리지널스』에서 혁명적인 아이디어를 수용하는 데에는 사람의 나이보다는 출생서열이 더 중요한 작용을 한다고 말했다. 출생서열이 아래인 80세 노인이 맏이인 25세 청년보다 진화론에 대해 훨씬 열린 자세를 취했다고 한다. 맏이들은 출생서열이 낮은 사람들보다 위험 회피성향이 더 강하고, 나중에 태어난 사람들이 중요한 변혁을 지지할 확률이 훨씬 높다고 한다.

협상은 초반 5분이 중요하다

벤 웨이버는 연봉협상을 하는 사람들의 사회적 신호(목소리의 높낮이와 말하는 속도 등)를 측정하였다. 그 결과 통상 40분이 걸리는 연봉협상에 있어서 초반 5분의 신호가 최종 결정된 연봉의 30%를 좌우한다고 한다. 연봉을 6만5천 달러를 받는지 9만 달러를 받을 수 있는지가 이 5분에 달려 있다는 것이다. 우리가 통상 기선제압을 해야 한다는 말을 자주 하는데 맞는 말인가 보다.

눈에서 멀어지면 마음도 멀어진다

1977년 토머스 앨런은 물리적 거리와 소통의 빈도는 반비례한다는 연구 결과를 발표했다. 이름하여 '앨런 곡선'이다. 1.8m 이내에 있는 사람들과 이야기하는 빈도가 18m 떨어져 있는 사람들하고 보다 4배 더 많다. 그리고 층이 다르거나 다른 건물에 있는 사람과는 거의 소통을 하지 않는다. 이런 연구 결과는 이메일 등의 소통수단이 다양화된 현대에도 그대로 유지가 되고 있을까? 그렇다고 한다.

벤 웨이버 등이 연구한 결과에 따르면, 대면 소통뿐만 아니라 디지털 소통도 앨런 곡선을 따른다고 한다. 물리적 공간을 같이 사용하는 사람들 간이 서로 다른 공간에서 근무하는 사람들보다 디지털 소통을 20% 더 한다고 한다. 긴밀한 협조가 필요한 경우에는 같은 공간의 사람들끼리의 이메일 빈도가 4배 높았고, 그 결과 프로젝트 완료까지 걸린 시간도 32% 줄었다고 한다.

인간의 뇌는 환경을 데이터로 인식한다

2007년에 라이스대학은 천장의 높이가 창의력에 영향을 미치는지를 연구하였다. 50명은 천장 높이가 3m인 방에, 나머지 50명은 1.8m 높이의 천장이 있는 방에서 서로 다른 사물들끼리 연계성을 발견하는 실험을 했다. 성당, 박물관, 타지마할, 에펠 탑 등 높은 건물들은 사람들로 하여금 영감과 창의성을 불러일으키는 것과 같을 것이라는 추정이었다. 그 결과는 놀랍게도 천장이 높은 공간에 있는 학생들이 창의성을 더 많이 발휘하는 것으로 나타났다.

인간은 천장뿐만이 아니라 여러 가지 환경조건에 반응을 한다고 한다. 색상의 경우에는 빨간색이 사람들로 하여금 실패에 대해 더 민감하게 만든다고 한다. 교수들은 빨간색 펜을 들었을 때 틀린 답을 더 잘 찾아낸다고 한다. 소리의 경우에는 인간의 귀는 원시시대부터 약탈자들의 소리를 듣고 대비하기 위해 발달해왔기 때문에 조용한 곳에 있으면 긴장하게 되고 오히려 커피숍과 같이 다소 소음이 있는 경우가 긴장을 완화시켜 추상적인 생각을 할 수 있게 만든다고 한다. 창의적인 생각을 하려면 골방이 아닌 다소 소음이 있는 공간이 좋다는 것이다. 가구의 배치에 있어서는 원형으로 배치하는 경우가 상호

간에 소통을 더 원활하게 한다고 한다.

인간은 주변에 대해 육감을 동원하여 환경 변수를 읽고 본능적으로 경계상태를 유지해야 하는지 긴장을 풀고 여유를 가져도 되는지를 파악하여 뇌를 활성화시킨다고 한다. 사람의 뇌는 기본적으로 작동 구조가 데이터에 근거해서 판단을 하게 되어 있다.

창의성에 도움이 되는 연구들

존 레이티는 『스파크』에서 인간은 매일 몸 안의 에너지를 소비해야 한다고 하면서 운동의 필요성을 강조하였다. 우리 조상은 먹이를 구하기 위해서 매일 8~16km씩을 움직여왔기 때문에 현대에 와서 운동을 하지 않으면 불순물이 몸에 축적되는 것은 물론이고 몸의 균형이 무너진다고 한다. 먹이를 찾아 헤매는 동안 우리의 몸과 뇌는 활성화가 된다. 창의적인 아이디어가 필요하면 걸어야 한다.

또 하나의 연구는 2010년 북다코다대학의 연구 결과다. 이 연구에서는 학생들에게 '내가 7살 먹은 어린이다'라는 가정을 하고 질문에 대답하라고 한 것만으로도 답변이 더 창의적으로 바뀌었다고 한다.

배고픈 판사들은 부정적으로 의사 결정한다

컬럼비아대학과 벤구리온대학에서 분석한 결과에 따르면, 식사시간 이후에 열린 가석방 심사에서는 65% 정도가 긍정적으로 의사 결정을 하지만, 식사시간 직전에는 긍정적인 의사 결정이 거의 0%에 가깝다고 한다. 의사결정자가 피곤하거나 배고플 때에는 중요한 결정을 받으려 하지 말아야 한다.

순서가 주는 착각

『생각에 관한 생각』의 저자 대니얼 카너먼이 1974년에 한 실험 결과다. 한 집단의 사람들에게는 '1×2×3×4×5×6×7×8=?' 같이 문제를 내고, 다른 집단의 사람들에게는 '8×7×6×5×4×3×2×1=?'라고 문제를 냈다. 과연 사람들의 답은 어떠했을까? 첫 번째 집단의 답 평균은 '500'이었고, 두 번째 집단의 답 평균은 '2,000'이었다.

사람들은 일반적으로 첫 번째로 오는 숫자를 기반으로 전체 연산을 추정한다고 한다. 우리가 데이터에서 정보를 파악할 때도 사람이 가진 한계를 명확하게 인식하는 것이 중요하다.

> "
> 기하급수적으로 늘어가는 디지털 기술은
> 더 이상 우리가 알고자 하는 것을 물어보지 않아도
> 알 수 있게 도와주고 있다.
> 자신도 모르는 말로 답변하는 사람들의 주관적인 생각을 통해
> 우리가 알고자 하는 것을 파악하지 말고, 사람들의 객관적인 행동을
> 관찰하고 분석함으로써 보다 정확한 예측으로
> 보다 좋은 의사결정을 하자.
> "

CHAPTER 03

1등 데이터 경영 조직은 어떻게 일하는가

구글은 어떻게
빅데이터로
1위 기업이 되었는가?

 전 세계 웹사이트 순위를 실시간으로 제공하고 있는 아마존의 자회사인 알렉사(alexa.com)을 들어가 보면 부동의 1위를 차지하고 있는 사이트가 바로 구글이다. 구글은 1998년 창업한 이후 190여 개의 기업을 인수, 합병하였으며, 2004년 기업공개를 할 당시는 시가총액이 230억 달러(한화 약 26조7천억 원)이었다. 그리고 2016년 구글의 모회사인 알파벳의 시가총액은 5천억 달러(한화 약 580조 원)을 기록했다. 이는 약 12년 간 21배 성장한 것이다.

 구글은 '전 세계의 정보를 조직해 누구나 쉽게 접근하고 사용할 수 있도록 하는 것'을 사명으로 하고 있다. 박영숙 등이 저술한 『유엔미래보고서 2050』에 따르면 약 180억 개의 정보를 공유한 구글은 검색어를 입력하면 그 단어와 관련 있는 정보를 같이 보여주는 지식그래프와 16억 개의 사실을 담은 지식 저장소를 만들고 있다고 한다.

검색엔진으로 시작한 구글의 사업은 무인자동차, 로봇, 드론, 생명과학, 우주 사업으로 그 영역을 넓혀가고 있다. 알파벳의 자회사로는 핵심 사업부인 '구글', 벤처캐피털 분야의 '구글벤처스', 규모가 큰 회사에 투자하는 '구글캐피털', 창의적 사업 중심의 '엑스', 생명과학 분야 '베릴리', 초고속 인터넷 서비스 '파이버', 헬스케어 분야 '캘리코', 사물인터넷 분야의 '네스트' 등의 8개 분야로 구성되어 있다(「헤럴드경제」, 2016.3.20).

전 세계의 지식 혁명와 혁신을 이끄는 구글의 미래는 아무도 가늠하기 어렵다. 도대체 어디에서 이런 힘이 나올까?

꿈은 크게 꾸어야 한다

구글이 천명한 전 세계의 모든 사람들이 언제 어디서든 필요한 정보를 검색할 수 있게 하겠다는 꿈은 이제 우주로 향하고 있다. 혼자 꾸는 꿈은 일장춘몽일지 몰라도 같이 꾸는 꿈은 현실이 된다고 했다. 꿈은 조직의 구성원들을 이어주는 접착제 같은 역할을 한다.

구글은 사람을 채용할 때 지원자가 얼마나 흥미로운 사람인가를 알아보기 위해 LAX테스트라는 것을 진행한다. 이는 LA국제공항인 LAX에서 6시간 동안 같이 재미있게 보낼 수 있는 정도의 사람을 뽑는 테스트다. 이들이 말하는 구글다움(Googleyness)에는 야망과 추진력, 팀 지향성, 서비스 지향성, 청취와 소통의 기술, 행동 편향, 효율성, 대인관계 기술, 창의력과 진실성 같은 자질이 포함된다.

구글의 경영진은 기술 및 제품 관리자들에게 "당신은 지금 아직도 크게 생각하지 않고 있다"며 항상 도전할 것을 독려한다. 래리 페이지는 이 말을 바꾸어서 "10배로 생각하라"고 한다. 주행거리를 10% 개선한 차를 만들려면 현재의 차에서 엔진 성능만 향상시키면 되지만, 1ℓ로 200㎞를 갈 수 있는 차를 만들려면 모든 것을 처음부터 다시 시작해야 하는 것이다. 구글의 창립자들은 매년 여름 네바다 사막에서 열리는 '버닝맨 페스티벌'에 참석하는 것을 즐기는데, 이 축제의 정신인 공유, 창조, 자율을 구글의 기업문화에 옮겨온 것이다.

이렇게 항상 '생각을 크게(Think big)'하고 '이룰 수 없는 목표(Unattainable goals)'를 수립할 것을 주문한다. 이러한 꿈을 이루기 위해 구글은 사람에 대한 관심이 많다(『구글은 어떻게 일하는가』, 에릭슈미츠 지음, 박병화 옮김, 김영사).

사람이 중요하다

구글의 경영진은 구성원들의 행동과 생산성을 연구하는데 엄청난 자원을 투자한다. 구성원들의 자율을 보장하고 창의를 마음껏 발휘할 수 있도록 지원하는 것이 중요하다고 생각해 구성원들에 대해 거의 모든 것을 분석하고 있다. 2002년 래리와 세르게이는 관리자의 존재가 구성원들이 자유롭게 일하는데 방해가 된다고 생각하고 회사 내에서 모든 관리자 역할을 없애버렸다. 그러나 몰려드는 승인서와 결재로 인해 이 실험은 6주 만에 막을 내렸고, 관리자가 진짜 필요한 지를 알아보기 위해 시작한 것이 '산소프로젝트'이다. 이 프로젝트를 통해 구글은 '관리자들을 더 낫게 만들면 우리가 신선한 산소를 호흡하는 것과 같을 것이다'라는 결론을 내렸다.

이 프로젝트를 통해 훌륭한 관리자는 첫째 훌륭한 코치이고, 둘째 권한을 위임하고 시시한 문제를 따지지 않으며, 셋째 구성원의 성공과 행복에 관심을 갖고, 넷째 결과를 중시하며, 다섯째 정보를 경청하고 공유하는 것과, 여섯째 구성원의 경력개발을 지원하고, 일곱째 분명한 비전과 전략을 제시하며, 여덟째 해당 사업 분야에 대한 중요한 핵심 능력을 보유하고 있음을 알게 되었다.

또 하나의 중요한 프로젝트가 완벽한 팀을 구성하는 방법을 알아내기 위한 '아리스토텔레스프로젝트'였다. 문헌 조사부터 시작한 이들 연구팀은 효율적인 팀의 구성 방법에 대해서는 다양한 의견이 있고 자료도 차고 넘쳤으나 상호간에 모순된 의견도 있음을 알아내고 구글의 구성원들에게 가장 효과적인 팀은 어떻게 만들어주어야 하는지를 직접 연구하기로 했다. 조사를 하면서 이들은 '팀에 대한 평가는 관찰자의 관점에 따라 좋게도 나쁘게도 평가된다'는 것, '팀의 구성방법이 팀의 성공 여부와 상관관계가 있다'는 것을 찾아내지 못했고, '중요한 것은 팀을 어떻게 운영하는가에 있지 누가 팀원이 되는가가 아니라'는 사실을 알았다.

이 연구로 인해 훌륭한 팀이 성공하는 이유는 팀원들의 타고난 자질 덕분이 아니라 이들이 서로 협력하며 일하는 방식에 있음을 알게 되었다. 그들은 이를 바탕으로 다섯 가지 핵심 규범을 제안하였다. 첫째, 팀원들은 자신에게 주어진 일이 중요한 일이라고 굳게 믿어야 한다. 둘째, 자신에게 주어진 일은 자신에게는 물론 조직 전체에도 중요한 것이라고 믿어야 한다. 셋째, 팀원들에게 팀의 분명한 목표와 함께 개인의 명확한 역할이 주어져야 한다. 넷째, 팀원들은 서로 신뢰할 수 있어야 한다. 다섯째, 가장 중요한 것으로 팀에 심리적 안정감이 있어야 한다(『1등의 습관』, 찰스 두히그 지음, 강주헌 옮김, 알프레드).

데이터로 말하라

구글의 회의실에는 대부분 프로젝터가 2대가 있다고 한다. 1대는 다른 사무실과 화상회의를 하거나 발표를 하기 위한 것이고 다른 하나는 데이터를 보기 위한 것이다. 회의를 할 때 "내 생각에는…"이라고 말하는 것보다 "자료를 보면"이라는 말이 참석자들을 더 편안하게 만든다. 한 마디로 "네 생각은 관심 없고 자료를 가져와 봐"인 것이다.

에릭 슈미츠는 '통계는 매혹적이다(Stats are sexy)'고 했다. 그는 『구글은 어떻게 일하는가』에서 빅데이터의 시대에 데이터의 민주화는 데이터를 잘 다루는 사람이 승리한다는 것을 의미하고, 데이터야말로 21세기의 검이라 할 수 있다고 했다. 넘치는 데이터의 자유로운 유통과 데이터를 분석하는 컴퓨터 기술에 한계가 없어지면서 무한한 데이터와 무한한 컴퓨터 활용기술이 '전문성과 창의성을 가진 인재'에게 엄청난 문제(Big Problems)를 해결할 수 있는 공간을 만들어주고 있다는 것이다.

이렇게 데이터를 기반으로 일하는 문화는 구글의 인수합병에도 활용되어 기업문화 통합 과정에서 데이터를 기반으로 사내 구성원들의 행동역학을 원하는 방향으로 이끄는 바탕이 되기도 한다. 또한 새로운 사업에 투자를 하는 '구글벤처스'에는 7명의 데이터사이언티스트가 있어서 데이터 분석과 알고리즘을 이용한다. 무작정 감에 의지해 투자를 하는 것이 아니다.

데이터가 정보를 줄지는 몰라도 결정을 대신해주지는 않는다. 그래서 구글벤처스는 제품보다 사람에 투자한다. 살림 이스마일 등이 저술한 『기하급수 시대가 온다』에 따르면 구글은 잠재적 투자처를 찾기 위해 5만 명 직원을 활용하여 숨어 있는 스타트업과 설립자를 찾아내고 연간 100만 명 이상이 등록하는 구글의 광범위한 이력서 데이터 베이스를 활용하고 있다.

구글은 높은 꿈을 크게 꾸고, 그 꿈을 구성원들과 함께 나누고, 구성원들이 마음껏 자신의 역량을 펼칠 수 있도록 여건을 만들고, 넘치는 데이터 속에서 기회를 찾고, 데이터를 기반으로 일을 할 수 있도록 하고 있다. 꿈을 이루는 21세기의 검은 '데이터'인 것이다.

시장을 발칵 뒤집은 아마존의 데이터 경영

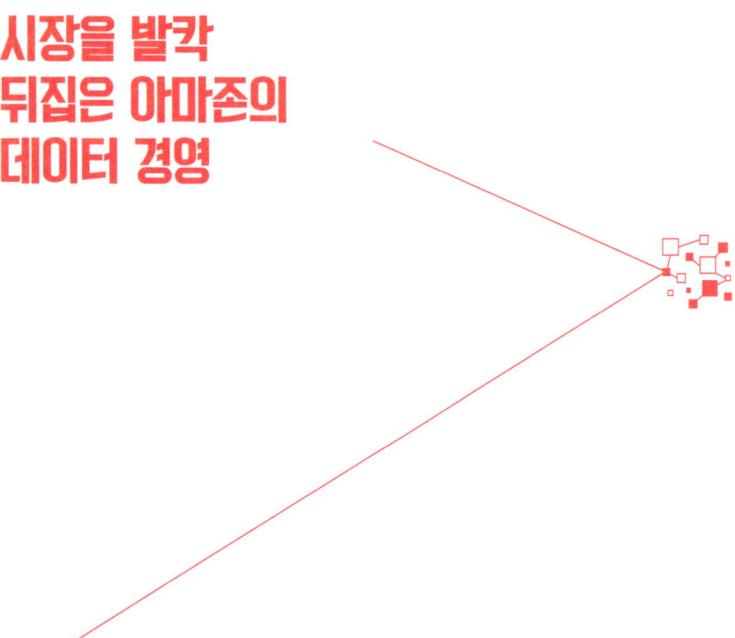

'총알배송으로 쇼핑카트를 밀어내다'

2015년 7월 미국의 언론들은 온라인 유통업체인 아마존이 전통의 오프라인 유통 강자인 월마트를 시가총액에서 앞질렀다고 대서특필했다. 아마존은 1994년 설립된 이후 21년 만에 미국 유통업계를 좌지우지하던 월마트를 제압한 것이다.

아마존=제프 베조스

아마존을 이야기하면서 제프 베조스를 빼고는 이야기할 수 없다. 아마존의 성장 전략의 핵심은 'Get Big Fast'이다. 빠르게 규모를 키워 경쟁사를 압도하겠다는 전략은 베조스의 가치관을 기반으로 한다. 그는 기업의 이익 보다는 고객의 이익을 지향하고, 수익성보다는 매출액에 집중한 성장 전략을 이끌었다.

고객 중심의 경영 철학은 '세계에서 가장 고객 중심적인 회사가 되는 것'이라고 자부하는 미션에도 잘 나타나 있다. 그는 '우리가 무엇을 갖고 있느냐'가 아니라 '고객에게 무엇을 주어야 하는가'에서 출발하라고 강조한다. 그리고 이러한 고객에 대한 이해는 철저하게 데이터를 기반으로 고객의 행동 패턴과 반응을 연구한 결과를 바탕으로 서비스를 최적화한다.

설립자인 베조스는 '데이터', '분석', '지표'를 기업문화의 상징으로 간주하고 있다. 그가 데이터를 기반으로 해서 분석을 중요하게 생각한다는 것은 그의 어린 시절 일화에도 잘 나타난다.

그는 어린 시절부터 차의 연비를 계산하고 식재료에 쓰이는 재료의 값을 추정하는 등 자료산출에 흥미를 가졌다. 10살 때쯤 여행 중에 계속 담배를 피우는 할머니의 모습을 보면서, 광고에서 담배 한 모금에 2분씩 생명이 단축된다고 말한 사실을 기억해내고는 할머니가 담배를 피우므로 인해서 생명이 얼마나 단축이 되었는지를 계산했다고 한다. 그리고는 "할머니, 담배 한 모금에 수명이 2분씩 단축이 되니까, 할머니가 그 동안 하루에 피우는 담배 양과 한 개피 마다 몇 번을 빨았는지를 계산해보니 할머니의 수명은 총 9년이 단축이 되었어요"라고 했다고 한다. 이때 옆에 계셨던 할아버지의 한 말씀이 베조스에게는 많은 영향을 끼쳤는데, "똑똑한 사람이 되기는 쉽지만, 따뜻한 사람이 되기는 어렵단다"였다. 이 말을 듣고 크게 깨달은 베조스는 이 일화를 2010년 프린스턴대학의 연설에서 "똑똑함

(Cleverness)은 주어지(Gift)는 것이기 때문에 쉽다(Easy), 그러나 따뜻함(Kindness)는 선택(Choice)이기 때문에 어렵다(Hard)"라고 하면서 자신의 재능과 열정을 어디에 사용할 지 선택하는 것은 우리 각자의 몫이라고 했다.

이렇게 데이터 중심적이고 인간에 대한 따뜻함을 중요하게 생각하는 베조스의 특성이야 말로 그가 왜 고객을 중요하게 생각하고 고객의 만족을 위해 행동을 분석하고 반응을 연구하였는지를 알 수 있다. 이러한 데이터 기반적인 생각은 고객에 대한 것만이 아니라 내부 구성원들에게도 적용이 된다.

내부 중역회의에서 담당 임원이 고객 전화 대기 시간을 1분이라고 대답하자, 베조스는 즉시 전화를 걸었고 5분 후에 전화가 연결이 되었다. 베조스는 담당 임원을 무능한 거짓말쟁이라고 몰아세웠고, 그의 이런 경영에 대한 일부의 불만이 쌓여 2015년 8월에 「뉴욕타임즈」에서 일부 전직 아마존 직원들의 인터뷰를 바탕으로 아마존을 '화이트컬러의 무덤'이라고 보도되기도 하였다. 이 보도를 보고 놀란 베조스는 즉시 아마존은 최고의 인재가 모인 최고의 직장이라고 반박을 하기도 했다.

MIT경영대학원의 교수 마이클 슈라지는 이런 아마존의 특성에 대해서 '데이터 중심의 관리도 연민을 내포한다'고 했다(「HBR」, 2015. 8.24). 슈라지는 여기에서 사람에 대한 진정한 관심은 적극적으로 관찰하고 측정하고 분석함으로써 질적으로 보다 향상된 관리를 할 수 있다고 했다. 또한 베조스가 모든 일에 있어 데이터에 집착하는 것은 보기 좋은 말로만 떠벌리는 것보다 더 정서적인 반응을 불러일으킨다고도 분석했다.

철저한 고객 중심

온라인 서점에서 출발한 아마존은 고객이 원하는 세상의 모든 것을 파는 온라인 커머스 플랫폼으로 성장하였다. 수 없이 쏟아지는 고객의 이용형태를 수집하고 분석하여 고객마다 맞춤형 웹페이지를 제공하고 고객을 단골로 만드는데 주력했다. 특히 아마존은 단순히 상품을 팔아 돈을 버는 것이 목적이 아니라, 고객의 구매 결정을 도와 돈을 버는 것이 자사의 목표라고 밝히고 있다.

아마존은 상품을 클릭하거나 키워드를 입력한 고객들의 온라인 흔적에 주목하고 검색 키워드, 결제내역, 원하는 상품 등을 분석하여 '추천 서비스'를 제공했다. 그 결과 매출의 70% 이상이 기존 고객의 재구매에 의해서 발생한다는 것을 알아냈다. 또한 이들은 구성원들이 고객이 원하는 것이 데이터에 어떻게 반영되는지 정확하게 파악할 수 있도록 본인을 포함한 모든 임직원이 2년에 한 번씩 이틀 동안 콜센터에서 근무한다. 이를 통해 고객의 불만이 무엇인지, 해결방안은 구체적으로 어떤 것을 어떻게 제시하고 있는지, 이를 해결하는 과정에 개선할 점은 없는지를 직접 체험하고 공감하고 있다.

또한 웹사이트에 5점 만점을 별점 채점 방식을 도입하여 해당 도서의 장점뿐 아니라 단점까지도 구매자의 리뷰를 통해 알림으로써 도서를 구입하려고 하는 사람들에게 정보를 충분히 제공하고 있으며, 도서들 간의 연계성을 분석하고 제공하여 고객의 편의성을 최대화하고 있다.

이러한 경험을 바탕으로 베조스는 2014년 8월에 인수한 「워싱턴 포스트」을 혁신하였다. 온라인 포탈의 부상으로 고전을 면치 못하던 오프라인의 강자를 인수하여 온라인 뉴스의 가치를 키우는데 집중하던 그는, 빅데이터 기법의 하나인 'A/B 테스트' 방법을 활용하여 서로 다른 헤드라인과 스토리 형식을 만들어 독자에게 제공하였다. 결과물들이 어떻게 독자에게 영향을 미치는지 추적하는 시스템을 도입한 것이다.

「워싱턴 포스트」를 혁신하는 데에 있어서도 핵심적인 역할은 데이터가 하였다. 독자를 고객이라 부르고, 고객이 읽은 기사의 주요 문구와 내용을 수집 분석하여 좋아할 만한 다른 기사를 추천해주는 시스템을 도입한 것이다.

베조스는 "10년 후에 무슨 변화가 있을 것인가를 묻지 말고 10년 뒤에도 바뀌지 않을 것은 무엇인가를 질문해야 한다"고 말한다. 시간이 지나도 변하지 않는 것을 중심으로 사업 전략을 짜야 한다는 것이다. 10년 뒤에도 고객은 여전히 항상 낮은 가격과 넓은 선택의 폭, 그리고 빠른 배송을 원하게 되어 있다는 것이다.

총알배송

아마존은 유통지원센터 내 도서를 분야별 또는 출판사별로 분류하지 않고 분산 배치하여 도서를 장르별로 구분하는 데 소모되는 시간을 절약하기 위해 컴퓨터의 정보를 활용한다. 또한 온라인 쇼핑이 보편화되면서 오프라인 매장에서 제품을 확인하고 온라인에서 최저가를 구입하는 고객도 있지만, 온라인에서 구매를 하면 배송이 지연되는 관계로 온라인에서 도서를 확인하고 오프라인에서 구입을 하는 고객도 있다. 아마존은 이런 고객을 흡수하기 위해 다양한 서비스를 개발하였다.

상품이 당장 필요한 고객에게는 신속한 배송을 보장하는 대신 프리미엄 가격으로 값을 더 받고, 더 싼 가격에 구입을 원하는 고객은 오래 기다리는 대신 저렴한 가격에 상품을 구매할 수 있도록 차별화한 것이다. 아마존은 주문 빈도와 인구 밀도가 높은 도시에 우선적으로 이 서비스를 도입하고 있다.

또한 2013년 12월, 과거 고객 주문 정보를 기반으로 구매가 예상되는 상품을 각 지역 허브로 미리 배송시키는 예상 배송 시스템을 도입하였다. 이는 예측 출하를 통해 수도나 전기를 가정에 공급하는 것처럼 수요나 공급을 미리 예측하고 물류를 조정하는 시스템인 것이다(『아마존 닷컴 경제학』, 류영호 지음, 에이콘출판).

아마존의 콘텐츠 디렉터였던 로니 코하비는 '데이터가 왕이다'라고 하고, 아마존의 수석 과학자 출신인 안드레아스 바이젠드 교수는

'데이터는 새로운 시대의 석유'라고 표현했다. 데이터가 모든 것을 지배하고 의사결정을 좌우하는 아마존은 이제 크라우드 서비스의 최강자로서 방대한 고객 데이터를 바탕으로 그 한계를 넓혀가고 있다. 어려서부터 우주에 관심이 많았던 제프 베조스는 2016년 10월 5일 우주선 '블루오리진'을 발사하여 고도 1만6천 피트(약 4.9㎞) 상공에서 로켓과 분리된 뒤 낙하산을 이용해 이륙 4분 만에 안전하게 착륙하여 새로운 역사를 썼다.

"실패는 성공과 혁신의 밑거름이다, 성공할 것을 알고 있다면, 실험이라고 부를 수는 없다"라는 베조스의 말처럼 그의 꿈은 더 높은 곳을 향해 달려가고 있다.

유일무이한 기업 GE의 도전

1878년 에디슨이 설립한 전기조명회사, 139년의 역사를 자랑하는 GE의 제프 이멜트 회장은 2015년 12월 16일 투자자와 애널리스트들을 상대로 "GE는 기계와 분석기술, 운영체계 모두를 동시에 지닌 유일무이한 기업"이라고 선언했다.

시공간을 초월하는 세상

100년이 넘도록 GE는 산업장비를 판매하고 정비를 하는 것으로 대부분의 매출을 올렸다. 그러나 인터넷 환경이 발전하면서 전혀 생각지도 않았던 기업들로부터 매출을 빼앗길 위험에 처했다. IBM, SAP같은 IT업체들이 GE가 납품한 산업장비에서 생산되는 데이터를 기반으로 분석기법과 알고리즘을 활용하여 새로운 혜택을 제공해 GE는 단순히 장비 공급업체로 전락할 상황이 되어가고 있었던 것이다.

2011년 GE는 '산업용 인터넷(Industrial Internet)' 영역에 초점을 맞추고 자사가 납품한 기계에 디지털 센서를 부착해 공동의 크라우드 플랫폼과 연계시켜 데이터를 수집했다. 그리고 소프트웨어 개발 역량에 집중 투자를 하여 분석 역량 강화를 통해 고객들에게 새로운 가치를 제공하는 방식으로 비즈니스 모델의 혁신을 꾀했다. 사물인터넷(IoT) 세상을 맞이하여 센서 기술의 발달은 아날로스 방식으로 이루어 졌던 작업과 공정, 기계의 운영정보를 디지털화하고 데이터 센터로의 연계가 가능하도록 만든 것이다.

이러한 디지털 기술의 발달은 첫째 아날로그 신호와 달리 한 치의 오차도 없이 완벽하게 원거리에 정보 전달이 가능하고, 둘째 디지털 신호는 품질의 저하 없이 무한 복제가 가능하며, 셋째 초기에 프레임을 구축하면 추가비용 없이 무제한의 사람에게 정보를 제공할 수 있는 장점이 있다. 이를 바탕으로 GE는 '기계+센서+소프트웨어+분석역량+크라우드소싱'이라는 토탈솔루션을 제공하는 방식으로 사업 모델을 재편한 것이다.

이러한 새로운 패러다임은 기존의 '파괴적 혁신'이 아니라 '연결과 재조합'이라 할 수 있다. 거래 방식이 디지털화되고 데이터들이 새로운 방식으로 생성되고 분석되면서 이전에는 각각 존재하였던 사람과 사물 그리고 활동들이 서로 연결되고 재조합 되면서 새로운 가치를 만들어내고 있는 것이다('시공간을 초월하는 디지털 유비쿼티 세상',

「HBR」 2014.11).

고객의 수익을 생각하는 기업

일반적으로 사업을 하는데 있어서는 두 가지를 감안하여야 한다. 생존부등식을 살펴보자. '가치 > 가격 > 비용'

여기에서 구매자가 얻는 이익은 '가치와 가격의 차이'에서 나온다. 즉 가격대비 가치가 커야 경쟁력 있는 제품과 서비스가 된다. 또 생산자의 이익은 '가격과 비용의 차이'이다. 즉 같은 가격의 제품과 서비스를 적은 비용으로 제공을 하는 것이 생산자의 경쟁력이 된다.

이전의 GE는 설비를 만들어서 판매하는 박스 판매자(Box Seller)로 매출과 이익을 올렸으나, 이제는 설비에 딸린 센서를 통해 취합되는 정보로 장비의 성능과 운영, 유지 보수를 최적화함으로써 새로운 가치를 창출하고 있다. 즉, 한번 만들어서 팔면 끝나는 사업이 아니라 고객이 어떻게 수익을 올리는 지도 같이 고민하는 회사로 발전하고 있는 것이다.

장비를 공급하고 장비의 운영에 있어서 효율화를 지원하고, 장비의 비계획 정지 예방과 정비기간 단축 등을 통해 얻는 고객사의 수익이 증가하면 그 일부를 대금으로 청구하여 가치를 확보하는 방식으로 진일보한 것이다. 즉, 앞의 생존부등식에서 한 단계 더 발전하는 것이다.

1차 거래에서 발생한 각자의 이익은 2차 거래 단계에서 또 다시 수익으로 발생하게 된다. 1차 거래의 구매자는 소비자에게 있어서 다시 생산자가 되게 된다. 이때의 생산자인 GE는 고객의 '가격과 비용의 차이'인 수익을 증대시키는 데 기여를 함으로써 가치를 얻는 방식으로 진일보한 것이다. '고객의 고객을 생각함으로써 고객의 수익을 같이 창출하는 방식'으로 발전할 수 있었던 것은 4차 산업혁명의 핵심인 디지털 혁명에 의한 모든 기계와 데이터 그리고 사람이 연결되는 개방형 글로벌 네트워크에 기반을 두는 것이다('시공간을 초월하는 디지털 유비쿼티 세상',「HBR」2014.11).

디지털 혁신의 성과

제프 이멜트 회장은 2016년 주주서한에서 'GE는 어플과 소프트웨어에서 50억 달러의 수익을 기록하고 있으며 매년 20%씩 증가하고 있다'고 했다. 산업기계 50만여 대에 대해 실시간으로 변동하는 디지털 프로필을 만들고 있는 GE는 2020년까지 가스터빈 1만 대, 제트엔진 6만8천 기, 전구 1억 개 이상, 자동차 1억52백만 대를 인터넷으로 연결해서 데이터를 직접 생성하고 모델링하는 디지털 산업 기업이 되겠다고 한다.

GE는 2016년에 데이터와 분석 기술을 통해 5억 달러 가치의 생산성을 창출하고, 발전, 신재생에너지, 오일앤가스, 에너지관리, 항공, 헬스케어, 운송, 조명/가전, 캐피털의 각 사업부는 10억 달러 이상의 디지털 사업 구축을 목표로 하고 있다. GE의 산업 인터넷 솔루션 부분에서는 프리딕티비티 서비스(다양한 산업 영역에서의 생산성 강화 솔루션)를 통해 다음과 같은 성과를 올리고 있다.

운송 분야에서는 소프트웨어를 이용하여 철도의 운행 속도가 10~20% 증가하고, 승무원 교체 수요가 50% 감소하였으며, 기관차의 연료 소비가 10% 절감되는 효과를 보았다. 항공 분야에서는 최고의 안전성 확보, 최소한의 지연, 결항의 방지와 연료 소모비 절감을 목표로 하고 있으며, 지능형 운항 서비스를 통해 1천 건의 지연도착과 결항을 예방하는 성과를 올렸다. 헬스케어 분야에서는 병원운영 관리 시스템(HOM)을 통해 병실 배정과 부서별 업무흐름, 환자 이송과 이송 장비 관리를 통합함으로써 1개의 병실 침상에서 환자가 들고 나는데 걸리는 시간을 51분 단축하였다. 에너지 분야에서는 터빈의 발전 효율 향상을 통해 연간 에너지 생산량을 5% 증가시켜 20%의 이익을 증가시켰다. 또한 가스발전에서는 1억 시간의 실가동 데이터를 기반으로 연간 차량 2천200대에서 배출되는 양만큼의 온실가스 배출을 감축하고 있다. 마지막으로 라이팅 분야에 있어서는 샌디에고에 처음 설치된 실외 무선 제어 시스템을 통해 연간 25만 달러의 비용 절감 효과를 올리고 있다.

혁신의 기반은 문화에 있다

GE의 혁신과 발전의 원동력은 무엇일까? 중성자탄으로 불리던 잭 웰치를 이어 GE의 회장이 된 제프 이멜트는 리더들이 스스로 "우리라고 안 될 게 있나요(Why not us)?"라고 묻기를 원한다고 한다. 미래의 위대한 아이디어는 실리콘밸리의 벤처기업에서만 나오는 것이 아니라 100년이 넘은 기업에서도 얼마든지 가능하다는 것이다.

GE의 기업문화는 불확실한 상황에 맞서 과감하고 적극적으로 행동하며, 자신보다 회사의 이익을 우선하는 것이라고 한다. 또한 자신들의 핵심역량은, 첫째 여러 분야에의 시장에서 경쟁함으로써 규모와 다양성을 확보하는 수평적 역량과, 둘째 저비용으로 고객이 원하는 성과를 달성하는 수직적 역량의 결합을 통해 가치를 극대화하는 것이라고 한다.

GE는 전통 제조업의 강자로서 효율성, 생산성, 혁신의 측면에서는 세계 최강의 기업이다. 그러나 2020년까지 세계 10대 소프트웨어 기업이 되기 위해서는 소프트웨어 산업의 민첩성, 민감성, 그리고 소프트웨어 개발 프로세스에 있어서의 전략적 일관성을 강화하기 위해 패스트웍스를 새로운 일하는 방식으로 채용하고 있다.

패스트웍스는 고객의 요구를 이해하고, 제품화에 필요한 사항을 조사하여 최소한의 기능을 담은 시제품을 제작하여 고객의 의견을 듣는다. 고객의 피드백은 즉시 개발에 반영되어 제품을 개선하는 것이다('2016 GE의 혁신이야기' 참조).

우리는 우리에게 묻는다.

"GE도 벤처처럼 하는데 우리라고 안 될 게 있나요?"

이제 시작하자. 모든 것을 연결하라, 그리고 측정하라, 데이터 속에서 고객의 가치를 발견하라.

실리콘밸리, 데이터 기반 비즈니스의 보고

나만의 땅과 금맥을 찾아 서부로, 서부로 달리던 미국의 프런티어 정신은, 실리콘밸리에서 '무어의 법칙'으로 대표되는 정보화 사회의 중흥기를 거쳐 빅데이터에서 또 다시 금맥을 캐내는 벤처산업의 보고가 되고 있다. 여기서는 흥미로운 몇 개의 빅데이터 벤처기업의 사례를 살펴보자.

고객을 타깃팅하라

사람들은 일반적으로 쇼핑사이트를 방문해서 구매하지 않고 98%가 그냥 떠난다고 한다. 이렇게 한 번 떠나간 고객을 추적해서 그 사람이 페이스북이나 지메일 등의 다른 서비스를 이용할 때 브랜드나 상품 광고를 보내서 재방문과 구매를 유도하는 서비스를 제공하는 것을 '애드 리타깃팅(Ad Retargeting)'이라고 한다.

이러한 서비스를 제공하는 대표적인 회사가 구글 프로덕트 매니저 출신인 조쉬 맥파랜드 등이 2010년 4월에 설립한 텔어파트(TellApart)이다. 한 번 방문한 사람에게 다시 광고를 보내는 서비스에 있어서 기준은 상대방이 광고를 보낼 가치가 있는 사람인지를 판단하는 데 있다. 이는 상대방에 대한 정보를 최대한 모으지 않고는 어려운 일이다. 따라서 얼마나 빠른 속도로 얼마나 정확히 상대방을 파악하는가가 경쟁우위 요소이다. 개인에 대한 프라이버시를 침해하지 않고 인터넷의 방문정보 등을 활용해서 재방문을 유도하는 것은 인터넷의 빅데이터를 어떤 알고리즘으로 사용하는지가 중요하다 (sungmoon.cho.com 참조).

데스크탑에서 모바일 기기로, 또한 모바일 기기에서 데스크탑으로 디바이스를 넘나드는 타깃 광고에 특화된 기술을 가지고 있는 이 회사는 백화점과 소매업체 등을 고객으로 보유하고 있으며, 이들 고객사를 대신해서 해당 사이트를 방문한 고객들에게 타깃팅 광고를 하는 차별화된 서비스를 제공하고 있다. 소셜 네트워크의 최강자인 트위터는 이런 기술을 이용하여 광고 매출 확대를 목표로 2015년 4월에 5억3천3백만 달러(약 5천700억 원)에 텔어파트를 인수하였다('트위터, 5천700억에 텔어파트 인수', 「이데일리」, 2015.4.30).

날씨 정보가 돈이 된다

미국에서 운행되는 농업용 트랙터의 80%에 데이터 송수신 장치가 장착되어 있다. 이들 트랙터를 이용해서 농장에 나가 파종을 하고 집에 돌아와 컴퓨터를 켜면 화면 한쪽에서는 날씨 정보가 실시간으로 업데이트 되는 가운데 파종한 옥수수 품종 번호를 입력하면 시스템에서 예상 수확일자와 수확량은 물론 톤당 옥수수의 예상 가격까지 알려준다. 컴퓨터에 설치된 '클라이밋 프로'가 해당 지역의 30년간 기후정보, 토질과 토양의 수분함량, 파종된 종자의 특성을 빅데이터 방식으로 즉석으로 분석해서 정보를 제공하는 것이다.

이렇게 농기계와 농경지 곳곳에 센서를 설치하고 이들이 쏟아내는 방대한 자료를 빅데이터 기법으로 분석하여 해당 지역에 대한 최적의 농법을 처방하는 대표적인 회사는 세계 최대 종자기업 몬산토의 자회사인 클라이밋 코퍼레이션이다.

미국은 이런 첨단 정보기술을 활용하여 농부들에게 토양정보, 작물의 생장 상황, 일기예보, 곡물 시세 및 곡물의 종자별 재배 수확 정보까지 제공하고 있으며 이를 처방 농법이라고 부른다. 이를 통해서 물 사용량의 50%를 줄이면서도 수확량은 15% 이상 늘릴 수 있다고 한다. 몬산토에 따르면 농부들은 곡물을 재배하는 과정에서 작물 선택, 파종시기, 비료량 조절 등 40여 가지의 의사결정을 내려야 하는데 이 가운데 한두 가지만 정확하게 이루어지면 농업 생산성이 크게 향상 된다고 한다('스마트 농기계로 척척', 「한국일보」, 2016.1.20).

몬산토가 2013년 9억3천만 달러(약 1조 원)에 사들인 클라이밋 코퍼레이션은 원래 구글에서 일하던 데이빗 프리드버그가 설립한 데이터 중심의 회사이다. 데이빗이 구글에서 일하던 시절, 비가 오는 어느 날 자전거 대여점을 지나가다가 '이런 비가 오는 날 누가 자전거를 대여할까? 날씨 정보를 예측해서 제공하면 돈이 되겠다'는 생각을 했다고 한다. 구글을 퇴사한 데이빗은 날씨 정보 예측 시스템을 만들어서 날씨가 사업에 영향을 주는 사람들을 찾아다니면서 평소에 일정액을 납부하다가 날씨가 좋지 않아 장사를 못하게 되면 돈을 지급해주는 일종의 보험 상품을 판촉했다고 한다. 그러나 예상과는 달리 이 상품은 판매 실적이 저조했다. 그래서 고심 끝에 생각해낸 것이 농사를 짓는 사람들을 대상으로 이 상품을 파는 것이었고 미국 연방 정부의 작물 보상보험에 가입해 있던 농부들은 이 보험상품의 가치를 알아보고 가입하는 사람이 많아졌다.

이 상품이 일반적인 보험 상품과 다른 점은 보험금 청구 과정이 없다는 것이다. 날씨를 계속 모니터링 하는 클라이밋 코퍼레이션이 이상 기후가 되는 날에는 자동으로 가입자 통장에 돈을 입금하여 준다고 한다. 날씨 정보의 제공에서부터 보험금의 지급까지 빅데이터에 기반한 자동화를 추구하고 있는 것이다(sungmoon.cho.com 참조).

기존 산업에도 빅데이터를 적용

빅데이터는 벤처기업의 형태로만 구현되는 것은 아니다. 소셜 네트워크 기업이나 실리콘밸리 같은 곳이 아닌 오래된 산업 분야에도 적용이 된다.

2006년에 시카고 지역을 기반으로 제프 실버와 매인앤 실버가 설립한 코요테로지스틱스는 물품 운송 및 유통업에서의 빅데이터 활용 사례를 잘 설명한다. 이 회사는 하이네켄 등 거대 글로벌 기업을 포함한 6천여 곳 이상의 고객사를 보유하고 미국 전역에 걸쳐 계약 운송사업자 4만 명 이상의 네트워크를 활용하고 있다.

이 회사 사업성공의 핵심은 빅데이터를 이용한 자체 알고리즘을 개발하여 빈 트럭 문제를 해결한 것이다. 데드 헤드라고 불리는 빈 트럭은 물류업계의 가장 큰 골칫거리였는데, 어느 시각에나 미국 전역에 4만 대 이상의 트럭이 운송 중임을 감안하면 빈 트럭과 화물을 효과적으로 연결하여주는 것이 사업에 있어서 매우 중요하다는 것을 알 수 있다.

추산에 따르면 2012년 한 해에만 코요테 로지스틱스는 약 885만 km의 빈 트럭 운행 거리를 절약했고, 9천 톤의 이산화탄소 배출을 예방함과 동시에 고객들에게 900만 달러를 절약하게 해줬다고 한다 (『기하급수의 시대가 온다』, 살림 이스마일 등, 이지연 옮김, 청림출판).

코요테는 제조업체와 유통업체가 함께 혜택을 볼 수 있도록 분석 기술을 활용하여 새로운 물류 시대를 열었다. 제조업체가 자신들의 배송물품이 어디 있는지를 알 수 있고, 배송업체는 운송 트럭에 여유 공간이 있는지를 쉽게 파악할 수 있는 소프트웨어를 개발하여 물류 비용을 획기적으로 절감한 것이다.

2014년에 21억 달러 매출을 기록한 코요테는 2015년 8월에 세계적 화물 운송기업 유피에스(UPS)에 18억 달러(약 2조1천100억 원)에 인수되어 그 영역을 확장하고 있다('미 UPS, 코요테로지스틱스 2조 원에 인수', 「이데일리」, 2015.8.2).

사람에게 실험을 하다

온라인 데이트 사이트인 오케이큐피드(OKCupid)는 크리스챤 러너가 2003년에 창업한 회사로 데이터를 다양하게 분석하여 남녀 서로에게 이상적인 짝을 찾아주고 있으며, 사람에 관한 여러 가지 재미있는 사실을 데이터 근거로 제시하고 있다.

예를 들어 '남자와 여자는 나이에 따라 어떤 상대방을 더 매력적으로 느낄까?'라는 주제로 데이터를 수집했다. 그 결과 여성의 경우는 대개 자기와 비슷한 나이의 남자를 선호하는 것을 알 수 있었으며, 남성의 경우는 자신의 나이에 상관없이 20대 초반의 여성을 좋아한다는 것을 알 수 있었다.

오케이큐피드는 고객에게 어떤 것이 중요한지 수천 개의 질문을 하고 그 답에 따라 복잡한 계산을 하여 짝을 찾아주고 있다. 거기에 더하여 2009년까지 확보한 회원 5백만 명의 자료를 활용하여 여러

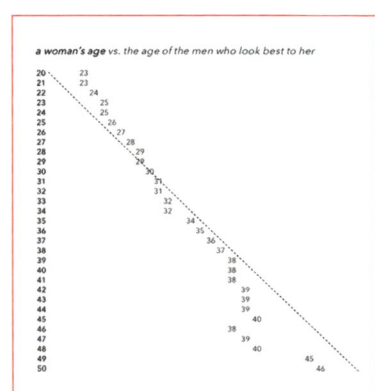 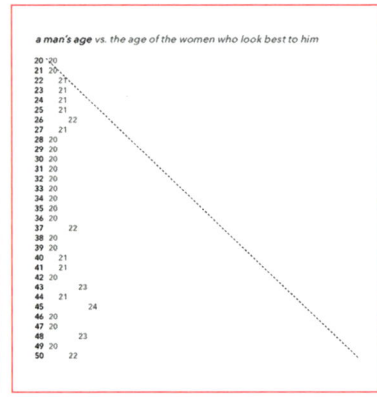

'남자와 여자는 나이에 따라 어떤 상대방을 더 매력적으로 느낄까?'라는 주제에 대한 결과 그래프. 왼쪽이 여자, 오른쪽이 남자다.

가지 재미있는 사실을 알려주고 있다.

'맥주를 좋아하는 사람들은 데이트 첫날밤 관계를 가질 확률이 높다', '사랑은 외모로 결정된다(한 번은 사진이 없는 데이팅앱을 출시했는데 시장의 반응은 차가웠다. 그러나 가입한 회원들 간에는 메시지에 대해 반응하는 확률이 오르고, 대화는 깊어졌으며, 연락처를 주고받는 속도도 빨라졌다. 그러나 7시간 후에 사진을 올리자 메시지가 뚝 끊겼다고 한다)', '프로필만 보고 외모가 아름다우면 성격도 좋을 것이라고 평가한다', '상대방과의 매칭율을 속여서 추천했는데도 매칭율이 높다고 하면 실제로 맺어지는 비율이 높았다' 등이다. 이 회사는 2014년에 2천500만 명이 넘는 회원을 확보하고 있다(NewsPepperment.com 참조).

이렇게 미국 시장에서 빅데이터로 성공하고 있는 벤처기업들을 보면 한 가지 공통점이 있다. 사업은 필요를 채워주는 것이라고 하는데, 서로의 필요를 채워주는 연계가 새로운 사업의 기회가 된다는 것이다. 소비자와 소매업체를 재방문 유도 광고로 이어주고, 농부와 날씨를 이어주고, 제조회사와 배송업체 서로의 필요를 채워주고, 남자와 여자의 필요를 채워주는 데에서 기회가 나타난다.

세상의 모든 것이 연결되는 사회로 가고, 빅데이터의 분석을 통해 필요를 가진 서로 다른 존재를 이어주고 필요를 채워주는 것이 빅데이터 시대의 성공 기법이라고 할 수 있다.

1인 기업도 빅데이터로 산다

빅데이터는 대기업이나 벤처기업만 활용하는 것이 아니다. 누구나 빅데이터를 활용하여 같은 일을 해도 보다 더 효과적으로 하고, 새로운 고객과 새로운 시장을 찾아낼 수 있다. 새로운 가치, 다른 사람이 보지 못하는 것을 데이터를 통해 개척하자.

허리우드 스타도 데이터를 연구한다

윌 스미스는 5번의 골든글로브상 후보에, 2번의 아카데미상 후보에 지명되었고, 4번의 그래미상을 받았다. 또한 미국 시장에서 그의 영화가 8개 연속적으로 1억 달러 이상의 흥행을 기록했고, 11개의 영화가 연속적으로 세계 시장에서 1억5천만 달러를, 미국의 박스오피스 기록으로 8번 연속 1위를 기록한 유일한 배우이다. 또한 2013년

말 「포브스」가 선정한 세계에서 가장 흥행성이 있는 배우이며, 2014년 기준으로 그의 영화들이 전 세계에서 거둔 수익은 66억 달러(약 7조2천6백억 원)으로 알려져 있다(Wikipedia 참조).

이런 어마어마한 기록의 주인공인 윌 스미스의 성공 비결은 무엇일까? 바로 데이터에 귀를 기울였다는 것이다. 「유에스에이투데이(USA Today)」는 그를 이렇게 묘사한다.

"윌 스미스가 허리우드 최고의 흥행 보증수표가 된 비결에는 그가 사회성과 데이터를 활용하는 능력이 뛰어난 것에 있다. 매주 월요일이면 그는 마치 스포츠 내기광들이 결과를 확인하듯이 박스오피스의 결과를 분석한다. 그리고 그는 이렇게 말한다. '이 세상은 마치 하나의 커다란 초대형 컴퓨터 같다. 우리는 우리가 원하는 것을 이루기 위해서는 프로그램을 배우고 컴퓨터에 입력을 해야 한다.'"

'세상의 패턴을 연구하는 사람'이라고 자신을 부르는 윌 스미스는, TV드라마에서 영화계로 전환하면서 과거의 가장 흥행한 10개의 영화를 분석하였다. 10개의 영화를 분석해서 알아낸 사실은 다음과 같다. 10개의 영화가 전부 특수효과를 사용하였으며, 10개 중 9개의 영화가 출연자에게 특수효과를 사용했으며, 10개 중 8개의 영화가 등장인물에게 특수효과를 사용하고 러브 스토리가 있다. 이러한 분석은 무척 단순한 것이었지만, 그 분석을 바탕으로 윌 스미스는 다음 출연작으로 「인디펜던스데이」와 「맨인블랙」을 선택하였다. 두 영화 모두 앞에서 분석한 결과와 같은 방법이 동원된 영화들이고, 당연하게도 세계적인 성공을 거두었다.

또한 그는 추가적인 분석을 통해 영화가 성공을 하려면 미국 시장에서만 성공해서는 안 된다는 결과를 얻었다. 진정한 스타가 되려면, 브라질에서 2천만 달러의 흥행을 하거나 일본에서 4천800만 달러의 흥행에 성공해야 한다는 것이다. 이런 결과를 바탕으로 그는 자신이 출연한 영화에 대해 외국의 영화팬들을 상대로 적극적으로 홍보해야 한다는 주장을 펼쳤고 본인이 직접 외국에 나가 팬들에게 홍보를 하였다. 그 결과로 원래는 미국 시장을 대상으로 만든 영화 「세븐파운즈」가 전 세계 시장에서 1억6천800만 달러의 흥행 성공을 이루기도 했다(『분석의 기술』, 토마스 H. 데이븐포트, 잔느 G. 해리스 외 2명 지음, 김소희 옮김, 21세기북스).

영화의 출연작과 홍보의 방법에 있어서 어떻게 해야 하는가를 끊임없이 연구하는 영화배우 윌 스미스는 우리나라에도 2002년 이래로 수차례에 걸쳐 방문을 했다. 허리우드에서도 데이터로 연구를 해야 남들 보다 앞설 수 있다.

전단지 보다는 데이터 분석을…

요즘 본인의 의지와 상관없이 20여 년이 넘는 직장 생활을 그만두는 경우가 많다. 그래서인지 그 많은 젊은이들이 안정적인 직장을 얻어 보겠다고 '공시촌'으로 공무원 시험 학원으로 달려가는 게 아닌가 싶다. 그러나 여기 데이터를 활용하여 부모님께 효도하고 있는 통계학도의 이야기를 통해 도전하는 삶의 아름다움을 다시 한 번 더 느껴보길 바란다.

한국의 창업 시장은 3년 내 폐업율이 55%에 이른다고 한다('성공의 유혹', 「경제매거진M」, 2011.10.20). 이런 상황에서 동네 치킨집을 어떻게 운영해야 할까? 성공의 확률을 높이기 위해서는 영업 노하우와 제조 비법을 제공해주는 프랜차이즈를 가입해야 할까? 하지만 프랜차이즈는 일반적으로 가입비용도 있고, 본사에 원재료 비용들을 지급해야 하기 때문에 수익률이 낮다. 그래서 주인공은 자체적으로 데이터를 쌓고 분석하였다.

일단 치킨집을 운영하는데 있어서는 일반적인 상점의 필수 요건인 타깃 마켓을 잘 선정하는 것과 음식의 맛을 잘 내야 하는 것 외에도, 재고 조절이 필수적이다. 원료인 닭의 수급 조절에 실패하면, 남은 닭을 폐기해야 하거나 주문이 있어도 팔지 못하는 경우가 발생을 하기 때문에 비용 부담이 많은 것이다. 더욱이 치킨의 맛은 재료, 밑간, 조리법 이렇게 세 가지가 결정하는 데 재료의 신선도가 맛을 크게 좌우하기 때문에 신선한 닭의 수요량을 매일 정확하게 예측하는 것이 매우 중요하다. 누적된 데이터 분석에 따르면 치킨 판매량은 계절, 날씨, 이벤트의 영향을 받는다는 것을 알았다.

계절적으로는 여름의 치맥이 단연 압권이다. 다음으로 날씨가 좋지 않으면 외출이 줄고 집에서 치킨을 배달해 먹는 빈도가 늘어난다. 그 다음 요소가 이벤트인데 이게 어렵다고 한다. 이를 위해서는 이야기의 주인공은 고객들에게 배달을 하면서 무슨 좋은 일이 있냐고 묻는 등의 시장조사를 성실히 하였다. 그리고 이런 분석 과정을 통해 노하우를 얻게 되었다.

그의 분석에 따르면 2013년 8월을 한 예로 이벤트로써는 방학 후 개학일, 야구 경기일(특히 의미가 있는 경기), 초복, 주말 등이 중요하다고 했다.

이렇게 재료의 예측을 한 다음으로는 치킨의 조리법이 중요한데, 그 중에서도 구운 닭이냐 튀긴 닭이냐가 중요하다. 구울 닭과 튀길 닭은 조리법이 다르고 준비하는 시간이 다르기 때문이다. 치킨집에 전화를 해서 주문을 하는 사람들도 전화하는 순간까지 고민을 하다 쏘맥과 같이 '반, 반, 무 많이'로 주문하는 경우가 많다. 판매자의 입장에서는 어찌되었든 구울 닭과 튀길 닭의 수요를 예측해야 하는데, 이 또한 데이터 분석을 통해 답을 찾을 수 있었다. 구운 닭을 주문하는 사람들은 대개 일정했는데 칼로리에 신경을 쓰거나 건강을 챙기는 사람들이 주로 주문하는 것으로 추정되었다. 그래서 이 고객들의 주문 주기와 습성을 분석하여 수요 예측에 반영을 하였다.

컴퓨터 앞에서 분석만 하지 말고 그 시간에 전단지라도 돌리라고 하던 부모님도 꾸준한 매출 증가와 재고관리로 비용이 줄어드는 것을 보고 자식 자랑에 여념이 없으시다고 한다('누가 무엇으로 치킨을 튀기는가?', 2015년 통계청 수기 공모전 최우수상).

동네 슈퍼가 살아남는 방법

다음 사연의 주인공은 회사에서 권고사직을 받고 퇴사한 아버지가 대학가에 슈퍼마켓을 시작했다고 한다. 그러나 주변에 대형 할인점과 편의점이 생기면서 매출이 곤두박질치기 시작했고 주인공은 이를 살리기 위해 데이터를 활용하였다.

그가 아버지의 슈퍼마켓을 살리기 위해 처음 시도해본 것은 '포스(Point of sales)'에 있는 자료를 활용하여 장바구니 분석을 통해 한 번 들어온 손님이 같이 구매하는 물품을 분석해서 상품의 진열이나 할인 정책을 통해 매출을 올리는 것이었다. 그러나 그 분석의 결과는 별로 신통하지 못했다. 동네 슈퍼마켓을 방문하는 사람들의 특성상 단골손님 보다는 뜨내기 손님이 많고 사람들의 취향이라는 것이 가지각색이어서 이론처럼 쉽게 장바구니 분석을 통한 관련 상품군이 분석되지 않았던 것이다.

그러던 중에 슈퍼 앞에서 모여 유치원에 등원을 하는 아이들을 관찰하게 되었다. 이들은 4명 중 1명 꼴로 가게에 들어와서 물건을 사가고 나머지 아이들은 눈길을 주었지만 엄마의 손에 이끌려 근방에 있는 대형 할인점으로 향했다. 그가 여기서 얻은 아이디어는 시간대

시간대	설명
① 오픈~9:30	직장인 출근, 유치원생 등원, 중고등학생들 방학 보충
② 9:31~11:00	점심시간 전 한적한 시간대
③ 11:01~13:00	점심시간대
④ 13:01~17:00	점심시간 이후~저녁시간 전
⑤ 17:01~18:30	저녁시간~퇴근 전
⑥ 18:31~10:00	퇴근시간대
⑦ 10:01~마감	늦은 밤

별로 슈퍼를 찾는 고객이 다를 것이라는 가정이다. 실제 데이터 분석에서도 시간대별 고객이 다르다는 것을 파악하게 된다.

이 분석 결과를 바탕으로 슈퍼 앞 진열대에 '미끼상품'으로 특정 시간대에만 구매할 수 있는 할인 상품을 진열하여 고객들의 구매를 자극하였다. 아침 시간대에는 '사탕류와 따뜻한 커피'를, 저녁 시간대에는 '과일과 과자'를 할인 상품으로 고객에게 제안하는 판매방식을 통해 평균 15%의 매출이 증가하였다('통계로 만든 우리 가게', 2015통계청 수기공모전 우수상).

우리나라의 경우로 제시한 이야기들은 따뜻한 마음을 가진 자식들의 효도 이야기가 되었지만, 허리우드의 스타든 골목에서 치킨 사업을 하든 데이터를 기반으로 무엇을 어떻게 해야 하는지를 결정하는 것은 앞서 나가는 사람들의 공통된 특징이 되고 있다.

> "
> 세상의 모든 것이 연결되는 사회로 가고,
> 빅데이터의 분석을 통해 필요를 가진 서로 다른 존재를 이어주고
> 필요를 채워주는 것이 빅데이터 시대의 성공 기법이라고 할 수 있다.
> "

CHAPTER 04

우리 조직이 데이터로 할 수 있는 일들

회사의 모든 일을
데이터로
표현하라

　　회사의 모든 업무는 데이터로 표현되어 왔고, 데이터로 소통하여 왔다. 그런 의미에서 다시 한 번 우리가 회사의 경영에 있어서 데이터로 표현되는 것들을 정리해보고자 한다. 기업이 직관이 아닌 객관적인 자료에 의해 의사결정을 하기 위해서는 복잡한 정보를 간단하고 설득력 있게 직관적으로 보여주는 것이 필요하다(『기하급수의 시대가 온다』, 이스마일 살림 외 2명 지음, 이지연 옮김, 청림출판). 이를 우리는 통상 대시보드라고 한다.

　　기업의 활동 현황을 대시보드로 일목요연하게 표현하기 위해서는 우리는 측정지표를 사용하여야 한다. 일반적으로 측정지표는 비용, 시간, 양, 품질, 반응으로 총 다섯 가지를 사용할 수 있다(『The New HR Analytics』, Fitz-enz). 여기서 반응은 고객을 포함한 사람의 반응을 이야기하며 가장 많이 사용되는 방법은 설문조사의 방법이었으나 빅데이터의 세상으로 오면서 행위의 관찰 결과로 어떤 행동을 하였는가, 어떤 말을 사용하였는가, 동선은 어떠했는가 등이 사용된다.

기업 활동에 대해서는 여섯 가지 수준으로 측정하여 대시보드로 관리할 필요가 있다(『The New HR Analytics』, Fitz-enz, 9, 10장 참조). 이는 시간의 흐름에 따라 과거, 현재, 단기 미래, 중장기 미래에 있어서 경영상 의사결정을 지원하기 위한 현황을 관리하는 것이다.

첫 번째는 과거 관점에서 회사의 여러 가지 현황자료를 작성하여야 한다. 일반적으로 말하는 장비 보유 현황, 설비 현황, 자금, 사람의 현황에 더하여 처리능력을 말한다. 하루 또는 한 번에 얼마나 많은 생산을 할 수 있는지 고객을 소화할 수 있는지 등의 능력을 포함한 현황을 파악한다. 단순히 숫자로 표현하는 것도 좋지만 추세를 반영하여 그림을 사용하면 이해하기 쉽고 전체 현황을 구성원들과 공유

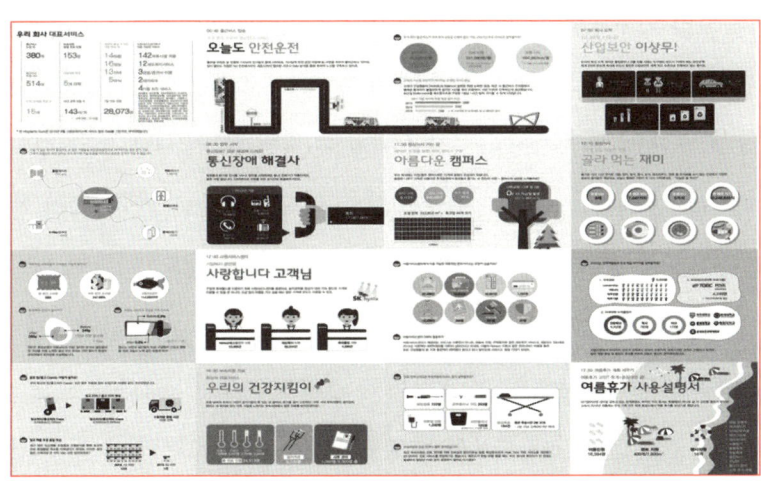

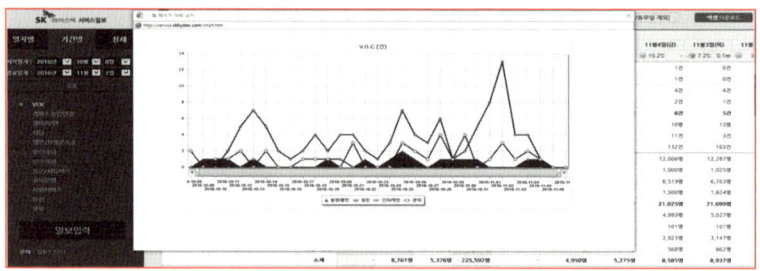

함으로써 자긍심을 부여할 수도 있다.

두 번째는 실제로 하고 있는 일을 기록한다. 하루하루 이루어지는 기업 활동에 대해 기록을 하는 것이다. 이른바 '일보의 작성'이다. 위의 그래프를 보면 알 수 있듯이 우리 회사는 각 서비스 아이템별로 매일 제공하는 서비스의 현황을 기록하고 있다. 각 식당별로 조식, 중식, 석식, 야식, 제공 식수, 캠퍼스 출입인원, 통근버스 이용인원 등 12개 영역에 있어서 69개의 항목에 대한 운영실적을 매일 기록하고 있다.

이러한 일보의 작성은 여러 가지 유익을 준다. 우선 구성원들로 하여금 매일 매일에 대한 결산의 의식을 갖게 한다. 업무의 완결성을 통해 일하는 자세는 물론이고 보람을 느끼게 할 수 있다. 또한 이러한 자료의 축적은 업무에 대한 추세를 파악할 수 있게 하고 이를 분석함으로써 다양한 용도로 활용을 할 수가 있다. 거기에 더하여 서비스 항목 간의 연계 분석을 통하여 해당 서비스만으로는 알 수 없는 통찰력과 새로운 서비스를 개발하는 기회를 얻을 수도 있다.

세 번째는 회사의 목표를 달성하기 위해 하고 있는 일에 대한 현

KPI	비중	세부지표	비중	연간목표	9월 누적목표	9월 누적실적	평가점수	산출점수	CbA/SUPEX	비고
Input SUPEX 추구를 통한 원가절감	30%	원가절감액	24%	원가절감액: 1,650백만원	1,215백만원	2,258.6백만	90	21.60	S	
		원가절감 활동 (정성평가)	6%	지속적인 원가절감 추진을 통한 모사의 경영위기 극복 기여	좌동	1) 모사(고객사) 일반비용 절감 TF 지원 2) 5개월 원가절감 Workshop 실시 3) 위기 수준별 예산 운영	90	5.40		
구성원 복지(총무) 서비스 품질 강화	30%	고객 근무환경 및 생활환경 개선을 통한 업무몰입 환경조성	15%	NPS 만족도 지수 : +33.8%	10월 측정 예정	10월 NPS 측정 (SK하이닉스 총무실)	-	-		
		VoC 관리 체계 개선을 통한 복지서비스 품질 강화(정성평가)	15%	모바일(헬로아이디)기반한 실시간 서비스지원(VoC 대응) 시스템 구축	좌동	1) 모바일(헬로아이디)기반 서비스지원 시스템 구축 2) DON 촉사 대응 운영 중 (총무실 운영 대응)	90	13.50		
물류품질 강화	10%	Palletizing 출하 확대	5%	Palletizing 출하율 50%	Palletizing 출하율 50%	Palletizing 출하율 53.8%	90	4.50		
		물류 공정 불량 최소화	5%	물류 공정 불량 16.3 PPM	물류 공정 불량 16.9 PPM	물류 공정 불량 9.8 PPM	90	4.50	S	
구성원 교육성취도 향상	15%	기술직무과정 학업성취도측정 방법 개발 및 적용	4%	학업성취도 측정 개발 및 적용 44개 과정	34개 과정	42개 과정	90	3.38		
		기술직무과정 Syllabus 제작	4%	기술직무과정 Syllabus 제작 44 과정	34개 과정	45개 과정	90	3.38		
		VoC 분석을 통한 교육 서비스 개선	8%	VoC 분석을 통한 교육 서비스 개선 30건	21건	24 건	90	6.75		
물류창고 Process 재 정립	10%	물류창고 관리 표준화 정립 (정성)	10%	표준화 정립 100% (이천,청주,인천 우시 표준화 적용)	표준화 정립 100% (이천,청주,인천 우시 표준화 적용)	표준화 정립 100% (이천,청주,인천 우시 표준화 적용)	90	9.00		
SHE 사고 건수	감점항목					SHE 사고 건수 0건		0.00		
조직 역량 강화	5%	사람/문화 혁신	5%							

황이다. 소위 말하는 균형성과표(Balanced Score Card)도 좋고 사업 아이템 및 기능별 핵심성과 지표 및 달성현황을 말하기도 한다.

네 번째는 다른 회사와 비교한 우리의 현재를 파악하는 자료이다. 벤치마킹에 대해서는 워낙 다양한 자료가 있어서 관련 자료를 참조하면 되겠지만, 우리의 현재 수준을 지속적으로 타사와 비교하는 것은 매우 중요한 활동이다. 벤치마킹을 하는데 있어서 특히 주의할 점은 경쟁사만 파악하지 말라는 것이다. 경쟁사는 물론이고 관련 산업과 지역을 중심으로 조사를 하되 사업의 아이템에 대해서만 하지 말고 프로세스 관점에서도 다양하게 파악을 해야 우리의 현재 수준을 정확히 알고 개선 포인트를 알 수 있다.

다섯 번째는 과거 및 현재의 자료를 분석한 현황이다. 데이터에서 특별히 어떤 흐름을 파악하려고 하는 의도를 갖지 않고 다양하게 분석하는 것이 좋으며, 이를 통상적으로 탐색적인 분석이라고 한다. 각 영역 별로 분석을 하는 것도 좋지만 영역 간의 데이터를 상호 비교하거나 연계하여 분석하는 것도 필요하다. 예측할 수 없는 환경 변화를 대처하는데 있어서 우리가 현재 알고 있는 지식수준으로 미래를 예단하는 것은 미래에 대한 준비 및 예측력에 지장을 줄 수 있다.

마지막으로는 미래에 발생할 것으로 예측이 되는 것들에 대한 분석 현황이다. 이는 각 회사가 보유하고 있는 자료뿐만 아니라 기업환경에 영향을 미칠 수 있는 가능한 모든 자료를 활용하여야 한다. 은행에 있어서는 경기 변동에 따라 대출자들의 상황능력이 어떻게 변화할 것인지, 보험회사에 있어서는 의료기술의 발달에 따라 가입 보험고객들의 수명이 어떻게 변화할 것인지를 예측하는 것이다. 뿐만 아니라 기술변화가 회사의 사업 분야에 미치는 영향에 대해서도 끊임없이 예측해야 한다.

이렇게 회사의 경영에 필요한 각종 데이터를 체계적으로 대시보드로 관리함으로써 회사가 얻는 이득은 다음과 같다. 첫째, 체계적인 사고를 한다(시간의 흐름에 따라 빠짐없이 중요한 항목을 관리). 둘째, 효과적인 의사소통을 한다(회사의 구성원이 무엇이 중요하고 무엇을 예비해야 하는지를 알게된다). 셋째, 진척상황을 알 수 있는 지표가 생긴다(현재의 수준이 어떤지 앞으로 나아갈 방향이 어디인지를 알 수 있다). 넷째, 노력을 집중시킨다(어차피 경영이란 제한된 자원을 선택과 집중을 통해 목표를 효과적으로 달성하는 것이다).

측정만 해도
비용이
줄어든다

회사의 모든 일을 데이터로 관리하는데 있어서 가장 먼저 해야 할 일이 측정하는 것이다. 단지 측정을 시작했을 뿐인데 회사에는 변화가 일어나기 시작한다.

측정의 중요성

우리가 회사에서 관리해야 하는 일은 네 가지로 요약할 수 있다. 돈을 버는 것, 돈을 절약하는 것, 시간을 절약하는 것, 그리고 사람 간의 문제를 해결하는 것(『Big 5 Performance Management』, Roger Ferguson). 그럼 이 네 가지를 위해 어떤 데이터를 사용해야 하는 것일까? 세상 모든 일을 과연 데이터로 만들어낼 수 있을까?

400여 년 전에 갈릴레오 갈릴레이는 이렇게 말했다. "셀 수 있는 모든 것을 세고, 잴 수 있는 모든 것을 재어라. 그리고 잴 수 없는 것은 잴 수 있게 만들어라".

그가 말한대로 하는 것은 매우 어려운 일이었다. 그 옛날에도 측정할 수 있었는데 지금은 못할까? IBM의 수석 분석가인 콜린 시어러는 정보화의 핵심이 '모든 것을 계측화'하는 데에 있다고 한다(『빅데이터의 다음 단계는 예측분석이다』, 에릭 시겔 지음, 고한석 옮김, 이지스퍼블리싱).

이제는 아무도 측정할 수 없어서 그 현상과 원인을 알 수 없고 다만 추측을 할 수 밖에 없다는 말은 할 수 없는 시대가 되었다. 지금 인류는 그 역사를 통틀어서 가장 많은 것을 기록으로 남기고 있다. 내가 원하지 않아도 내가 글로 남기는 것은 말할 것도 없이, 말하는 것, 이동하는 것, 행동하는 것, 심지어는 내가 생각하는 것까지도 측정되어서 데이터로 남는 세상이 되었다.

앞에서 나는 회사의 모든 일을 데이터로 표현하고 소통하라고 말했다. 실제로 이렇게 함으로써 가장 먼저 일어나는 현상이 비용이 줄어드는 것이다. 너무도 당연히 데이터로 관리하기 위해서 측정을 한다는 것은 현상을 파악한다는 것이고, 현상을 파악하게 되면 정상적인 사람이라면 당연하게도 문제점을 발견하게 되어 있다. 거기에 더하여 회사에서 측정해서 데이터로 관리한다는 것은 곧 자신이 하는 일에 대한 평가 및 보상과 연계가 된다는 것을 뜻한다. 즉 관리가 시작된다는 것이고, 관리가 시작이 되면 진화의 동물인 인간은 문제점을 찾고 개선을 할 수 밖에 없다.

이전에는 관심이 없던 일들에 대해 데이터를 가져오라는 한 마디에 담당자는 현장에 나가서 측정을 하게 된다. 이전에는 그러리라 추정했던 일에 대해서 바라보는 눈길이 달라진다. 그럼 우리는 어떤 일을 측정을 해야 할까? 먼저 우리가 하는 일의 가치가 어디에 있는지를 알아야 한다. 고객이 생각하는 가치에 연계된 일의 현상이 어떤지에 대해 측정을 시작해야 한다. 하고 있는 일에 대해 현상을 파악하기 위해서는 도요타의 '7대 낭비 요인'을 참조하는 것이 도움이 된다.

1) 과잉 생산의 낭비, 2) 대기의 낭비, 3) 운반의 낭비, 4) 가공과정의 낭비, 5) 재고의 낭비, 6) 동작의 낭비, 7) 불량의 낭비 이상 7가지의 낭비가 있는지를 파악하기 위해서는 현장에 나가서 생산과 서비스의 제공 과정을 파악하고 측정을 시작해야 한다.

잔반을 측정하다

우리는 생각보다 자신이 하고 있는 일을 데이터로 관리하는데 익숙하지 못하다. 내가 있는 회사가 하는 일의 여러 가지 항목 중에 가장 많은 비중을 차지하고 있는 분야 중의 하나가 식당 운영이다.

과연 식당에서는 얼마나 많은 고객들이 식사를 하고 있을까? 식당은 몇 개나 되고 좌석 수는 몇 개나 될까? 1년에 이 식당들에서 식사를 제공하기 위해 소모되는 쌀은 얼마나 될까? 김치는 얼마나 소비하고 있을까? 고객들은 식사의 메뉴에 대해 만족을 하고 있을까? 식사의 질에 대해서는 어떤 생각을 가지고 있을까?

생각이 여기에 미치자 하나하나 질문을 하기 시작했다. 설명의 편의상 여기부터는 대화형식을 빌어 일의 진행 상황을 설명하고자 한다.

"식당이 몇 개나 되나요?"

"8개로 운영이 되고 있습니다."(이하에서 나오는 숫자는 회사 보안상의 이유로 실제와 차이가 난다. 양해를 바란다)

"그럼 하루에 몇 끼나 고객들에게 제공이 되고 있어요?"

"몇 천 끼 됩니다."

"정확하게 모르시나요?"

"그건 식당마다 파악한 후 자료를 취합해서 말씀드리겠습니다."

"아니, 그런 자료가 지금은 없나요?"

"그때그때 필요할 때 취합합니다."

"그럼 식당운영 추세를 잘 모르겠네요?"

"운영 효율성을 판단할 때 종합 분석을 합니다."

이런 식의 대화가 이어지다가 결국 회사의 모든 일에 대해서 일일 결산을 할 수 있는 일보 시스템을 작성하게 되었다. 그 다음 단계이다. 식당의 현황을 파악해 보니 1년 동안 약 1천만 끼가 식사로 제공이 되고 있다. 그래서 또 물었다.

"그럼 1년에 나오는 잔반의 양이 얼마나 되나요?"

"일반적으로 잔반은 남은 음식물을 이야기하고 잔식은 음식을 만들고 남은 재료들을 말합니다."

"그럼 각각 1년에 얼마나 버려지나요?"

"한 월 100톤 정도 되는 것 같습니다."

"정확하게 자료를 측정해보면 좋겠습니다."

이렇게 해서 시작된 것이 '잔반 줄이기 프로젝트'다. 각 식당의 영양사와 매니저들은 매일 매 끼니마다 잔반과 잔식의 양을 측정하기 시작했다. 이런 과정을 통해 파악한 결과는 실로 엄청난 결과이었다. 회사 전체로 계산을 해보니 연간 1천600톤이 음식물이 쓰레기로 버려지고 있었다. 이러한 음식물 쓰레기로 인한 낭비는 엄청난 것이다. 우리가 살아갈 지구의 환경을 위해서라도 해결을 해야 하는 문제였다. 잔반이 문제라 생각을 하니 구체적인 분석이 필요했다. 과연 고객에게 제공되는 음식의 총 무게는 얼마일까?

"고객에게 제공되는 식사의 무게가 어떻게 되나요?"

"안 재보았는데, 검색사이트에서 한 번 찾아볼까요?"

"그럼 실제로 얼마나 나가는지 측정해보세요. 그리고 음식을 만들기 위해 구입하는 쌀 등의 원재료에 대한 입고시의 무게가 있으니 비교를 해보면 정확하게 알 수 있지 않을까요?"

이런 과정을 통해 알게 된 사실은, 1인당 제공되는 음식의 무게는 약 1kg이었고 잔반과 잔식 그리고 음식을 만들기 위해 전처리하는 과정에서 발생한 쓰레기를 포함한 음식쓰레기 양이 1인당 평균 300g이 넘는 것으로 파악되었다.

그럼 이 300g의 구성은 어떻게 되어 있는가? 이를 산정하기 위해서 음식을 만들기 위해 들어가는 원재료와 전처리시 발생하는 음식쓰레기 그리고 잔반의 양을 측정하여 데이터로 만들기 시작했다. 그 결과는 '잔반:전처리:잔식=6:3:1'로 버려지고 있었다. 잔반이 음식 쓰레기의 절반이 넘는 60%를 차지하고, 전처리와 잔식은 감축하기가 어려우므로 잔반을 줄이는 작업에 먼저 착수하였다.

가장 먼저 한 작업은 식당에서 제공되는 식사를 먹는 고객들을 관찰하는 일이었다. 식당에서는 각 식당별로 2~6가지 메뉴를 제공하는데 기본적인 구성은 밥, 국, 3찬이 제공되고 추가로 샐러드 바와 추가 밥, 추가 김치 코너를 개설하고 있다. 그런데 고객들은 단체급식의 특성 때문인지는 몰라도 본인이 먹지 않는 반찬도 모두 받아서 먹고 남은 음식과 같이 버렸다. 그래서 잔반의 구성을 살펴보아야 했는데 퇴식구의 효율적 운영 때문에 고객들은 국그릇에 본인의 잔반을 모아서 가져다주어 어떤 반찬을 적게 먹었는지를 알기 어려웠다.

그래서 결국은 식당 담당자들이 장화와 고무장갑으로 중무장을 하고 잔반을 헤집어 구성을 분석하였다. 그렇게 분석한 결과 고객들이 가장 먹지 않는 반찬이 나왔는데 그 주범 중의 하나가 부침개였다. 부침개라는 것이 일반적으로는 부치는 사람 옆에서 바로바로 먹어야 하는, 온도가 생명인 음식인데 이를 단체급식에서 제공하는 것이 문제였던 것이다. 그래서 부침개 등을 반찬에서 제외하고 고객들이 더 선호하는 반찬들로 변경하여 제공하였다.

　잔반 줄이기는 단체급식을 하는 사업장이면 어디든지 도전하는 과제이다. 학교의 경우에는 선생님들이 퇴식구에서 지켜보기도 하고 일부 기업의 경우는 관리담당 임원이 퇴식구 앞에서 '환경운동에 앞장서자면서 남긴 음식은 다시 자리에 가서 먹고 오라'고 설득을 하기도 한다고 한다.

　그러나 우리는 가장 큰 대 원칙이 고객에게 맛있는 식사를 제공하면 맛있는 음식은 다 먹게 되고 그리 되면 잔반이 제로(0)화될 것이라는 굳은 신념을 가지고 있다. 따라서 우리는 메인 메뉴의 식사 품질 개선에도 착수를 하였다.

　메인 메뉴에서 가장 많이 버리는 것 중의 하나가 돈까스 등과 같은 고기 튀김류였다. 이에 대한 품질 개선을 위해 여러 공급처를 수배하여 고객들에게 맛 테스트를 진행했다. 이런 과정을 통해 최고 품질의 음식을 제공하자 한 때는 '타이어 돈까스'로 불리던 메뉴가 선호 메뉴로 바뀌었다. 그 외에도 면류에 대한 개발, 기타 부찬류에 대한 개발을 하는 한편, '수다날(수요일은 다 먹는날)'을 운영하여 잔반을 적게 남기는 고객에게는 사은품을 증정하는 등의 행사로 고객들의 자발적인 참여도 독려하였다.

　이러한 과정 중에 식당에서 직접 음식을 주관하는 영양사들로부터 들은 이야기가 있다. '처음에는 별걸 다 시킨다'라고 생각을 했는데 본인들이 직접 매일 측정하다보니 뜻밖에 버리지 말아야 할 것들, 불필요하게 제공되는 것 등이 있음을 알게 되었다는 것이다. 그래서

1차적으로 본인들부터가 잔반을 줄이기 위해 여러 가지를 미리 생각하고 실천에 옮기게 되었다고 했다.

이런 다양한 활동을 통해 우리가 운영하는 식당은 환경부와 한국환경공단에서 실시하는 '2016년 음식물 쓰레기 공모전'에서 다량 배출 사업장 부문 최우수상을 수상하였다. 거기에 더하여 고객들에게 제공되는 식사의 품질과 구성도 향상이 되어서 고객만족도가 향상이 되었다. 또한 잔반의 양도 1년 반 동안 100g 이상을 줄었다. 이를 비용으로 환산을 하면 수십 억 원에 달한다.

관심을 갖고 관리하지 않으면 그냥 지나칠 일들이, 데이터를 측정하고 관리를 함으로써 문제들이 발견이 되고 한층 더 깊은 분석을 하게 되어 지속적인 개선을 할 수 있는 선순환의 구조로 전환된다. 측정하지 않으면 그냥 버려질 쓰레기들을 아예 만들지도 않게 되어 지구 구하기 환경운동에도 일조를 할 수가 있다.

내가 하고 있는 일, 우리 회사가 하는 일, 이들 중에 과연 측정을 하면 달라질 일이 얼마나 될까? 주위를 둘러보고 관심을 가지고 측정부터 시작해보자.

식당 서비스
품질 향상

9개의 식당에서 평일에는 3만6천 명이 넘는 고객에게 식사를 제공하기 위해서 5가지 종류의 코너를 운영하고 연간 7천여 가지 메뉴로 1천만 식 이상으로 식사를 제공하는 식당 서비스를 빅데이터 기법을 활용하여 서비스를 개선한 사례다. 다시 말하지만 이런 데이터는 그 중요성을 이야기하기 전에는 눈여겨보지도 않았고 그저 감으로만 몇 백만 정도 될 것이다라는 생각으로 대해온 분야이다.

연간 쌀 소비량 약 600톤, 우유 소비량 25만ℓ, 고등어와 꽁치 소비량 약 12만 마리 등 이렇게 많은 재료를 들여서 식사를 제공하는데 과연 고객들은 얼마나 만족스럽게 식사를 하고 있을까? 만족도는 어떻게 측정해야 할까?

고객 만족도를 조사하기 위해 회사는 봄, 가을로 설문조사를 진행했다. 그러나 설문조사라는 것이 그 특성상 응답률이 낮고 주관적인 감정과 생각에 따라 결정이 될 가능성이 높기 때문에 보다 객관적인 데이터와 매일 피드백이 되는 지표가 필요했다. 고객에게 만족스러운 서비스를 제공하기 위해서는 식사의 맛, 깨끗한 위생, 그리고 친절함이 필요했다. 그 모든 것을 반영할 수 있는 지표로 우리는 '잔반량'을 선정하였다. 우리가 제공한 식사를 깨끗한 환경에서 친절하게 제공해서 맛있게 식사를 하면 불가피한 잔반만 남게 된다는 것이다.

고객은 왜 식당을 이용하는가?

회사 캠퍼스에서 근무하는 모든 구성원들이나 방문객들이 사내 단체식당을 이용하는 것은 아니다. 주변에 있는 식당을 이용하기도 하고 멀리 맛집을 찾아서 식사를 하기도 한다. 고객들은 과연 어떤 요인에 영향을 받아 단체식당을 이용하는 것일까를 파악하기 위해 우리는 가지고 있는 데이터를 분석했다(1천만 건이 넘는 빅데이터였다).

우리가 운영하는 부속의원에서 사용하는 약어가 있다. '신환'은 새로 온 환자를 뜻한다. '유비무환'은 비 오는 날에는 환자가 없다는 말이다. 이처럼 식당도 날씨에 따라 영향을 받지 않을까? 화창한 날씨에는 바람도 쏘일 겸 밖으로 나가서 먹지만, 비 오는 날에는 단체식당을 이용하지 않을까? 메뉴도 중요할 것이다. 맛있는 메뉴를 회사에서 제공하는데 굳이 외식을 할 필요가 없지 않을까? 이런 논의 끝에 우리는 날씨, 온도, 요일, 메뉴의 종류, 재료의 구분, 조리 방법 등에 따라 잔반이 어떻게 변동을 하는지 분석하였다.

그 결과 온도와 요일 이외의 다른 요인은 별 영향이 없는 듯했다. 즉, 특식이 제공되는 화요일과 목요일에 온도가 25℃ 이하이면 잔반이 증가를 하였고, 나머지 월요일, 수요일, 금요일에는 온도가 20℃ 이상인 경우 잔반이 적은 것으로 분석이 되었다. 특식이 제공되는 날에는 주 메뉴와 반찬들이 강화되는 이유로 인해서 증가를 하였고, 다른 요일에는 활동하기가 좋은 온도 이상이 되면 잔반량이 줄어드는 것으로 나타났다.

먹을 게 없네

식당에서는 한식, 기호식, 면식의 3가지 코너를 운영하는 경우가 대표적이다. 이들 각 코너별로 고객들이 선호하는 음식은 무엇일까? 우리가 상식적으로 예상할 수 있는 결과와 다르지 않게 나왔다. 한식의 최강자는 '곰탕'이고 그 다음은 '돼지고기김치찌개' 그리고 '동태매운탕'이 차지를 했다. 기호식과 면식을 합해서 분석한 결과는 예상하기가 쉽지 않다. 결과는 1위는 '추억의도시락', 2위는 '초계탕', 그리고 3위는 '메밀국수'가 차지를 했다.

식당에서는 3가지의 메뉴를 제공하지만 종종 우리는 "에이, 먹을 게 없네"라고 말하는 고객을 보게 된다. 그 이유가 무엇일까? 자신이 먹고 싶은 메뉴가 없다는 것이다. 3가지의 메뉴가 다 비슷한 맛이어서 선택의 여지가 없다는 것이다. 극단적으로 예를 들면 한식에 김치찌개가 나오고 기호식으로 두부김치덮밥이, 면식에서는 얼큰면이 제공되면 매운 맛을 선호하지 않는 사람들은 선택의 여지가 없어져 먹을 게 없는 상황이 된다.

이 문제를 해결하기 위해 우리는 군집 분석을 하기로 했다. 그러나 군집 분석의 경우 메뉴를 코드로 전환해야 하는 문제가 있다. 수천 가지나 되는 메뉴를 다 코드로 전환하는 것은 너무 방대한 작업이었다. 그래서 1차적으로 군집 분석을 통해 집단을 분류하는 방법을 포기하고 텍스트로 집단을 분류할 수 있는 장바구니 분석이라고 불리는 연관성 분석을 통해 고객들의 특성별 집단을 분류하기로 하였다. 그러나 이마저도 한글로 작성된 메뉴가 한 글자만 달라져도 다른 메뉴로 인식을 하는 바람에 실패하였다. 그러던 중 고민 끝에 얻는 아이디어가 고객들의 입맛에 따라 코드를 분류하자는 의견이었다.

혀가 느끼는 맛에는 네 가지가 있다고 한다. 쓴 맛, 신 맛, 짠 맛, 단 맛. 이렇게 네 가지 분류에서 힌트를 얻어 우리는 아래의 표와 같이 메뉴를 코드화할 수 있었다.

구분	염도(짠맛)	당도(단맛)	매운맛	질감(식감)
1	매우 안 짜다	매우 안 달다	매우 안 맵다	매우 부드럽다
2	안 짜다	안 달다	안 맵다	부드럽다
3	보통이다	보통이다	보통이다	보통이다
4	짜다	달다	맵다	다소 질기다
5	매우 짜다	매우 달다	매우 맵다	매우 질기다

일찍이 아무도 분류해보지 않은 좋은 방법이라고 자화자찬하면서 메뉴들을 이 코드 체계별로 분류하였다. 예를 들면 다음과 같다.

맛코드	주요 메뉴
1112	영양밥, 콩나물밥, 곤드레나물밥, 도라지버섯밥 등
2112	자반고등어구이, 갈치구이, 도가니탕, 버섯볶음밥 등
2113	사골곰탕, 순대국밥, 황태해장국, 삼계탕, 닭칼국수 등
2213	능이장각백숙, 목살스테이크카레, 멸치국수, 나물비빔밥 등
3123	뼈없는감자탕, 뼈없는해장국 등
3133	육개장, 묵은지돈갈비찜, 들깨시래기국, 닭개장 등
3233	고추장불고기, 오리주물럭, 깍두기볶음밥, 비빔국수 등
3234	오징어볶음, 주꾸미볶음, 오징어덮밥, 얼큰짬뽕 등
3243	삼겹살두루치기, 낙지볶음, 김치볶음, 불닭오므라이스 등
3313	돼지갈비찜, 찜닭, 시래기소불고기, 하이라이스, 짜장밥 등

이렇게 해서 제공된 모든 메뉴에 대해 코드로 전환을 하고 메뉴 간에 연관성 분석을 하였다. 분석의 논리는 이런 가정을 바탕에 두고 하는 것이었다. 1일에 제공된 A메뉴를 먹고 3일에 제공된 B메뉴를 먹고 다시 9일에 제공된 C메뉴를 먹는 고객들과 1일에 제공된 G메뉴를 먹고 3일에 제공된 H메뉴를 먹은 이후에 9일에 제공된 R메뉴를 선택한 고객들은 입맛이 서로 다른 고객들일 것이라는 논리였다.

다양한 식당의 자료를 바탕으로 오랜 시간 동안 분석한 끝에 한 가지 귀중한 결론을 얻었다. 방법이 잘못되었다는 것이다. 일반적으로 장바구니 분석에 쓰이는 경우에는 할인점의 품목별로 진열된 상품들 중에서 소비자가 자신이 필요한 것 또는 선호하는 제품을 선택하여 장바구니에 담기 때문에 고객별로 선호하는 품목들로 집단을 분류할 수 있었다. 그러나 식당의 경우 제공자가 메뉴를 한정하여 3

가지의 메뉴를 제공하므로 고객이 선택의 제약을 받기 때문에 제공된 메뉴를 선택하는 특성을 기반으로 집단을 분류하는 것은 큰 의미가 없었고, 우리가 추구하는 이질적인 메뉴군으로 분류가 쉽지 않은 상황이 되었다.

또 다시 분류방법에 고민을 더하던 중 우리가 찾아낸 방법은 메뉴의 주식재료가 무엇인지, 조리방법은 무엇인지, 그리고 한국인의 음식 분류에서 빠질 수 없는 매운 정도를 기준으로 재분류하였다. 염도와 당도의 경우 중간 맛으로 제공을 하면 소비자들이 별도로 제공되는 소금, 간장, 설탕으로 개인별 조절이 가능하기 때문이었다. 이런 과정을 통해 얻은 새로운 분류체계는 아래와 같다.

구분	주 식재	조리법	매운맛
1	쇠고기	구이	아주 안 맵다
2	돼지고기	튀김	안 맵다
3	닭 및 가금류	찜/조림	보통이다
4	생선류	무침/비빔	맵다
5	해물 및 연체류	국/탕/전골	아주 맵다
6	채소	밥류	
7	기타	볶음	
8		덮밥	
9		기타	

이러한 코드 체계를 바탕으로 메뉴들에 대해 다시 코드를 부여한 다음 우리는 이번에는 인구통계적인 특성을 반영하여 메뉴간 선택에 대한 교차 빈도 분석을 통해 집단을 분류하는데 성공하였다.

즉, 오늘 갈치조림을 먹은 사람은 다음에 고갈비와 고구마치즈 돈까스가 제공이 되면 고갈비를 선택할 확률이 80%이상 이라는 것이다. 우리는 이런 분석을 통해 남녀 구분 및 남자의 경우 연령대별로 총 네 가지의 계층에 대해 메뉴 간 선호 음식과 기피 음식들을 분류하는데 성공하였다.

알파고? 우리는 알파밀!

바둑계에서 이세돌을 이긴 알파고가 있다면 우리에게는 인공지능을 갖춘 알파밀이 있다. 그러나 네이밍을 너무 따라 하는 것 같아서 우리는 '메뉴사이언스'라고 부른다. 우리가 2년에 가까운 시간을 들여서 개발한 식수예측시스템이다.

일반적으로 메뉴의 편성은 식자재 구입을 위해 3주 전에 영양사들이 3주 내 제공되지 않은 메뉴, 계절, 날씨, 요일 등을 감안하여 엑셀로 작성을 한다. 3가지의 메뉴를 얼마나 상호 배타적으로 구성하고 각 메뉴에 대해 식수 인원이 얼마나 될 지를 정확하게 예측하는 것이 영양사들의 중요한 능력 중의 하나이다.

우리는 이러한 영양사들의 고민을 빅데이터의 분석을 통해 자동화하였다. 즉, 영양사가 메뉴를 작성할 때 다음과 같이 시스템에서 선택옵션을 제공한다(148p 그림 참조). 먼저 한식에 대한 선택을 하면 시스템은 이전 3주간 전체 제공된 메뉴를 제외하고 3개월간 동일 요일에 제공된 메뉴 빈도를 고려하여 1년간 제공된 메뉴를 분석하여 해당 계절과 요일을 감안하여 어떤 메뉴가 좋은지 후보군을 제시한다.

다음에서 보듯이 영양사가 여러 개의 한식 옵션 중에 대파 육개장을 선택하였다. 그 다음으로는 기호식에 대한 메뉴를 선택하게 되는데, 이 때 시스템은 대파육개장을 선호하지 않는 사람들이 선호할 메뉴를 추천하게 된다. 그림에서 보면 작은 화살표가 앞에 붙은 것들이 그런 메뉴에 해당한다.

메뉴의 구성이 끝나면 다음 단계로 식수를 예측하게 된다. 한식, 기호식, 면식 각각에 대해 이전의 데이터를 기반으로 해당 식당을 이용하는 고객들에 대한 인구통계적인 자료를 바탕으로 각각 몇 명의 고객이 어떤 메뉴를 선택할 지에 대해 정보를 제공하는 방법이다.

우리가 시스템을 개발하기 이전에는 식수예측적중률이 80% 초반을 기록하고 있었다. 메뉴별로 식수를 정확하게 예측하지 못하면 준비한 음식이 떨어져서 고객에게 식사를 원래의 메뉴대로 제공을 하지 못하던가, 음식이 남아서 잔반으로 폐기해야 하는 경우가 발생을 하

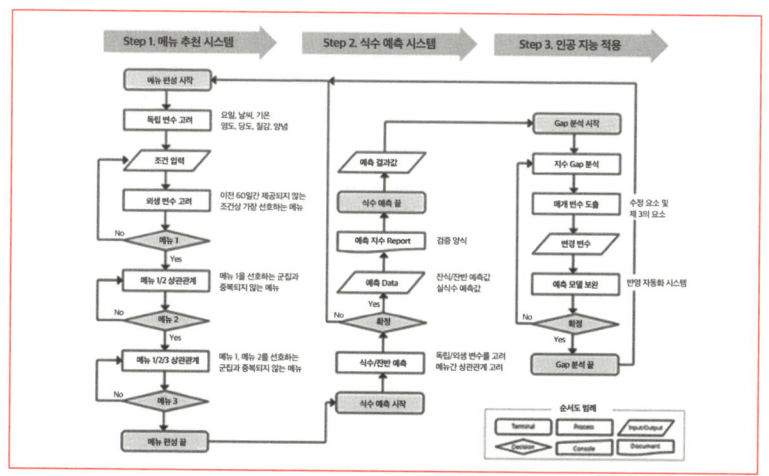

높은 실수예측률을 보이는 메뉴사이언스 흐름도

기 때문에 고객 만족도는 떨어지고 비용의 낭비를 초래하게 된다.

우리의 시스템이 적용된 이후 약 1개월간 95%의 식수예측율을 기록하고 있으며 이는 향후 추가적인 학습을 통해 시스템이 스스로 예측력을 향상 시켜 나갈 것으로 기대하고 있다.

위 그림은 우리가 추진하고 있는 메뉴사이언스의 흐름도이다. 우리는 본 프로젝트를 통해 고객에게 메뉴의 선택폭을 확대하고 양질의 식사를 제공함으로써 고객만족도를 향상하고 잔반 비용을 대폭적으로 줄일 수 있을 것으로 예상하고 있다. 본 시스템이 정착되는 단계에서는 식수예측율이 99% 수준이 될 것이고 잔반은 1인당 190g 수준이 될 것으로 생각하고 있다. 그에 따른 비용 절감도 연간 수십억 원에 이를 것으로 분석하고 있다. 메뉴를 감과 경험으로 구성하는 시대는 가고 있다.

건강 기반 복지서비스

'체력은 국력'이라고 했다. 기업의 경쟁력은 개인으로부터 나온다. 개인의 경쟁력에 있어서 가장 중요한 것이 건강이다. 아무리 능력이 뛰어나다고 해도 건강이 좋지 않으면 실력을 발휘하기 어렵다. 기업은 수익 창출에 대한 뚜렷한 목표를 갖고 있듯이 구성원의 건강에 대해 뚜렷한 목표를 가져야 한다.

건강할 때 건강을 지켜라

내가 젊었을 때 같이 근무하던 과장님이 출근해서 창밖을 한참 동안 물끄러미 내다보고 있었다. 당시 그 표정이 많이 좋지 않았는데 나중에 들은 이야기로는 건강검진 결과가 좋지 않아서라고 했다. 그로부터 며칠 동안은 조심해서 생활을 했던 기억이 있다.

우리는 몸이 아파야 병원을 찾는다. 그러나 구성원의 건강을 책임지는 부속의원의 입장에서는 구성원들이 아프기 전에 건강을 지킬 수 있도록 도와주는 것이 무엇보다 중요하다. 즉, 사후치료 보다는 사전예방이 더 중요하다.

내가 근무하는 회사의 부속의원에서도 다양한 서비스를 통해 구성원들이 건강을 지킬 수 있도록 노력하고 있다.

그런데 예방을 하려면 구성원들의 건강 상태와 왜 병원을 찾는지를 알아야 한다. 현상을 데이터로 파악해야 문제를 알 수 있고, 문제를 알아야 문제의 원인을 찾아서 해결을 할 수가 있다.

전산화를 통해 데이터 쌓기

부속의원에서는 크게 의사 진료, 물리 치료, 건강 증진 활동, 약국 운영 및 응급환자 후송 업무를 수행하고 있었다. 그러나 관리 수준에 있어서 구성원이 병원을 방문하면 접수대장에 수기로 인적사항과 병원에 온 이유를 적게 되어 있었고, 이를 바탕으로 월 결산을 통해 자료를 작성하고 있었다. 이런 부속의원을 선진화하기 위해 우리는 아래와 같이 단계별 실행계획을 세웠다.

1단계로 우리는 방문하는 고객의 접수 단계부터 시스템적으로 관리를 하여 진료 및 처방과 치료의 단계까지 고객의 건강에 관한 모든 지원을 전산화하였다. 이를 통해 병원 관리 업무의 속도가 빨라지고 과거 이력 관리를 통해서 고객에게 보다 나은 서비스를 제공할 수 있게 되었다.

이렇게 시스템화하여 개인별로 매년 시행되는 건강검진 자료와 병원 방문 히스토리데이터를 연계하여 개인별로 보다 향상된 진료 서비스를 제공할 수 있게 되었고 사후 관리 프로그램을 통하여 추적 관리를 할 수 있게 되었다. 무엇보다도 전체 구성원들에 대한 건강관련 데이터를 통합 관리 할 수 있게 되어 구성원들의 건강 상황에 대한 자료 분석을 통해 중점적으로 관리해야 할 대상과 예방 활동의 기초를 마련한 것이 중요한 의미를 갖고 있다.

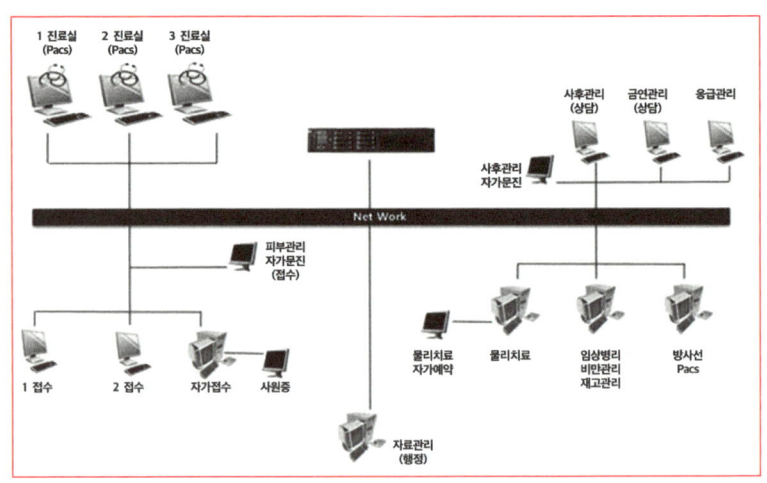

집중관리 프로그램 운영

2단계로 우리는 구성원들의 질환 중에 많은 비중을 차지하는 6개 질환을 중점관리 대상으로 선정하고 건강 개선을 위한 프로그램을 도입하였다. 이들에게는 건강 플래너를 통해 생활습관을 개선하는 것과 함께 진료시에 '적극적 상담 관리군'으로 분류하고 건강에 대한 관리 요청을 재강조하고 습관에 대한 의사 상담을 추가하며 투약에 있어서 관련 질환을 반영한 처방을 시행하고 있다.

건강에 영향을 미치는 요인으로는 유전, 환경, 생활습관, 보건의료 체계로 구분이 될 수 있는데 이 중에 '생활 습관'이 60% 이상 영향을 미친다고 한다(『Health Field Concept』, M Lalonde). 또, 직장인의 14% 이상이 질병으로 인한 결근을 경험하고 있으며, 생활습관에 따라 정도가 심화된다는 연구('피로와 의료 이용', 「대한산업의학지」 17-4, 장세진 외)를 참고하여 회사에서는 6대 생활습관 개선 프로그램을 추진하기로 하였다.

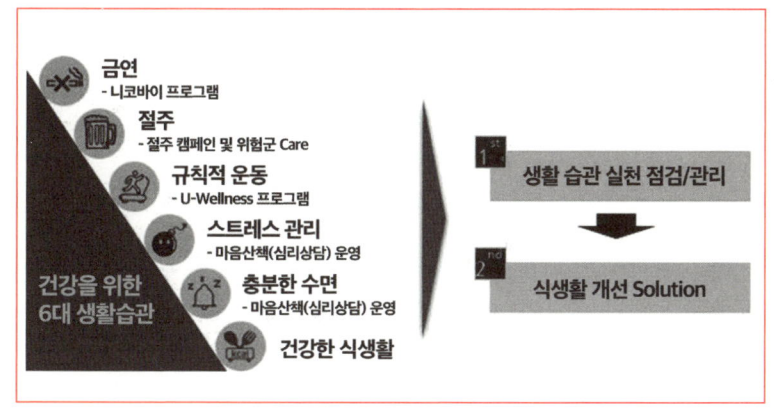

흡연을 하는 구성원의 업무시간 중 흡연 빈도를 파악하기 위해서 몇 개의 건물을 선정하여 흡연자들의 출입 상황을 분석한 결과에 의하면, 흡연자들은 평균적으로 업무시간 중에 2.5회 외출을 하고 한 번의 흡연에 약 12분이 소요되는 것으로 조사 되었다. 흡연이 업무의 몰입에 있어서 비흡연자와 달리 크게 영향을 주는지의 여부에 대해서는 별도의 조사가 필요하겠지만, 건강에 있어서는 여러 가지 부작용이 있으므로 회사는 금연을 희망하는 구성원에 대해서는 4단계 프로그램을 적용하고 있다.

1단계는 금연 준비기로 니코틴 의존도 평가 및 금연 보조제를 처방하고, 2단계로는 금연 수행기로 6개월간 시행을 하며 3개월이 경과된 시점에는 소변검사를 시행하고 있다. 6개월의 금연을 성공하면 다시 소변검사를 하고, 마지막 4단계의 유지기에 들어간다. 4단계까지의 10개월을 금연에 성공하면 축하 프로그램을 시행한다. 이 과정 중에서 금연 프로그램 전담 간호사를 배치하여 참여자들에게 다양한 동기부여를 하고 있다. 매년 성공률은 다소 변동이 있지만 현재 연평균 약 20%의 금연 성공률을 보이고 있다.

다음으로 음주에 대한 조사를 시행하였다. 해당 캠퍼스에서 근무하는 구성원들은 주 1.4회 음주를 하고 한 번 음주를 하면 평균 5.4잔의 술을 마시는 것으로 조사가 되었다. 중요한 것은 중점관리 대상의 94%가 음주를 하고 있는 것으로 파악이 되었다. 주 1회 이상 음주를 하는 경우에는 47%가 업무에 대한 집중력이 부족해진다고 한다('직장인 음주행위와 업무성과에 관한 연구', 「사회과학논총」 25-

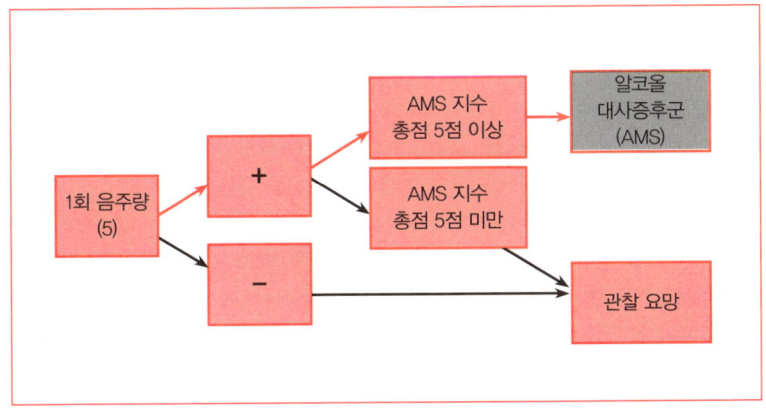

1, 장승옥) 이에 부속의원에서는 '알코올대사 징후군 지표(Alcoholic Metabolic Syndrome)'를 자체 개발하여 음주를 하는 구성원 중에 일정 수준 이상이 되는 구성원들에 대해 개인별 맞춤 관리를 시행하기로 했다.

이외에도 회사는 의료 데이터를 분석하여 각 질환별로 사회적인 평균과 차이가 나는 사업장 고유의 질환에 대해서는 별도로 프로그램을 만들어 집중관리 및 예방 프로그램을 시행하고 있다.

이제는 예방이다

IBM의 조사에 따르면 세계 1만6천 개 병원이 환자 데이터를 수집하고 있으며, 80%의 헬스케어 데이터는 텍스트나 이미지 그리고 영상 등의 비구조화 데이터로 되어 있고, 490만 명의 환자가 원격모니터링 디바이스를 사용하고 있다고 한다. 현대 의학은 이러한 데이터를 바탕으로 사후적 질환 치료에서 사전적 예방, 개인별 맞춤식,

참여 의학의 방향으로 진화하고 있다.

　회사는 병원에서 발생하는 데이터뿐만이 아니라 통근버스 및 식당에서의 식사 정보와 캠퍼스 내 활동자료 등을 연계하여 개인별 활동 수준과 건강에 대한 상관도 등을 분석하여 개인별 맞춤식 정보를 제공하려고 한다. 물론, 이 과정에서 발생하는 여러 가지 개인정보보호 등에 관한 안전조치를 철저히 해야 함은 물론이다.

　회사의 부속의원은 영리를 목적으로 하지 않는다. 우리가 해야 하는 일은 구성원의 건강을 지키는 것이다. 보다 많은 환자가 병원을 찾는 것보다, 보다 적은 구성원이 환자가 되도록 서비스를 지원하는 것이 우리의 미션이고, 그 활동을 위한 기초는 먼저 데이터를 측정하고 분석하는 것이다.

물류창고 표준화

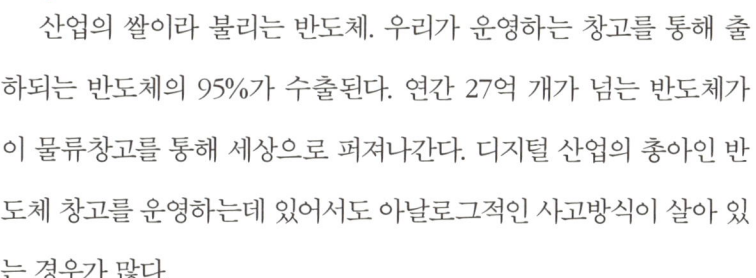

산업의 쌀이라 불리는 반도체. 우리가 운영하는 창고를 통해 출하되는 반도체의 95%가 수출된다. 연간 27억 개가 넘는 반도체가 이 물류창고를 통해 세상으로 퍼져나간다. 디지털 산업의 총아인 반도체 창고를 운영하는데 있어서도 아날로그적인 사고방식이 살아 있는 경우가 많다.

아날로그 방식

우리 회사의 물류 사업부 구성원들은 생산되는 반도체가 최종적으로 자신들의 손을 통해 출하가 된다는 데에 자부심이 강하다. 물류창고에서 반도체가 이동하는 순서는 다음과 같다.

'제조 공정 → 물류창고 2층 → 각 제품별로 1층, 2층, 3층에 분산 보관 → 출하 지시서 접수 → 출하지시서 상의 각 제품에 대해 해당 보관 선반에서 물품 픽업 → 작업자가 지게차로 출하 대에 이동 → 목적지 별로 팔레트에 포장 → 운송차량에 선적'

매일 출하 지시서가 2번 발행이 되고 2시간 이내에 지시서대로 물품을 선별하여 포장을 끝내야 하는 물류 창고는 하루에 2번씩 전쟁을 치른다. 이른바 '출하전쟁'이다. 시간에 맞추어 현장에 나가보니 반자동화 출하 시설을 갖춘 물류창고에서는 제품을 픽업하고 이동하고 포장하느라 정신이 없었다.

"이 창고에서 보관할 수 있는 규모가 얼마나 되나요?"

"박스로 하면 약 5만 박스이고 반도체 알갱이로 하면 1억 개 정도 됩니다."

"그런데 작업자들이 상당히 바쁘네요?"

"출하 지시서가 타고 갈 비행 편별로 나오기 때문에 다양한 제품을 창고의 여기저기서 픽업하느라 정신이 없습니다."

"그럼 창고의 이 많은 선반에 제품은 어떤 기준으로 보관을 하는 것인가요?"

"제품 즉, 디램이냐 낸드냐 시스템 반도체냐에 따라 보관 장소가 다르니 대분류, 중분류, 소분류의 위치 구분에 따라 보관된 선반에 가서 픽업을 해야 합니다."

"그런데 같은 장소를 다시 가는 경우도 있네요?"

"네, 출하 지시서에 따라 제품을 픽업하기 때문에 비슷한 장소를 다시 가야 하는 경우도 종종 발생을 합니다."

한때 만남의 명소였던 종로서적이 생각났다. 친구나 연인과 만날 약속을 할 때는 '종로서적 앞 5시 정각'이라고 약속했던, 그리고 간혹 기다리다가 지쳐서 집으로 발길을 돌리던 그 시절이 생각났다. 이런 상황이 이해가 안 되는 사람들은 핸드폰도 없고 삐삐도 없던 시절에 연인에게 차여본 경험이 없는 복 받은 사람들이다.

아무튼 2002년에 없어진 종로서적은 6층 짜리 오래된 건물로 각 층의 면적이 좁아서 지하부터 6층까지 각 층별로 문구, 인문사회, 경영경제, 자연과학, 공학 등으로 서적을 분류하여 놓고 있었다. 그래서 필요한 책을 사려면 책이 인문사회 코너에서 파는지 자연과학에서 파는지를 알아야 했다. 그 다음으로는 두 번째 분류에 해당하는 지역에서, 세 번째 분류에 해당하는 선반에서 책을 탐색을 해야 했다. 이런 과정을 각 층을 돌아다니면서 반복했던 시절이 생각났다. 대분류를 찾아야 중분류를 찾을 수 있고, 중분류를 찾아야 소분류를 찾을 수 있는 아날로그적인 방식이 말이다.

잘하고 있는데

출하 과정을 한참 지켜보다가, 창고에 제품을 잘 분류하여 적재를 하는 것 보다는 작업자의 편의를 위해 재설계를 하면 어떨까 하는 생각이 들었다. 더욱이 지금은 디지털 시대여서 작업자들이 스캐너로 레이블을 읽어들이면 보관 장소도 전산으로 모두 관리할 수 있고 출하 시에는 그 위치를 지정해주기만 하면 되는 것 아닌가? 그렇게만 할 수 있다면 작업자들의 동선도 줄이고 창고도 더 효율적으로 사용할 수 있을 거란 생각이 들었다.

"저렇게 입고와 출고가 빈번하니 2단, 3단으로 되어 있는 선반도 비어 있는 곳이 많네요?"

"네, 출하 시에 잘못하면 제품이 추락하는 사고가 발생을 할 수 있으니 여유 공간을 둡니다."

"이래저래 창고 공간도 효율적이지 못하고 작업자의 동선도 복잡하고 기네요. 방법을 바꾸면 어떨까요?"

"어떻게 바꾸는 게 좋겠습니까?"

"창고의 입장 말고 작업자의 입장에서 제품이 입고되는 순간부터 출하되는 순간까지 전체 작업동선을 최소화하면 되지 않을까요? 즉, 이 그림(161p 그림 참조)처럼 입고로 되어 있는 포인트에서 출고로 되어 있는 포인트를 최소 동선으로 하고 그 동선 위에 출하 빈도가 높은 제품을 두고 그 주변에는 같이 자주 나가는 제품을 배치한 뒤, 최소동선에서 가장 먼 곳에 출하 빈도가 가장 낮은 제품을 배치하는

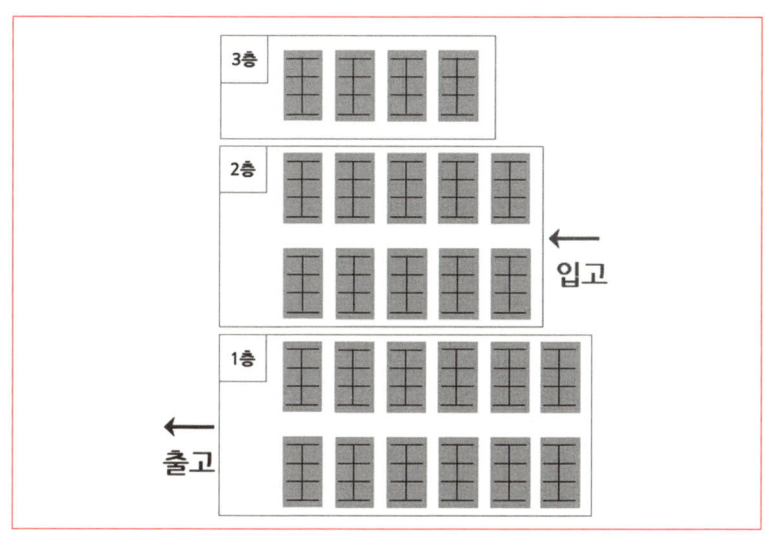

것이 어떨까 싶습니다."

 이렇게 시작된 '물류창고 최적화 프로젝트'는 처음부터 난관에 부딪혔다. 담당 구성원들이 '지금도 잘 하고 있는데 굳이 그렇게 바꾸어야 하느냐'는 반발이 있었다. 경험상 출하 빈도가 높은 제품은 각 선반의 바깥 쪽에 배치하기도 하고 같은 비행 편으로 나가는 제품들의 경우 통로 쪽에 미리 빼놓기도 한다는 의견이었다.
 "왜?"에는 "왜?"로 맞서는 것이 세상사다. 왜 지금처럼 하고 있느냐고 문제를 제기하는 사람에게, 왜 지금처럼 하면 안 되냐고 따지는 것이다. 사람은 한 번 적응이 된 환경에 익숙해지면 바꾸지 않으려는 의지가 강하니 이해가 안 되는 것은 아니다.
 초기의 반대의견에 대해 최적화의 필요성을 그들의 입장에서 논리적으로 여러 차례에 걸쳐 설명을 하였고, 현장의 구성원 중 한 명이 자기는 출하 담당은 아니지만 부하가 걸릴 때 도와주다 보면 불편을 느낀 적이 있다면서 누구나가 편하게 할 수 있는 기준을 만들어서 체계화하면 좋겠다는 의견에 힘입어 프로젝트를 추진하기로 했다.

디지털 방식

매일 오전 오후에 전 세계로 향하는 비행 편별로 발행되는 출하 주문서와 최근 6개월 간 입고된 제품별 입고, 재고, 출하 데이터를 분석하였다. 입출고의 빈도가 높은 제품과 특정 고객사나 지역별로 출하 빈도가 높은 제품은 무엇인지, 제품에 적용되는 기술별로 어떤 특성이 있는지, 입고 후 장기간 창고에 재고로 남아 있는 제품은 어떤 것들이 있는지를 데이터 분석을 통해 파악하였다.

그 결과 제품들에 일정한 패턴이 있는 것을 발견하였다. 즉, 입고 즉시 고객사별로 지시서가 발행되어 당일로 출하가 되는 제품군, 각 주 단위로 수량을 모아서 주 1회 다량으로 출하가 이루어지는 제품군, 소량으로 출하되고 재고로 남는 제품군으로 분류된다는 사실이다.

이러한 분석 결과를 바탕으로 당일 출하되는 빈도가 높은 제품을 '최단거리'인 1층 선반에 배치하고 출하 빈도가 낮은 제품은 '최단거리'에서 가장 거리가 먼 3층에 보관하는 등의 기준을 수립하였다. 이러한 개선의 포인트들이 윤곽을 잡아가면서 현장의 구성원들도 아이디어를 쏟아내기 시작했다.

제품을 피킹하는 경로를 중복되지 않게 하는 것이 좋겠다는 의견에 따라 제품의 선반 위치를 선정하는 것은 현장의 경험이 없으면 쉽지 않은 일이었다. 역시 한번 분위기가 잡히니 개선의 수레바퀴는 가속도가 붙었다. 동선의 최소화는 물론이고 동선의 왕복을 최소화하기 위해서는 지그재그 방식으로 제품을 피킹할 수 있도록 제품을 배치하는 것이 좋겠다는 등의 좋은 의견들이 개진되어 새로운 기준에 반영할 수 있었다.

이러한 프로젝트의 수행 결과 창고 공간의 활용도는 60%에서 90%로 높아졌다. 이는 제품 생산이 증가를 해도 창고의 증설 없이 증가분을 감당할 수 있다는 의미가 된다. 또한 작업 동선이 18% 축소되어 작업 시간이 단축되었고, 오전 오후의 작업시간이 120분에서 106분으로 단축되었다. 또한 제품 선정에 있어서도 정확성이 향상되는 등의 생산성 향상으로 이어져 인력 효율화에도 기여하였다.

응용 분야

우리가 실행한 창고 최적화는 단순하게 창고의 효율적인 운영 및 생산성의 향상에만 끝나지 않는다. 앞서 이야기한 대로 서점의 경우 인문, 자연 등의 분류대로 책들을 선반에 배치하고 있다. 그러나 고객이 서점에 들어와서 나갈 때까지의 최소 동선으로 움직이도록 고객들이 구입한 목록들을 분석하고, 가장 연관성이 높은 서적들을 최소 동선에 배치한다면, 서점의 입장에서는 매장 공간의 효율적인 활용이 가능해지고, 고객의 입장에서는 쇼핑 시간의 단축이라는 일석

이조의 효과가 있을 것이라는 생각이 든다. 물론 이러한 방식은 대형 할인 매장에도 적용이 될 수 있다. 국내에서도 신생 물류회사가 이런 방법에 따라 창고를 운영하여 혁신기업으로 선정이 되었다는 언론 보도를 본 적이 있다.

    빅데이터를 이용한 혁신은 꼭 혁신 기업만 할 수 있는 것은 아니다. 현장에서 현상을 보고 문제를 파악하여 개선 점을 데이터를 통해 분석한다면 누구나 할 수 있는 것이 아닌가 생각된다.

통근버스
노선 단축

매일 아침이면 중부고속도로, 영동고속도로, 경부고속도로에는 장관이 펼쳐진다. 고속도로 옆에 펼쳐진 금수강산의 아름다움을 말하는 것이 아니다. 반도체 강국을 만들어가는 산업 역군들을 태우고 각자의 일터로 향하는 수백 대의 통근버스 행렬을 말하는 것이다.

우리나라 근로자들의 통근시간이 OECD에서 가장 길고 근무시간은 두 번째로 길다고 한다. 미국의 경우 출퇴근을 합해서 50분이 안 되는 시간을 사용하고 있다. 이는 우리나라 사람들의 높은 교육열로 인해서 거주 지역이 특정 지역에 편중되어 있기 때문인 것 같다. 한국 교통연구원의 조사 결과에 의하면 경기도와 인천에서 서울로 통근하는 직장인 중 약 70%가 '통근 스트레스가 심하다'고 하고 77.4%가 '업무 효율에 지장을 준다'고 한다.

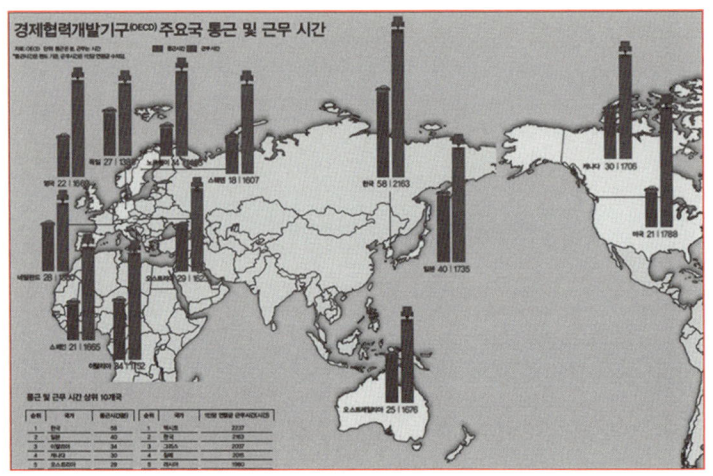

출퇴근 전쟁(출처:「이코노미인사이트」, 2016.5.1)

우리가 서비스를 제공하고 있는 이천 캠퍼스의 경우를 비교해 보았다. 이곳 캠퍼스에 통근하는 구성원들은 시외 거주자들의 경우 평균적으로 출근에 63분, 퇴근에 75분이 소요되고 있었다. 이는 OECD는 물론이고 대한민국에서도 긴 시간을 출퇴근에 사용하고 있는 편이다. 주어진 하루의 시간은 누구에게나 같다. 그런데 출퇴근에 사용하는 시간이 많으면 그만큼 구성원들이 가정이나 업무에 몰입할 수 있는 시간이 줄어들고, 스트레스가 증가하고 건강에도 부담을 주어 결과적으로 회사의 경쟁력에도 영향을 줄 수 있다.

그러나 회사는 반도체 공장의 특성상 수도권 인근에 위치하면서 수도권에 거주하는 우수인재들의 유치를 위해 통근버스를 운행할 수밖에 없다. 회사가 운행하고 있는 통근버스는 1천400개 정도의 정류장을 월 1만6천여 번, 월 70만km가 넘는 거리를 운행하고 있다. 이는 지구를 17번 정도를 도는 거리이다.

이렇게 통근버스를 운행하면서 가장 중요한 것은 '안전'이다. 이를 위해서 회사는 버스 운전자들께 항상 안전을 당부한다. 또 정기적으로 교육하고 차량에 관제 단말기를 설치하여 난폭운전, 과속, 급출발, 급정거 등을 상시 모니터링하고 평가에 반영하는 한편 우수 운전자에게는 포상을 실시하고 있다. 그 다음으로 중요한 것이 조금이라도 구성원들의 통근 시간을 단축하는 시간과의 전쟁이다.

고객은 무엇을 원하는가?

우리는 여러 가지 창구를 통해 고객들에게 제공되는 서비스에 대한 불만, 칭찬, 개선 요구 등을 제시할 수 있도록 하고 있다. 최근 1년 동안 고객들이 의견을 제시한 내용을 빅데이터 '워드크라우드'로 분석한 결과는 아래와 같다.

앞의 그림에서 알 수 있듯이 고객들은 장거리를 출퇴근하면서 가

능하면 보다 적은 시간을 사용하고자 하는 욕구가 강한 것을 알 수 있다. 또 가능하면 '우리 집 문 앞에서 회사까지' 통근 버스를 운행해 주기를 바란다. 그래서 버스 노선이 중요하다. 가능하면 내가 거주하는 지역에서 가까운 곳에 통근 버스 정류장이 있기를 원한다. 그리고 시간에 있어서는 회사 업무시작 시간에 딱 맞추어서, 즉 8시 10분을 전후로 회사에 도착되기를 원한다.

그 외에도 고객이 원하는 것과 불만은 무척이나 다양하다. 어떻게 해야 할까? 서비스를 제공함에 있어서는 모든 구성원들이 만족할 수 있도록 지원을 하고 싶은 마음이 간절하다. 그러나 모든 일에 있어서 사용할 수 있는 자원은 한정되어 있다. 결국 제한된 자원을 가지고 얼마나 고객들에 만족할 수 있는 서비스를 제공하는가가 최적화의 문제이다.

보다 빨리 그러나 안전하게

통근버스를 이용하는 구성원들은 주로 수도권에 집중해서 거주하고 있지만 그 지역이 상당히 광범위하다. 보다 효율적인 통근 시스템을 구축하기 위해 우리는 수년 동안 '해피 로드 프로젝트'를 시행해 오고 있다. 매년 혁신을 통해 보다 완벽에 가까운 서비스를 제공하는 것이 이 프로젝트의 목적이다.

구성원들이 보다 적은 시간을 사용하여 통근 버스를 이용할 수 있도록 우리는 구글 지도에 구성원들의 거주지를 표시하여 거주지에서 가능한 가장 가까운 곳에 정류장을 운영하려고 한다.

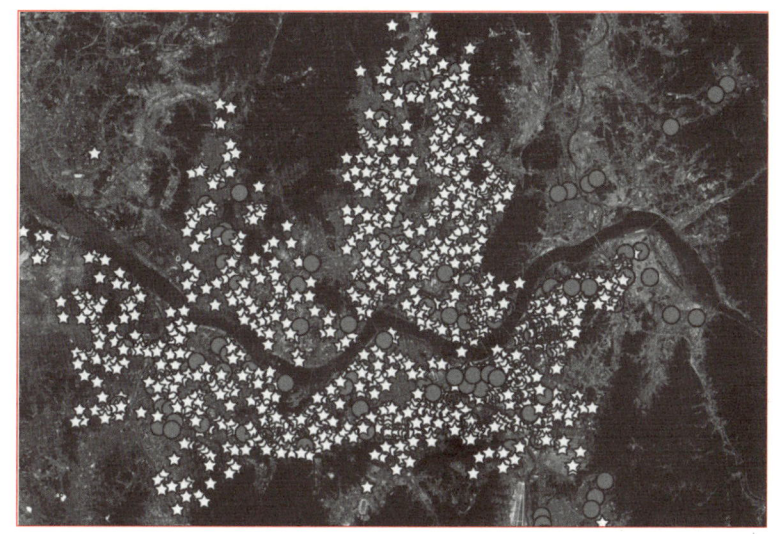

위 그림은 서울 지도다. 하얀색 별표는 구성원들의 거주지를, 빨간색 동그라미는 정류장을 나타내고 있다. 통근버스를 20년이 넘도록 운행해온 경험과 노하우를 바탕으로 만들어진 체계이다. 아름다운 한 폭의 그림 같지 않은가? 제조회사는 제품을 만들고 서비스 회사는 작품을 만든다고 한다. 우리가 제공하는 매일 매일의 서비스는 기계가 하는 것이 아니기 때문에 똑같을 수가 없다. 그래서 서비스업이 힘든 것 같다. 조금이라도 사람의 잘못이 작동을 하면 자칫 대형 사고가 될 수도 있고 작더라도 고객의 불만을 불러일으킬 수 있기 때문이다. 그래도 우리는 보다 안전하고 빠른 통근 버스 운행을 위해 또 다시 개선 프로젝트를 시작했다.

통근버스 너도 빅데이터야

출퇴근에 소요되는 시간을 최소화하기 위해 우리는 매일 수백 개의 노선을 운영하면서 발생하는 출발시간, 정거장 수, 정차시간, 정거장별 탑승인원, 정거장 기준 구성원의 거주지 거리, 회사까지의 소요시간, 회사에 들어오는 시간 등등의 빅데이터를 분석하기 시작했다.

이러한 데이터를 분석함에 있어서는 제한된 자원을 효율적으로 사용해야 하기 때문에 분석의 목적과 원칙을 사전적으로 수립해야만 한다. 즉, 우리가 하고자 하는 것은 현재의 주어진 자원을 최대한 활용하여 구성원들이 출퇴근에 사용하는 시간을 활용하는 것이다.

우리가 사용한 원칙은 세 가지이다. 1) 최소 정차 원칙:운행해야 하는 거리를 최소화하면서 출발에서 종착지까지의 네트워크를 운행하는데 최소한으로 정차해야 한다. 2) 최대 흐름 원칙:각 노선을 운행하면서 가능한 한 많은 고객이 탑승할 수 있도록 한다. 3) 최단 경로 원칙:출발에서 도착까지 최단 거리를 이동하기 위해 각 정류장 간에는 일정 간격을 유지하되 최소 거리가 되게 한다.

또한 여기에는 제약요인들을 고려해야 한다. 1) 현재의 운행 버스를 증차하지는 않는다. 2) 구성원의 거주지 분포는 우리가 변경할 수 없다. 3) 각 차량별로 최대 45명을 초과할 수 없다. 이러한 목적함수와 제약요인을 기준으로 하여 다음과 같이 데이터를 분석하고 모델을 사용하였다.

이런 과정을 통해 사용된 모든 기법들은 디지털화 세상이 되기

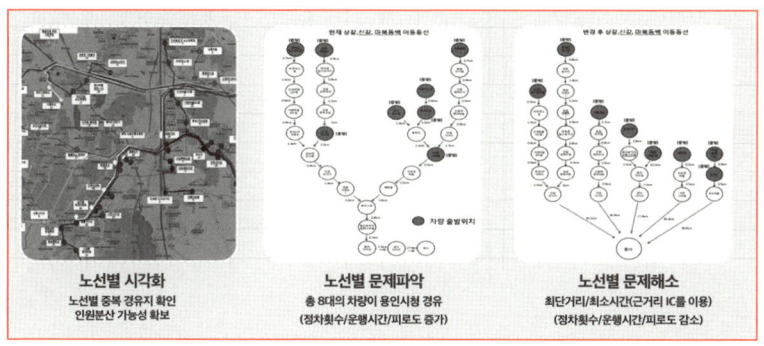

전에는 불가능한 일이었을 것이다. 할 수 있었다고 해도 조선 팔도를 몸소 돌아다니시며 대동여지도를 그리신 김정호 선생 같은 분이 수백 명이 필요하지 않았을까? 정말 놀라운 세상을 살고 있지 않은가?

수개월 간의 프로젝트 결과, 우리는 장거리에서 운행되는 통근버스에 대해 출근버스 운행시간을 평균 10분 단축할 수 있었다. 퇴근버스까지 통합하여 매일 50㎞이상의 운행거리 단축과 월 소요시간을 약 4천여 시간을 단축할 수 있었다.

이를 개인별로 환산을 하면 장거리에서 통근하는 구성원들 각각에게 월평균 3시간 절약하여 가정과 업무에 몰입을 할 수 있도록 지원을 하였다. 또 노선이 합리화됨에 따라 연간 수천만 원의 비용을 절감할 수 있었고, 무엇보다도 빅데이터를 이용하여 노선변경에 대한 필요가 발생했을 때 즉각 분석하고 설계하여 개선할 수 있는 역량이 갖추어진 것이 커다란 성과이다.

사내교육 효과 극대화

'피교육생은 피곤하고 졸리다', '집합교육인데 하루 쉬다 와야지', '우리 팀장님은 교육 간다고만 하면 싫어하신다', '우리 회사는 일만 시키고 능력 향상을 위한 교육은 신경을 안쓴다'. 교육에 대한 입장만큼 처한 상황에 따라 생각이 다른 경우도 그리 흔하지 않다. 10인 10색의 입장과 생각을 가지고 있고, 무엇보다도 구성원과 회사의 입장이 기본적으로 상반되게 나타난다.

구성원은 바쁜 일상에서 여유를 갖고 그 동안 접해보지 못한 새로운 지식을 얻을 수 있거나 기존에 알고 있던 것이라 하더라도 체계적으로 정리해보는 시간으로 생각을 하지만, 회사의 입장에서는 한시라도 아껴서 효과적인 교육이 되기를 원한다. 일을 하듯 치열하게 교육을 받길 원하지만, 교육 현장은 그렇게 각박하게 돌아가지 않는다. '학교생활이라는 것은 즐거우니까 등록금을 내고 다니는 것이고, 회사생활이라는 것은 고통스러운 것이니까 돈을 받고 다니는 것 아니냐?'는 우스갯소리가 있는 만큼, 아무리 회사에서 하는 것이라도 교육이라는 것은 다소 긴장감이 떨어질 수밖에 없는 것이 현실이다.

교육도 효과를 분석해야

'최고의 반도체 전문가 육성을 지원한다'가 우리 회사의 모토이다. 실제로 교육에 투입되는 재원도 상당한 수준의 자원이 필요하지만, 그 많은 인원들이 업무를 수행해야 하는 시간에 교육을 받는 기회비용을 생각하면 적은 시간이라도 효과성을 생각하지 않을 수 없다.

교육의 효과를 극대화하기 위한 우리의 고민은 이렇다. '이 과정에 들어와 있는 사람들에게 이 교육은 필요한 것일까?', '과정의 구성 내용이 이 교육생들에게 적절한 내용일까?', '왜 사람들은 교육을 신청하고 실제로 참석하는 비율은 낮을까?', '왜 참가자들은 수업 시간에 몰입하지 못할까?', '어떻게 해야 교육생들의 만족도, 나아가서 교육을 보낸 부서의 리더들의 만족도를 높일 수 있을까?', '구성원들이 받은 교육이 정말 효과가 있을까?'

이러한 고민을 정리하면서 우리는 교육의 전과 후에 대해 프로그램을 강화하기로 했다. 사람에 관한 것이니 심리학적인 기법을 차용하고 교육 전후의 과정에서 나오는 데이터를 분석해서 효과성을 검증하기로 했다.

우선 해당 과정에 대해서 과정이 어떤 내용으로 구성되어 있는지를 알려주고 필요한 내용인지를 입과자들로 하여금 판단하게 하였다. 그리고 학습이 되어 있지 않은 경우에는 입과를 허용하지 않기 위해 사전 최소 수준의 테스트를 했다. 초기에는 '내용을 알면 내가 왜 교육을 받아야 하느냐?'라는 불만이 있었지만, 강의실 교육은 관련 업무에 대한 기초 지식이 있는 사람에 한해서 이루어지는 것이고, 기본 과정에 대해서는 자율학습 및 별도로 제공되는 디지털 콘텐츠로 학습을 하여야 한다는 원칙을 지속적으로 설명하였다.

또한 교육에 참여하는 학습동기와 이를 통해 얻고자 하는 것을 사전에 제출하게 하여, 교육에 참여하는 것이 본인의 선택이라는 점을 주지시켰다. 또 본인의 원하는 내용을 강사에게 사전에 알려주어 교육 내용에 포함하겠다는 약속을 함으로써 교육과정 설계에 본인이 참여하였다는 의식을 갖게 하였다.

교육과정에 있어서는 교육참여자들의 교육에 대한 참여 의지를 모니터링 하여 몰입도가 떨어지는 교육생들을 쉬는 시간에 별도 인터뷰를 하여 개선해야 할 부분을 확인하고 즉시 개선할 수 있는 것은 바로 시정하였다. 이런 등등으로 교육 효율성을 높일 수 있는 여

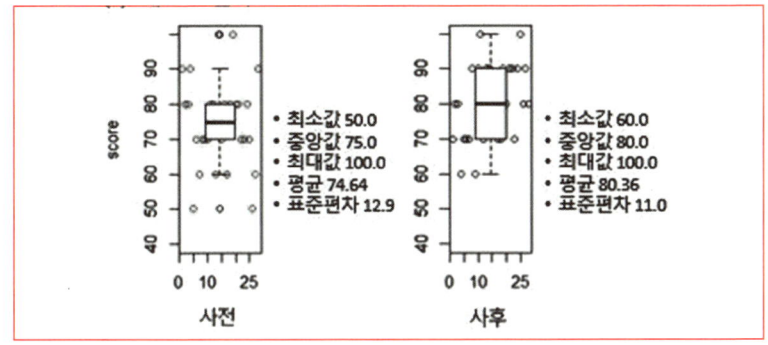

러 가지 활동들의 효과성은 실제로 이루어진 사전/사후 테스트의 결과로 각 과정마다 검증을 하고 있다.

위의 그림에서 알 수 있듯이 교육의 진행에 있어서 강사, 진행자, 교육생이 적극적으로 참여를 하는 경우, 최소값, 중앙값, 평균값은 올라가고 표준편차는 줄어드는 효과가 나타난다. 다만, 이러한 개선 효과가 없는 과정에 대해서는 진행팀이 전체 프로세스와 각 참여자들에 대한 철저한 분석을 통해 개선점을 도출하여 차기 교육에 반영하고 있다.

강사가 다 같지는 않더라

교육에 대해 만족하는 사람들은 강사에 대해서도 모두 만족을 할까? 우리는 교육생들에게 교육에 대해 만족하는 정도와 강사에 대해 만족하는 정도, 또 추가적으로 교육에 대해 주관식으로 제출된 의견에 대해 긍정/부정으로 교차 분석을 실시하였다. 먼저 교육 만족도와 강사 만족도를 보면 다음과 같다.

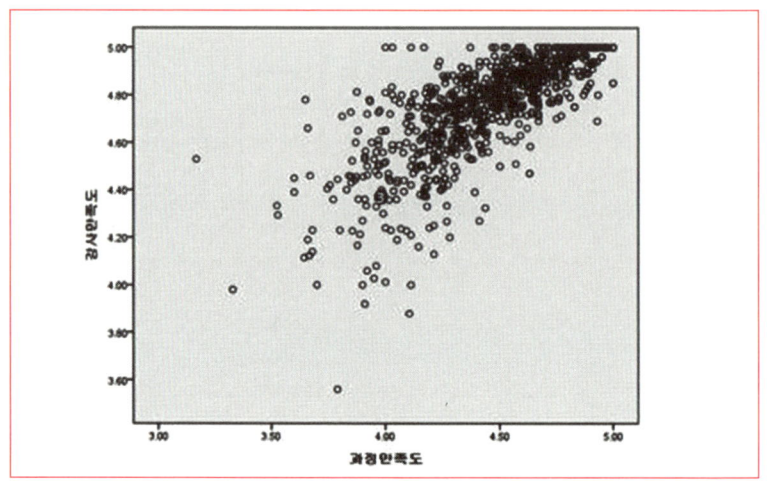

과정 – 강사 만족도 산점도

위 그래프와 같이 일반적으로는 교육과정에 대한 만족도와 강사에 대한 만족도는 비례하는 것으로 나타난다. 추가적으로 주관식 의견에 대한 분석을 하면, 당연한 이야기지만 만족도가 높은 사람들이 긍정적인 의견을 많이 개진한다. 이 세 가지를 상호간에 비교 분석을 한 결과는 교육과정 만족도에 대해서는 강사의 영향력이 크다는 것을 알게 되었다.

그 다음으로 중요한 것은 사내 강사보다는 사외 강사들이 진행한 과정들에 대한 만족도가 높았다. 따라서 우리는 사내 강사에 대한 집중 분석을 하였다. 먼저 강사 만족도에 따라 사내 강사들을 세 개의 그룹으로 나누고 그 특성을 분석하였다.

처음에는 강사들의 강의 경력, 직급, 강사의 등급 등이 만족도에 영향을 미칠 것이라는 가정을 하였다. 그러나 분석결과 이러한 변수들은 상관관계가 낮은 것으로 나타남에 따라 강사들의 행동특성이 미치는 영향에 대해 분석을 하기로 하였다.

사내 강사들은 교육생들에게 사전 강의 내용을 요약하여 주고, 목표를 제시하고, 학습자의 수준을 파악하여 수준에 따른 강의를 하고, 학습자의 참여를 유도하기 위하여 여러 가지 아이디어와 제스처를 사용하는 등 다양한 행동을 한다. 이에 대해 12가지의 행동 특성을 강사 만족도와 상관분석을 진행한 결과 우리는 '학습 목표 제시', '적용사례 제시', '학습자 니즈 확인'의 세 가지 행동이 가장 영향력을 많이 미친다는 것을 알게 되었다.

이에 따라 향후 우리는 사내 강사들에 대해 전체적으로 행동 특성 기준 제시 및 스킬 향상 교육과 함께 세 가지 분야에 대한 집중 지원을 할 계획이다.

데이터 기반은 입사 시부터

조직은 같은 목표를 위해 모인 사람들의 집단이다. 따라서 조직 운영에 있어서는 개인들 간의, 단위 조직들 간의 협업이 필수적이고 협업이 잘되는 조직의 경쟁력이 강할 수밖에 없다. 수백 가지의 기술 분야를 가지고 수백 단계의 제조 공정을 통해 반도체를 만들어야 하는 회사에서는 그 중요성이 더더욱 강조된다.

교육은 교육과정을 진행하는 것에서 끝나는 것이 아니라 교육을 통해 구성원들이 조직의 이념과 미션을 공유하고 같은 목적을 위해

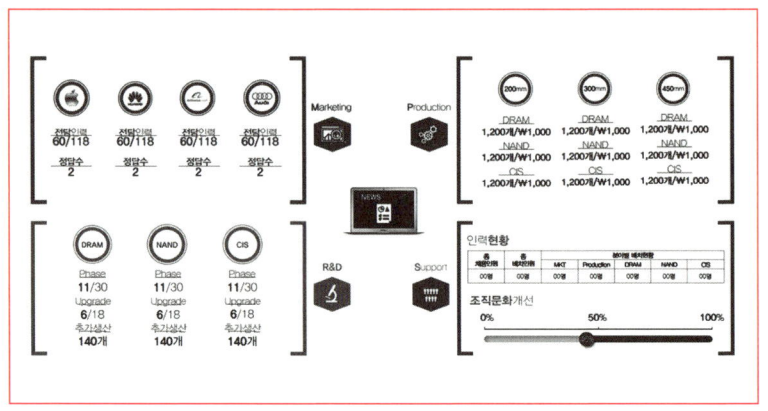

하나가 되는 것을 생활하도록 지원해야 한다.

우리는 회사를 경영하기 위해서는 구성원 간의 협업이 필요하고, 시장상황에 대처하기 위해서는 데이터를 기반으로 의사결정을 해야 한다고 생각했다. 그래서 입사하는 순간부터 구성원들이 이점을 가슴 속에 담고 생활하기 바라는 마음으로 경영 시뮬레이션 과정을 개발하였다.

신입사원들은 각 팀별로 위의 그림과 같이 주어진 상황에서 회사의 마케팅/연구/제조/지원의 4가지 기능에 대해 설비에의 투자, 연구개발에 대한 투자 및 인력투입 등의 의사결정을 하게 된다. 게임은 총 3차의 투자 활동 후에 입찰하는 방식이다. 각 라운드별 상황은 시장에서의 다양성을 반영하되, 경영상의 밸류체인에 영향을 주는 중요한 상황들에 대해서 데이터를 제공하면 각 조별로 의사결정을 하여 투자의 방향을 결정하게 된다.

각 조별 게임의 결과에 대해서는 1) 새로운 기술 개발의 방향성을 어떻게 설정하였는가? 2) 연구개발에 대해서는 적기에 로드맵에 맞는 투자를 시행하였는가? 3) 전체 공정에 대해서는 최적화를 고려하였는가? 4) 조직문화와 인력에 대한 투자는 조직의 전략 방향과 연계되어 있는가? 등을 평가하게 된다.

이 게임을 통해 우리는 각 조별로 각 기능 간의 협업이 중요하고 현재의 시장상황은 물론이고 향후 시장의 변화 방향을 예측하여 경영을 해야 경쟁에서 살아남을 수 있다는 것을 체득하게 하는 것이 목적이다. 물론 이러한 제반의 의사결정은 데이터를 기반으로 분석하고 예측하게 함으로써 경영의 효율화를 신입사원의 단계에서부터 생활화하는 것을 목적으로 하고 있다.

경영환경 변화는 갈수록 다양해지고 그 변화의 속도도 빨라지는 가운데 교육을 운영함에 있어서도 백과사전식의 프로그램 운영 보다는 선택과 집중을 통해 효율을 기하고, 과정운영의 효과성은 물론이고 경영의 전체적인 흐름을 파악하고 생활화하게 지원하는 것이 중요하다. 환경에서 일어나는 변화를 얼마나 빠르게 정보로 변환시켜서 경영에 반영하고 미리 대비하는가는 조직의 경쟁력에 매우 중요한 요소다.

적정 인력 산정하기

조직을 운영하는 사람들이 공통적으로 가지고 있는 고민 중의 하나가 적정 인력 문제이다. 과연 이 회사의 인력은 몇 명이 적정한 가? 우리 팀의 일을 하는데 있어서 몇 명이 필요한 것일까? 그 산정기준의 힌트는 시간이라는 데이터에 있다.

적정 인력은 고무줄?

인적자원 관련 일을 오랜 동안 해오면서 인력에 대해서는 항상 현업과 의견이 달라서 고민을 해왔던 문제이다. 현업에서는 사람이 많을수록 좋다고 생각하는 것이 일반적이다. 회사의 경영에 있어서 인건비의 증가에는 세 가지 원인이 있다. 1) 인력의 증가, 2) 매년의 임금 인상, 3) 매년의 승격, 승급. 이 세 가지 원인 중에서도 인력의 증가는 매우 신중하게 결정을 할 문제이다. 임금의 하방경직성과 같이 인력 규모에 있어서도 늘리기는 쉬워도 줄이기는 어렵기 때문이다.

적정 인력의 산정 기준을 무엇을 근거로 해야 하는가? 70~80년 대에는 직무 분석을 통해서 적정 인력을 산정하는 것이 유행이었다. 그런데 이 직무 분석이라는 것이 한 번 하면 매년 경영환경의 변화에 따라 업데이트를 해야 하는데 일반적으로는 외부의 컨설팅 결과는 서재에 기념으로 꽂아 놓고 갱신되는 경우가 없다. 전 직원에 대해 매년 직무 분석을 한다는 것은 어렵기 때문이다. 그럼 어떻게 해야 할까?

사람을 알려면 그 친구를 보라는 말이 있다. 어떤 사람이 무엇을 중요하게 생각하는지 알려면 그 사람이 어디에 가장 많은 시간을 보내는지를 파악하면 된다. 베인앤컴퍼니의 마이클 맨킨스는 한 기업이 무엇을 중요하게 생각하는지를 알려면 회사의 중역들이 같이 보내는 시간을 어떻게 활용하는지를 분석하면 된다고 한다. 맨킨스와 동료들은 2003년에 10억 달러 이상의 시장 가치를 가진 기업 187개에 대해 이와 같은 조사를 실시하였다.

분석 결과 임원들이 같이 보내는 시간은 평균적으로 1년에 250시간이었으며, 이중 15%만 전략적인 이슈를 다루는데 사용을 하였고, 나머지는 전부 운영적인 이슈를 다루는데 사용하고 있었다고 한다. 회사의 미래를 위해 임원들이 어떻게 고민하고 있는지를 파악하려면 임원 개개인을 조사할 필요가 없는 것이다('귀중한 시간을 낭비하지 마라', 「HBR」, 2004.9, 마이클 맨킨스).

시간을 기준으로 인력 산정

어떤 회사는 적정 인력을 산정하고 직원들의 업무를 파악하기 위하여 10분 단위의 업무일지를 한 달간 작성해서 분석하기도 한다. 그러나 이렇게 하는 것도 직무 분석과 다를 바가 없어서 매년 갱신하여 환경변화에 따른 적정 인력을 산정하기란 무리이다. 더욱이 실제 작성하는 일지를 모아보면 신뢰성은 다소 떨어진다. 사람은 기본적으로 감시 받기를 싫어하는데 10분 단위로 하는 일을 적으라고 하니 얼마나 기분이 나쁘겠는가?

우리는 시간을 기반으로 해서 적정 인력 규모를 산정하기 위해서 각 팀의 직무별로 해당 직무를 3년 이상 수행한 전문가에게 자료 작성을 요청하였다. 즉 각 직무별로 어떤 성과물을, 몇 명이, 몇 시간을 들여서 산출하는지를 판단하여 달라고 요청하였다. 그리고 각 성과물에 대해서는 그 성격이 기획업무인지 운영업무인지 등을 분류해 달라고 하였다. 또 시간 산정에 있어서는 해당 성과물을 산출하는데 소요되는 전체 시간이 아니고 실제 담당자들이 일을 하는 시간을 기준으로 작성하였다. 그리고 성과물을 산출하기 위한 활동은 '동사형'으로 끝나도록 작성하였다.

이러한 과정을 통해 직무별로 적정 인력과 현재의 인력을 비교 검토하고 인력 주관부서에서는 각 직무별로 핵심적인 활동에 대해서 현장 검증을 통해 표준 시간을 확인하여야 한다. 전사의 시간 기준 인력 규모를 종합하면, 인력주관부서는 필요 인력과 현재 인력의 차이를 분석하여 1) 기존 인력의 전환배치, 2) 내부 인력의 육성을 우

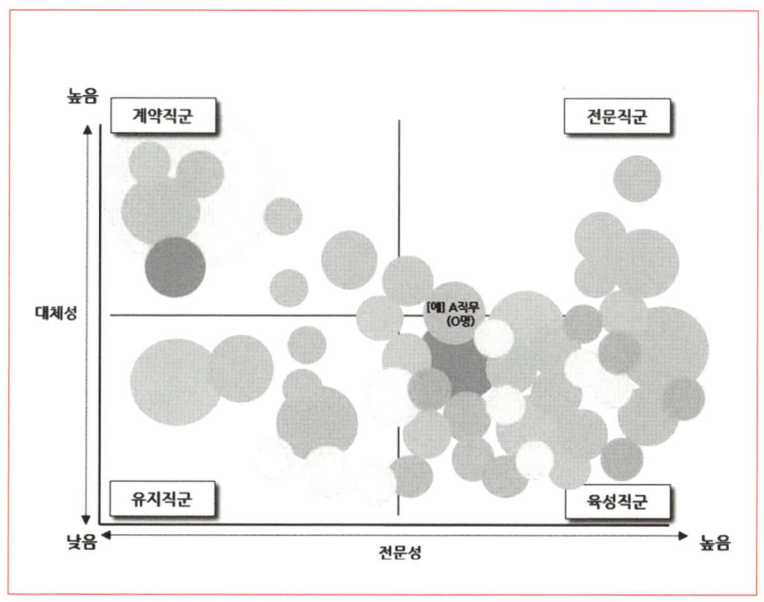

'인적자본의 유형', 박준성 교수 블로그(http://blog.naver.com/parkcom_1/60022359207) 참조

선적으로 시행한다. 그리고 핵심 업무가 인력의 부족으로 인해서 수행이 불가한 경우에 한하여 신규 채용을 진행하게 된다. 또한, 각 단위 조직의 리더는 각 직무를 수행하는 인력에 대해 전문성과 대체 가능성을 판단하여야 한다. 위의 그림은 각 직무별로 분류를 한 예시이다.

이러한 네 가지 분류에 의해서 회사의 전체 인력 정책을 유연하게 운영하면서 각 리더는 구성원의 육성을 통해 현재의 직무 수행 역량을 강화해야 할 뿐만 아니라 미래의 신규 직무 소요에 대해서도 대비를 하여야 한다. 또한 시간 산정 기준으로 작성된 성과물에 대해서는 핵심 성과물이 아닌 업무에 대해서는 과감하게 낭비요인을 제거하여야 하며, 성과물 산출에 대한 프로세스를 점검하여 지속적으로 개선을 하여야 한다.

인적 자원의 판단

적정 인력의 산정에 대한 프로세스를 정리하면 다음과 같다. 1) 각 직무별로 해당 분야의 전문가가 성과물을 내는데 소요되는 시간을 기준으로 소요 인력을 산정한다. 2) 인력 주관 부서에서는 각 직무별 핵심업무에 대해서는 표준시간을 확인한다. 3) 직무별 적정 인력과 현재 인력의 차이에 대해 이동, 육성, 채용 계획을 수립한다. 4) 각 직무별로 전문성과 대체 가능성을 기준으로 인력 운영의 방향을 설정한다. 5)마지막으로, 인력에 대한 질적 판단을 하여야 한다.

아래의 그림과 같이 각 단위조직의 리더는 성과 기대 수준과 처

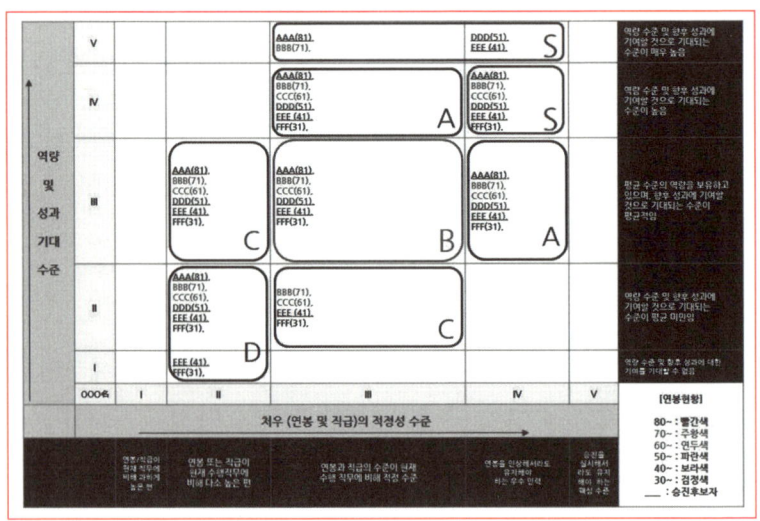

인적 자원 분포도

우 수준의 적정성 여부를 기준으로 인력에 대해 판단을 하여야 한다. 이러한 판단은 주관적인 판단이 아니라 실제 각 담당자가 수행한 결과물의 난이도와 기여도를 기준으로 작성하여야 한다. 앞에서 소개한 '던바의 수'를 기억하시는가? 단위조직 150명 이하의 리더는 이러한 분포도를 작성할 수 있을 정도로 인력에 대해 잘 파악하고 있어야 한다. 이렇게 인적자원 분포도를 작성하게 되면 각 개인에 대해 평가 등급을 어떻게 부여해야 하는지, 누구를 승진시켜야 하는지를 다소 객관적으로 판단할 수 있게 된다.

인력 운영에 대한 다양한 실험을 하고 데이터 분석을 하는 구글에서는 평가 등급을 몇 개로 구분하는 것이 좋은가를 검증한 적이 있다. 두 개의 집단으로 나누어서 하나의 조직은 9단계 등급을 사용하고 다른 조직에서는 5단계 등급으로 평가하였다. 두 가지로 운영을 한 결과, 조직의 성과에 있어서는 큰 차이가 없었으나 구성원에 대한 평가 결과는 9단계로 세분한 조직이 '탁월함'으로 분류한 인원이 오히려 줄어들어 성과를 견인하는데 있어서 구성원들의 폭 넓은 동의를 얻는데 취약한 것으로 판단하였다. 구글은 한 때 41개의 평가 등급을 운영하였다. 하지만, 결과적으로 5개의 등급으로 운영하는 것이 효율적이라고 결론내리고 운영하고 있다. 물론 정답은 없다(『구글의 아침은 자유가 시작된다』, 라즐로 복 지음, 이경식 옮김, RHK).

구글의 경험이 아니라 하더라도 우리는 앞의 그림에서와 같이 구성원들의 처우 적정성과 성과 기대 수준을 비교하여 리더들의 판단을 종합한 결과 S등급에서부터 D등급까지의 구분이 가능했다. 여기서 주의할 것은 일반적인 기준인 '고성과자', '저성과자' 구분은 구성원들의 사기를 저하시키는 표현이다. 사람과 사람 간에도 '적합도'(궁합)가 있듯이 조직과 구성원 간, 직무와 구성원 간에도 적합도가 있다. 직무에 대한 적합도가 떨어지는 구성원은 직무를 변경해주어야 하고 조직과의 적합도가 떨어지는 사람은 다른 조직으로 옮기는 것이 개인과 조직을 위하는 길이다.

시간을 기준으로 인적 자원 분포를 설명하면서 이런 생각이 든다. 'Work&Life'란 표현이 있는데, 나는 개인적으로 맞는 표현은 아니라는 생각이 든다. 인생에는 '일'도 있고 '개인 생활'도 있는 것인데 이렇게 표현을 하면 마치 일과 삶이 별도인 것처럼 구분을 하는 것 같다. 그런데 회사에서 'S'등급의 구성원들을 보면, 이 사람들은 'Work=Life'인 것처럼 사는 사람이 많다. 회사에서든 집에서든, 일할 때는 물론이고 휴가를 가서도 항상 일에 대해서 생각의 끈을 놓지 않는 것을 볼 수 있다. 몸과 마음이 시간의 흐름에 따라 어디에 가는가에 따라 인생이 달라지는 것 아닐까?

심리학의
여섯 가지 원칙
이용하기

사물의 원리를 이용하는 데에는 물리학이 필요하고, 사람 간의 상호관계를 이해하는 데에는 심리학이 필요하다. 사람의 행위의 결과로 남는 데이터를 분석하고 어떤 방법을 사용하여 사람들의 마음을 움직이게 하려면 마음의 작동원리를 이해하여야 한다. 데이터를 분석하는데 있어서도 '왜' 이런 결과가 나왔는지를 이해하기 위해서, 데이터의 결과를 활용하여 사람들에게 어떤 일을 하여 결과를 얻고자 할 때도 사람들이 어떤 생각을 하고 어떻게 반응할 것인지를 제대로 추정하여 일을 설계하여야 한다.

설득의 심리학

수많은 심리학의 원리 중에 로버트 치알디니가 정리한 여섯 가지

원칙을 우리가 하는 일에 적용을 해보았다. 무슨 일을 하던지 간에 원리를 알고 하는 것과 감이나 경험에 의해서만 하는 것에는 차이가 있다. 원리를 이해하고 있으면 같은 일을 하면서 이전과는 다른 상황이 발생하여도 유연하게 대응할 수 있는 장점이 있다. 오랜 경험을 가진 사람보다 사물과 일의 원리를 알고 흐름을 잡아서 일을 하는 사람이 성과의 변동성이 작다. 따라서 우리는 사람들 간에 작동하는 마음의 원리를 알아두는 것이 좋다.

『설득의 심리학』 2권에서는 저자 치알디니가 한국의 독자에게 보내는 글이 있다. 여기서 저자는 한국 사람들이 유달리 설득에 관심이 많은 것 같다면서 나름대로 생각한 원인을 설명하고 있다. 즉, 한국은 남과 북이 나뉘어져 있는데, 북한의 계획경제와 공산주의 정권의 독재적인 강제성이 결국 국민들의 마음을 움직이는 데는 실패한 것을 보고 권위와 강제력보다는 설득을 통해 상대방을 이해시켜야 한다는 것을 배웠기 때문이라고 설명하고 있다.

거기에 더하여 생각해보면 우리 국민들이 북한뿐 아니라 오랜 기간 동안의 독재 정권과 싸우면서 마침내 민주주의를 획득한 가운데 다수의 힘과 민주주의를 얻기 위해서는 민주적인 방법으로 끈기 있게 얻고자 하는 것을 추구해야 한다는 것을 배웠기 때문이 아닐까?

상호성의 원칙

'상호성의 원칙'은 우리말로 다시 풀어 쓰면 '되로 주면 말로 받을 수 있다'가 아닐까 싶다. 사람들은 누군가로부터 호의를 제공받으면 그것을 되돌려주어야 한다는 의무감을 갖는다고 한다. 결혼식이나 장례식에 있어서 누군가에게 축의금이나 부의금을 받으면 우리는 꼭 다음에 되갚아주어야 한다는 의무감을 갖게 된다.

팁을 주는 미국의 식당에서 한 실험에 따르면 종업원이 계산서를 가져다줄 때 그냥 가져다주는 경우보다는 계산서와 함께 사탕을 가져다주면 평균 24%나 더 많은 팁을 준다고 한다. 상대방에게 먼저 친절을 베풀게 되면 사람들은 상호성의 원칙에 의해 의무감을 갖게 된다는 것이다.

고객이 매장을 방문하는 경우 서비스에 능통한 구성원은 평소 자주 방문하는 고객의 신상을 외워두고 있다가 먼저 "○○○부장님, 안녕하세요"라고 반갑게 인사를 하면 대부분의 고객들은 서비스에 만족한다. 거기에 더하여 자녀의 이름까지 기억하여서 안부를 물으면 그 고객은 항상 우리의 서비스에 대해 다른 사람들에게 칭찬을 하면서 다닌다.

먼저 건네는 작은 한 마디가 상대방의 기분을 즐겁게 한다. 그것도 구체성을 가지고 하면 더욱 좋다. 또한, 고객이 우리가 운영하는 고객 불만 게시판에 글을 올리는 경우 우리는 반드시 답변의 시작을 '고객님 ○○○때문에 기분이 상하셨군요'라고 하면서 맞장구를 쳐준다. 먼저 고객의 불편한 마음에 대해 동의를 하고 공감을 하고 있다는 말로 시작을 하면 고객들의 감정이 다소 쉽게 누그러진다. 반면에 그런 말을 사용하지 않고 서비스의 잘못된 점에 대해 설명만 하는 경우에는 '무슨 변명이 그리 많냐?'는 2차적인 불만이 돌아오게 된다. 친절을 베풀 때는 고객이 요청하지 않아도 먼저 베풀고, 불만에 대해서는 공감을 표현하는 것이 상호성의 원칙을 적용하는 방법이다.

일관성의 원칙

'일관성의 원칙'은 이른바 야금야금 전법이다. 사람을 사귀고 싶으면 먼저 차 한 잔을 같이 하는 것으로 시작하고, 점심식사로, 저녁식사로 이어지며, 마지막으로 소주 한 잔 하면서 마음에 있는 이야기를 하면 서로가 친해지는 원리이다. 길거리에서 모금을 할 때도 작은 것에서 시작하는 것이 좋다는 원리를 이용하면 효과가 좋다고 한다. 기부금을 모금하는 활동에서 "동전들도 도움이 됩니다"라는 말을 하는 경우에는 그렇지 않은 경우 보다 두 배 가까이 참여율이 높은 것을 실험한 결과도 있다.

먼저 작은 일에 상대방을 참여하게 하면 스스로의 일관성을 확보하기 위해서 고객은 그 보다 더 큰 요구도 수용을 한다는 일관성의 원칙을 우리는 퇴근 버스에 적용하여 보았다.

많은 사람들이 이용하는 통근 버스는 상호간에 예의를 지키지 않으면 서로에게 불편을 초래한다. 그래서 이용객들에게 퇴근 버스를 이용하면서 가장 비매너로 생각하는 것이 무엇인지 물었다. 그 결과 1순위는 '통로 측 좌석 선점'이었다. 버스에 먼저 탑승을 한 사람이 통로 측 좌석에 앉아 있게 되면 나중에 오는 사람이 창 측의 자리에 앉기 위해서는 양해를 받고 들어가야 하는데 이게 불편하다는 것이다. 특히 일부 구성원의 경우에는 통로 측 좌석에 앉아서 본인의 가방을 창 측 좌석에 놓아 나중에 타는 사람들이 앉을 자리가 없게 만드는 경우가 가장 큰 불만의 요인이었다.

이를 개선하기 위해 우리는 일관성의 원칙을 적용해 홍보를 하였다. 먼저 버스에 탑승하기 전에 아래와 같은 현황판에 투표를 하도록 요청을 했다. 그 결과 다른 사람들이 보는 앞에서 대부분의 사람들이 창가 측부터 앉겠다고 투표를 했다. 우리가 이런 이벤트를 진행한 이유는 이렇게 창 측에 앉겠다고 투표를 한 이상 버스에 탑승을 하여서 통로 측에 앉지는 않을 것이라는 가정이었다. 사람은 자신이 말을 한 것과 행동을 일치시키기 위해 노력한다는 일관성의 원리이다. 실제 결과는 이렇게 홍보 활동을 하고 난 이후 먼저 탑승한 고객이

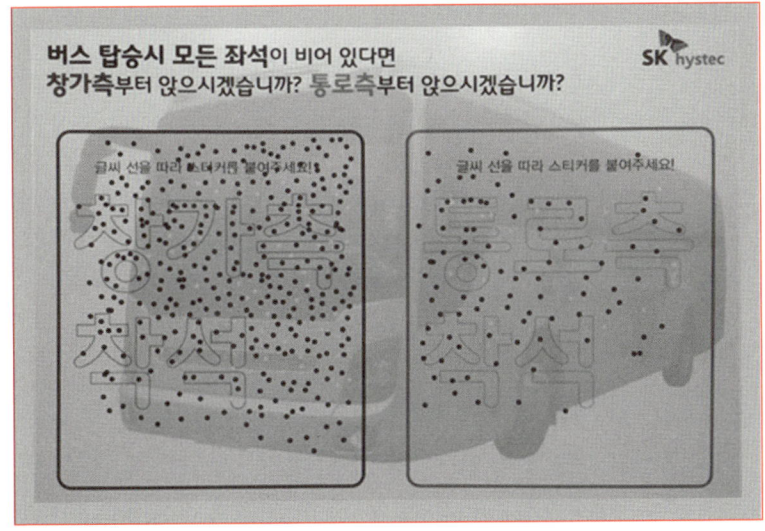

창 측에 앉는 비율이 44%에서 57%로 향상되었다.

사회적 증거

사람들은 일반적으로 군중 속에서 같이 있을 때 편안함을 느낀다고 한다. 그래서 확신이 없는 경우 다른 사람의 행동을 관찰하고 자신의 행동을 결정하려고 한다. '친구 따라 강남 간다'는 말이다. 일단 다른 사람들이 하는 대로 따라 하기만 해도 뒤처지지는 않는다는 것이고, 복잡한 세상에서 일일이 신경을 써가면서 이해타산을 따지면서 의사결정을 하는 것 보다는 다른 사람들이 하는 대로 하면 마음이 편하다는 것이다.

우리는 식당 입구에 아래 사진과 같은 거울을 설치하여 구성원들이 식사 전에 자신의 모습을 보게 하였다. 본인의 건강과 몸매를 위해 식사를 적당량으로 하는 것이 좋겠다는 생각을 갖게 홍보를 하는 방안으로 설치한 것이다.

거울을 설치한 이후로 구성원들이 흥미롭게 거울에 나온 자신의

모습을 보면서 사진도 촬영하는 모습을 볼 수 있었다. 실제로 잔반량도 3%가 줄어드는 것을 확인하였다. 티끌 모아 태산을 만든다고 하지 않았는가?

사회성의 측면에서 주의해야 할 것이 있다. 사람들은 군중에 묻히는 것을 좋아하기 때문에 응급상황이 발생했을 때 단순하게 "도와주세요"라고 하면 안 된다는 것이다. 그래서 응급구조 상황에서 응급처치를 하는 사람은 주위에 있는 사람들에게 구체적으로 지정을 해서 도움을 요청해야 한다. "거기 청바지 입으신 분, 119에 전화 좀 해주세요"라고 구체적으로 하지 않으면 사람들은 구경꾼들 속에서 지켜보기만 한다는 것이다.

호감의 원칙

사람은 내가 호감을 가지고 있는 상대방에게 "예스"라고 말할 가능성이 높다고 한다. 상대방에게 호감을 갖기 위해서는 사소한 것부터 챙기는 것이 중요하다. 아무리 작은 일이라도 상대방을 칭찬하는 방법은 좋은 방법이다. 특히 포스트잇을 사용하면 효과가 좋다.

'○○○님, 오랜만에 저희 회사를 방문해주셔서 감사합니다. 항상 고객님을 뵐 때 마다 고객님의 훈훈한 미소가 마음 푸근하게 느껴졌습니다. 감기 때문에 방문하신 것을 보니 마음이 아프군요. 따뜻한 보리차를 자주 챙겨 드시고 처방된 약 빼놓지 말고 잘 드셔서 조속히 완쾌하시기를 빕니다'라는 손으로 쓴 메모를 받으면 제공된 서비스 보다 많은 감동을 선사할 수 있다.

상사도 결재를 하면서 결재란 한쪽에 '잘 했어요', '와! 대단합니다', '정말 훌륭한 일을 해냈군요' 등등의 글을 써서 주면 구성원들의 사기가 한층 올라가고 더더욱 신이 나서 일을 하게 된다. 또, 작은 포상금을 줄 때도 그냥 포상금 봉투만 전달하지 말고 '이번에 ○○○을 잘 달성해주어서 고맙습니다. 늘 응원하겠습니다'라는 메모를 포스트잇에 적어서 같이 전달하면 더욱 효과가 좋다.

희귀성의 원칙

사람들은 희귀한 것, 갖기 힘든 것에 집착하는 성향이 있다고 한다. 그래서 우리가 "구관이 명관이다"라는 말을 자주 하는 것 아닐까? 같이 있을 때는 그렇게도 미워하고 싫어해 술자리에서 동료들과 안주 삼아 욕했던 상사가 다른 곳으로 옮기고 새로운 상사가 와서 새로운 일들을 주문하면, 사람들은 옛날 못된 상사를 그리워한다. 더 이상 같이 근무를 할 수 없는 희소성을 가진 떠나간 임을 그리워하는 것이다. 누구나가 다 헤어진 첫사랑을 그리워한다. 더 이상 볼 수 없는 그 사람은 상상 속에서 아주 멋진 사람으로 남아있다. 그 사람을 만나려고 하면 안 된다. 실제로 만나게 되면 희귀성이 없어지고 현실 세상에 지쳐 늙어가는 그 사람을 확인하게 될 테니 말이다.

희귀성을 가장 잘 이용하는 방법은 예상하지 못했을 때 선물을 안기는 것이다. 회사에서는 구성원들이 부모님들께 여행을 보내드릴 수 있도록 염가에 프로그램을 운영하고 있다. 구성원들은 본인들을 진자리 마른자리 갈아뉘어 키워주신 부모님들께 감사의 선물로 여

> 아버님, 어머님. 안녕하세요.
> 여행은 즐거우신가요?
> 바다같은 부모님의 사랑으로 자라온 제가
> 이제야 모래 한 톨의 효를 실천하려 합니다.
> 그동안 가족을 위해 바쁜 삶을 사셨는데
> 이번 여행 동안 아무 걱정 없이
> 행복한 휴식을 보내셨으면 합니다.

행을 보내드리고는 한다. 동남아나 일본 중국 등지로 향하는 여행지에서 부모님들은 자식 키운 보람을 느끼며 여행을 즐기신다. 이 효도 관광 프로그램의 대미는 마지막 날 프로그램 진행 준비팀에서 준비한 깜짝 영상에 있다. 마지막 날 저녁 부모님들이 모여 계신 가운데 진행팀에서는 위와 같은 멘트와 함께 자녀들이 보내는 영상편지를 보여드린다. 세상에서 하나 밖에 없는 영상을 본 부모님들은 감동의 쓰나미가 몰려온다. 희귀한 선물은 예상하지 못했을 때 제공하면 아주 귀한 감동을 선사한다.

권위의 원칙

사람들은 정보가 불확실한 상황에서는 권위 있는 사람들의 말을 따르는 경향이 있다는 것이다. 의사는 긴 가운을 입고 청진기를 두르고 있어야 환자들이 잘 따른다고 한다. 사람들은 입은 복장에 따라서 그 사람들에 대해 기대하는 행동 방식이 다르다. 의사 가운을 입은 사람들에게 의사의 권위를 느낀다. 남자들이 흔히 하는 말로 '멀

쩡한 사람도 예비군복만 입으면 행동이 달라진다'고 하지 않던가?

심리학자들의 실험 결과에 의하면 사람들은 정장 양복을 입었을 때 보다 작업복을 입었을 때 무단횡단을 3.5배나 더 한다고 한다.

우리가 운영하는 사내 부속의원을 이용하는 구성원들은 부속의원에서 처방하는 약은 잘 듣지 않는다고 불만을 이야기했다. 감기약을 조제해 먹으면 사외 병원의 처방약은 2일이면 낫는데, 부속의원의 약은 3일을 먹어도 낫지 않는다는 것이다.

사실은 회사의 부속의원은 영리를 추구하기 보다는 구성원들의 건강을 더 고려하는 반면에 사외의 병원들은 처방약이 잘 들어야 실

력 있다는 소리를 들으니 좀 강력한 약을 처방하는 것이 일반적이다.

그래서 우리는 우리가 잘 하고 있는 것에 대해서 홍보를 하기로 했다. 공적기관에서 5년 연속 1등급을 획득했다는 평가등급을 널리 홍보했다. 그 결과 고객들의 신뢰도가 높아졌음은 물론이다.

데이터 과학은 사람의 심리에 대한 이해를 바탕으로 분석하고 가정하고 모델을 수립하여 실행했을 때 더 효과적이다. 인간 행동의 기본원리인 마음의 작동법을 데이터와 같이 활용해보면 좋겠다.

CHAPTER 05

빅데이터로
일하는
스마트 조직
만들기

데이터를
아는
조직 만들기

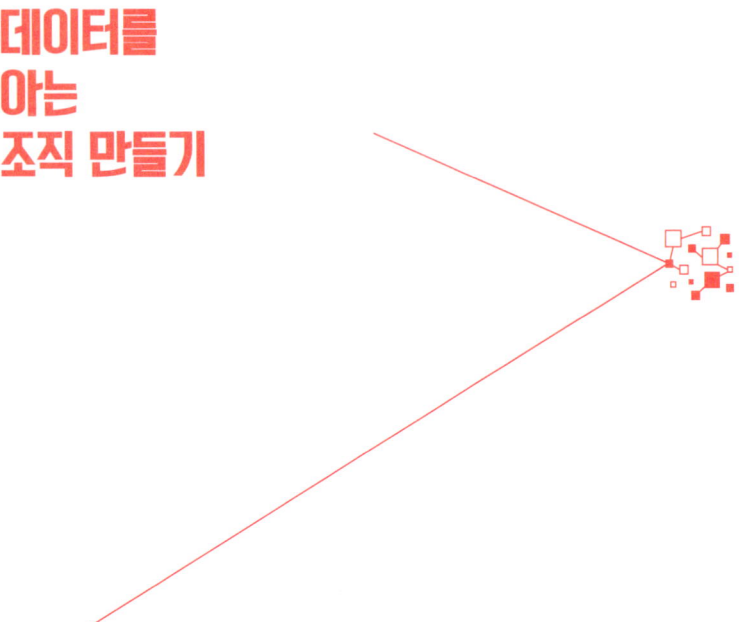

　빅데이터를 활용하여 경영상의 문제점을 해결하거나, 새로운 사업의 기회를 찾아내거나, 미래의 변화를 예측할 수 있는 조직을 만들기 위해서는 어떻게 해야 할까? 세상이 제4차 산업혁명이라고 하고 많은 사람들이 빅데이터를 잘 활용해야 한다고 하니 무언가는 해야겠고 그런데 정작 하려니 무엇을 어떻게 해야 하는지를 모르겠다는 의견들이 많다. 결론부터 말하면 쉬운 것부터 하면 된다는 것이다.

쉬운 것 먼저 하기

　어떤 회사에서는 빅데이터가 중요하다고 하니, 먼저 통계학을 전공한 사람들부터 채용을 한다. 거기에 더해서 회사의 일이 복잡하고 어려우니 학사로는 안 되고 박사가 있어야 한다고 하면서 박사, 석사들을 채용한다. 그리고는 한번 데이터를 이용해서 성과를 내보라고 요구한다. 이제 막 회사에 입사한 사람들에게는 당황스러운 일이다. 무엇을 어떻게 해서 어떤 결과를 내라는 말인가? 왜 이 일을 해야 하는지도 모르는 사람들에게 통계학을 전공했으니 빅데이터를 활용해서 결과를 내보라니. 우물가에서 숭늉을 찾는 격이다.

회사에서 빅데이터를 활용하는 유형을 간단히 분류하면, 사업을 하는데 활용하는 경우와 빅데이터 전문회사 그리고 사업을 새롭게 시작하기 위해서 빅데이터를 활용하는 회사로 나눌 수 있다. 빅데이터를 활용하여 문제를 해결하거나 예측하기 위해서는 통계전문가, IT 전문가 그리고 해당 분야의 전문가가 필요하다. 이렇게 세 가지 분야의 전문가가 협업을 해야 하는 것이 필요하지만 가장 중요한 것은 해당 분야의 전문가이다. 즉 문제를 해결하고자 하거나 미래의 상황을 예측하는데 있어서는 해당 분야에 경험과 지식이 풍부한 사람이 가장 중요하다.

어떤 문제가 왜 해결이 되어야 하고, 그 중에서 가장 중요한 대상은 무엇이고 그것은 어떻게 측정을 해야 하는지, 그 수준이 문제가 있는 수준인지 아닌지는 해당 분야의 전문가가 판단해야 하는 문제이다. 보다 더 좋은 것은 세 가지 분야에 다 능통한 사람이 가장 좋은데, 그렇게 하기 위해서는 해당 분야의 전문성을 가진 사람이 통계와 IT를 학습하는 것이 보다 좋은 방법이고, 필요한 경우에는 IT와 통계 분야의 전문가에게 컨설팅을 받아서 역량을 향상시키는 것이 좋다.

이렇게 나아가기 위해서는 현재의 조직에서 가장 중요하고 쉽게 해결할 수 있는 문제를 데이터를 활용하여 해결하여 조직의 구성원들에게 데이터에 대한 생각을 바꾸어 주는 것이 중요하다. 이른 바 '퀵윈(Quick Win)'과제를 선정하여 조직의 구성원들로 하여금 데이터가 중요하다는 것과, 데이터를 활용하면 문제를 해결하고 보다 향상된 제품과 서비스를 제공할 수 있다는 것, 그리고 빅데이터를 활용하는 것이 그리 어려운 일은 아니라는 인식을 확산시키는 것이 가장 중요한 첫걸음이다. 통계전문가를 채용하는 것이 첫걸음이 아니다.

현장에 서기

4장에서 설명했듯이 내가 근무하는 회사는 3만여 명이 매일 출퇴근하는 캠퍼스에서 다양한 서비스를 제공하는 곳이다. 처음 회사에 와서 구성원들이 하는 서비스를 파악하면서 내가 놀란 것은 이 회사에서 서비스를 제공하면서 생성되는 엄청난 데이터였다. 더욱 놀라운 것은 이 엄청난 데이터에 대해서 중요성을 갖고 바라보는 사람이 없었다는 것이다. 그래서 내가 가장 처음 한 일이 데이터의 중요성을 알게 하는 것이었다.

"과장님, 퇴근 버스가 어떻게 운행이 되고 있나요?"
"네 차례에 걸쳐서 버스가 운영되고 있습니다."
"그 중에 가장 많은 버스가 운행되는 시간대는 언제인가요?"
"6시 퇴근 버스입니다."
"그럼 6시 퇴근 버스 중에 주차장을 마지막으로 출발하는 버스는 몇 시에 회사 정문을 통과하나요?"

"아, 정확한 시간은 재보지 않았는데… 한 6시 10분이면 정문을 통과할 겁니다."

"아닌데요, 제가 타고 다니던 노선이 마지막에서 두 번째로 출발하는데 지난 여름 성수기에는 주차장에서 출발한 시간이 6시 30분이었어요."

"에이, 그럴리가요?"

"그럼 현장에 같이 나가보실까요?"

바로 그 날 현장에 직접 나가서 퇴근 버스 출발하는 상황을 보고 마지막 퇴근 버스가 정문을 통과하는 시각을 측정하였다. 그리고 그 후로 지금까지 계속 측정을 하고 있다.

왜 퇴근 버스가 정문을 출발하는 시각이 중요할까? 고객의 입장에서 중요한 것이다. 퇴근 버스를 운영하는 사람들의 입장에서는 안전이 가장 중요하다. 그리고 친절이 중요한 것이었다. 그런데 버스에 앉아서 집에 가는 고객의 입장에서는 버스를 탑승한 시각부터 집에 도착하는 시간이 중요한 것이다. 내가 하는 일에 대해서 고객에게 중요한 것은 무엇인지를 생각해야 한다.

"지난 번 이후로 매일 측정을 했더니 평일은 17분에 금요일은 24분에 마지막 버스가 정문을 통과하는 것으로 파악이 되었습니다."

"그래요, 그럼 그 시간을 단축해보세요."

"그건 어렵습니다."

"왜 어려운가요?"

"퇴근 버스가 100대 정도 되고 퇴근 시간이 되면 사원 주차장에 있는 승용차들도 빠져나가고, 회사 앞의 3번 국도도 러시아워에는 차가 많이 밀려서 퇴근 버스들이 빠져 나가는 시간을 당길 수는 없습니다."

"그래요. 그럼 퇴근 버스가 주차장을 다 빠져나가는데 어떤 원인들이 있는지 다 파악하고 있나요?"

"아니, 차가 많다고 했지 않습니까?"

"아니, 그거 말고 다른 원인들도 있을 테니 현장에 나가서 입체적으로 다 파악해오세요."

이렇게 시작된 것이 '출차전쟁 프로젝트'이다. 다양한 원인들을 발굴하고 하나하나씩 해결해나갔다. 불과 2주만에 마지막 정문 통과시각을 6시 11분으로 앞당겼다. 수백 명의 고객들에게 매일 10분 이상의 금쪽같은 시간을 절약해주는 서비스를 제공하게 되었다. 이를 계기로 우리 회사의 구성원들은 현장에 나가서 문제를 파악하고 측정을 하는 것이 중요하다는 것을 알게 되었다.

끝까지 물고 늘어지기

하나의 프로젝트로 조직 전반에 분위기를 확산시키기는 어렵다.

그래서 다시 현장으로 나간다. 사원서비스센터에서는 캠퍼스에서 근무하는 고객들을 대상으로 다양한 복지 서비스를 제공하고 있다. 점심시간이면 근무자들이 교대로 식사를 하면서 서비스를 제공하고 있었다.

"센터에 근무하는 구성원들은 점심도 제대로 못 먹겠네요?"

"네, 캠퍼스가 넓어서 센터까지 오는 시간이 많이 걸리는 고객들은 점심시간을 활용해서 찾아오기 때문에 저희는 식사를 교대로 합니다."

"아, 그럼 점심시간이 가장 붐비는 시간인가요?"

"아닙니다. 4조 3교대로 근무를 하는 구성원들이 교대를 하는 오후 2시에서 3시까지가 제일 붐빕니다."

"그래요? 그럼 시간대별로 센터에 찾아오는 고객들의 현황을 파악하고 계신가요?"

"아니요, 그런 자료는 파악해본 적이 없고 그냥 언제 많이 오는 지만 알고 있습니다."

"그럼 시간대별로 찾아오는 고객들의 숫자를 측정해보세요."

"며칠 동안 측정을 해보았는데 점심시간에 고객이 가장 많은 것으로 나왔습니다."

"그래요? 그럼 고객들이 무슨 서비스를 받기 위해 방문하는지 알고 있나요?"

"아뇨, 현황을 다시 분석에 보겠습니다."

"어떤 사유로, 어떤 시간대에 방문을 많이 하는지를 알아야 고객들이 센터에 와서 대기하는 시간을 줄여줄 수 있지 않겠습니까?"

"분석을 해봤는데 이런이런 사유로 인해서 고객들이 집중적으로 방문을 하고 있습니다."

"그래요, 그럼 그 고객들이 어떤 건물에서 근무를 하고 있는지 파악이 되었나요?"

"아니요, 건물 별 데이터를 다시 분석해보겠습니다."

"네."

"건물별로 근무 현황을 분석한 결과 특이한 현상이 발견되었습니다."

"무엇인데요?"

"센터에서 가장 먼 곳에 있는 건물 두 군데에서 근무하는 고객들이 중식 시간에 집중적으로 방문을 하는 것으로 파악이 되었습니다."

"그래요? 그럼 그 건물들이 있는 곳에 우리 센터 분소를 개설합시다."

이렇게 해서 센터는 고객들이 집중적으로 방문하는 시간에 근무 부하를 해소하였고, 멀리 센터까지 방문을 했던 고객들은 가까운 분소에서 서비스를 받을 수 있게 되었다.

이렇게 수행된 두 가지의 프로젝트를 통해 구성원들 간에는 데이터가 중요하구나, 문제를 파악하려면 측정을 해서 숫자로 현황을 시각화해야 하는구나, 문제의 원인을 파악하려면 다양한 각도에서 현상을 측정해야 하는구나라는 분위기가 확산되었다.

빅데이터로 일하는 조직 만들기의 첫 걸음은 이 질문이다.

"측정해봤어?"

분위기를 확산하라

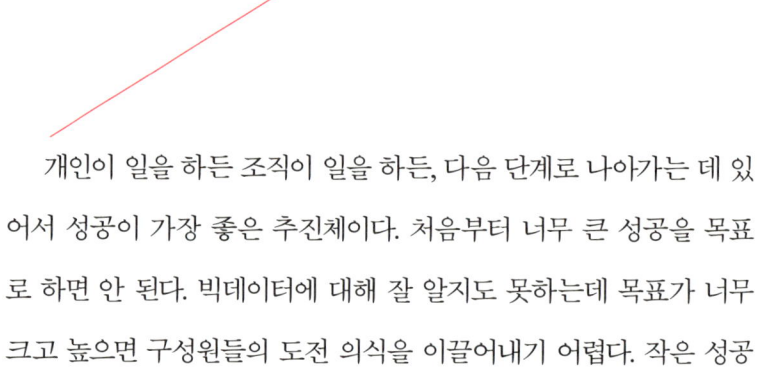

개인이 일을 하든 조직이 일을 하든, 다음 단계로 나아가는 데 있어서 성공이 가장 좋은 추진체이다. 처음부터 너무 큰 성공을 목표로 하면 안 된다. 빅데이터에 대해 잘 알지도 못하는데 목표가 너무 크고 높으면 구성원들의 도전 의식을 이끌어내기 어렵다. 작은 성공을 만들어 성공 경험을 갖게 하고 이를 축하하는 것이 중요하다.

데이터로 일한다는 것

쉽고 빠르게 결과를 이끌어낼 수 있는 이슈를 선정하여 '우리도 할 수 있다'는 생각을 일부 구성원들이 갖기 시작하면 이제는 조직의 전반에 걸쳐 데이터 기반으로 일하는 문화를 촉진시켜야 한다.

일을 하는 데 있어서는 목표의식이 중요하다. 데이터 기반으로 일을 한다는 것은 데이터를 이용하여 목표를 달성한다는 것이다. 통계적으로 훈련된 사람들의 머리에는 '모델'이라는 생각이 자리 잡고 있다. 어떤 현상이나 문제에 대해 원인이 있을 것이라는 것, 그리고 그 원인은 데이터를 분석하면 밝혀낼 수 있다는 것, 그리고 원인이 여러 개인 경우에는 가중치를 분석하여 선택과 집중을 할 수 있다는 생각이 자리를 잡는다. 즉, 우리가 현장에 나가서 측정을 하기 전에 생각해야 하는 것은 '무엇을 해야 하는 것인가?'라는 목표 의식이다.

일을 시작할 때 아웃풋 이미지를 가지고 시작하는 사람과 그렇지 못한 사람 간에는 추진력과 일하는 방법에 있어서 차이가 많이 난다.

조직의 가치와 내가 하는 일의 가치에 있어서 가장 중요한 것이 무엇인가? 그 가치가 현재 수준이 적정한가? 내가 제공하고 있는 가치에 대해 고객은 만족하고 있는가? 내가 하고 있는 일에 대해 다른 회사의 수준은 어떠한가? 내가 하고 있는 일의 분야에 새로운 기술이나 기법은 어떤 것이 있을까? 등등의 문제의식이 있어야 하고, 조직의 리더들은 이러한 마음자세를 지속적으로 촉구하기 위한 다양한 활동을 해야만 한다.

현장 중심주의

데이터를 기반으로 일을 하는 데 있어서는 현장에서 현물과 현상을 보고 문제를 파악하는 것이 중요하다. 제조의 현장이든 고객에게 서비스를 제공하는 현장이든 모든 문제의 발견은 현장에서 시작이 되어야 한다. 현장의 살아 있는 경험과 데이터가 없이 일을 하는 것을 '탁상공론'이라고 한다.

보고서에는 문제에 대한 현재 수준과 달성하고자 하는 목표 수준을 계량적으로 명시하도록 요구하여야 한다. 현장에서 측정된 숫자인지 확인해야 한다. 데이터라는 것은 눈에 보이는 것을 계량화함으로써 눈에 보이지 않는 원인을 찾아내는 첫걸음이다. 빅데이터 세상이라는 것은 이런 데이터가 이전보다 더 많아졌다는 것이고, 측정할 수 없었던 것까지도 측정할 수 있게 되었다는 것이고, 그것도 더 빨리 더 많은 데이터가 생성된다는 것이다. 즉, 이전에는 눈에 보이지 않았던 영역까지 데이터로 확인이 가능해졌다는 이야기이다.

과학 기술의 발달은 사람이 육안으로 직접 현장에 나가서 현장을 보고 문제를 파악하기 위해 측정하는 것에서 한 보 더 나아가게 만들어 주고 있다. 즉, CCTV와 센서 등을 통해서 더 많은 정보를 실시간으로 제공하고 있다.

이렇게 현장에서 문제를 파악할 때는 한 가지 주의해야 할 것이 있다. 해당분야에 경험이 많은 사람에게는 모든 것이 정상적으로 보이기 마련이다. 자기가 일하는 분야에 대해서 그 동안 잘해왔다는 자부심이 누구에게나 있기 때문이다. 이런 자부심을 버려야 한다. 즉, 주관적인 생각을 버리고 객관적으로 현상을 바라보아야 한다.

객관적으로 본다는 것은 내가 그 동안 가지고 있었던 생각을 버려야 한다는 것이고 내가 그 동안 중요하게 생각했던 것 이외의 것은 무엇이 있는지를 생각해야 한다는 것이고, 내 입장이 아닌 상대방의 입장에서 생각해야 한다는 것이다.

실제로 조직의 운영방법을 혁신하는데 있어서는 처음에 해당 분야에 대해 오랜 경험을 가지고 있는 사람들의 자부심이 가장 큰 걸림돌이 되는 경우가 많다. 이 걸림돌을 제거하기 위해서는 리더가 직접 현장에 나가서 고객의 목소리를 들어보고 고객이 원하는 것이 무엇인지, 무엇을 중요하게 생각하는지 들어보고, 고객들의 행동을 관찰해서 문제의 수준을 파악하고 담당자에게 역으로 질문을 하는 식의 자극을 줄 필요가 있다. 언제나 어디에서나 누구에게나 현장에서 측정된 데이터를 물어본다.

분석하게 하라

데이터라는 것은 한번 측정된 것으로 문제를 파악할 수도 있지만 일반적으로 데이터는 일정기간 동안 측정이 지속적으로 이루어져야 한다. 이렇게 축적된 데이터는 분석을 전제로 한다. 분석이라는 것은 쪼개고 나누어 본다는 것이다. '장님 코끼리 만지기'가 한 사람 한 사람의 판단으로는 전체 모습을 파악하기 어렵지만 전체의 의견을 모아서 종합적으로 판단을 하면 코끼리의 모습을 추정할 수 있게 된다. 거꾸로 우리는 우리가 알 수 없는 미지의 세계, 보이지 않는 세상에 대해 현상을 쪼개고 나누어 보면 원인을 파악할 수 있게 된다.

"측정해봤어?" 다음으로 해야 할 요청은 "지금 그 문제에 대해 공식으로 설명을 해보세요"이다. 즉 다음과 같은 것이다.

$$y = a_1x_1 + a_2x_2 + \ldots + a_nx_n$$
$$\fallingdotseq a_1x_1 + a_3x_3 + C$$

여기서 y는 문제가 되는 것이다. 그리고 x는 그 문제에 대해 영향을 미칠 수 있다고 추정이 되는 원인들이다. 이와 같이 어떤 일이든지 문제에 대한 원인을 공식으로 설명을 하기 위해서는 데이터로 파악을 하고 상호간의 관계를 분석할 수밖에 없다. 또 분석을 한다는 것은 다양한 원인들에 대해 어떤 원인이 더 많이 영향을 미치고 있는지를 파악하는 것을 포함한다. 어떤 문제에 대해 100가지 원인이 있다고 해서 100가지 원인을 다 해결할 수는 없고 또 그럴 필요도 없다. 즉, 두 번째 식과 같이 전체 n개의 원인 중에서 영향을 가장 많이 미치는 요인들을 찾아내고 나머지는 상수로 관리를 하는 것이다. 이렇게 공식으로 문제를 설명하려고 하는 의지와 능력을 조직 전체에 확산시키는 것이 중요하다.

수학과 별로 친하지 않은 사람들을 위해 말로 설명하면 이렇다. '이 건에 대한 현 수준은 품질에 있어서 문제가 있는 수준입니다. 그 문제를 야기한 원인에 대해서는 다양한 원인이 있는데 가장 중요한 것은 이러이러한 것들이 영향을 미치고 있는 것으로 분석이 되었습니다. 그래서 먼저 어떤 것을 우선적으로 해결하기로 했습니다'라고 말하는 것을 조직의 전반에 걸쳐 자리 잡을 수 있도록 지속적으로 요청해야 한다.

이러한 요청은 각 단위 조직의 리더에 대해 연간, 반기별, 분기별, 월별 추진과제에서 중요 과업별로 데이터를 기반으로 한 개선 계획을 제출하고 각각 그 성과를 지속적으로 확인해야 한다.

팀 학습을 활용하라

빅데이터로 일을 하는데 있어서는 그 수준에 상당히 차이가 많이 있다. 그러나 아주 전문적으로 빅데이터를 이용하여 사업을 하는 경우를 제외하고는 약 1년 동안이면 데이터 기반으로 일을 하는 문화를 정착시킬 수 있다고 생각한다. 물론 그 과정에서는 전체를 이끌어 가는 리더의 의지와 역할이 가장 중요하다. 리더가 전체적인 방향과 방법에 대해 분명하게 파악을 하고 있지 못한 경우에는 빅데이터 관련 전문가에게 자문을 받는 것도 좋은 방법이다.

그러나 정말 중요한 것은 각 구성원들이 자신의 일을 하는데 있어서 데이터 기반으로 일을 하는 것이 더 좋은 결과를 가져오고 경쟁력을 갖추는 것이라는 의식을 갖는 것이다. 조직 전체에 걸쳐 이런 분위기를 확산하고 역량을 갖추는 데에는 팀 단위 학습보다 좋은 것이 없다.

팀 학습이란 단위 조직이 전체 조직이 추구하고자 하는 방향과 목적에 대해 구성원들의 능력을 통합하는 과정이다. 같은 곳을 바라보고 같이 가기 위해서는 같은 속도로 나아갈 수 있어야 한다. 같은 방법으로 일을 하고 문제를 바라보며 같은 방법으로 해결을 하자고 생각할 수 있어야 한다.

팀 학습을 통해 전체의 수준을 끌어올리기 위해서는 기초 단계에서부터 지식을 공유하고 각자의 업무 영역에서 적용을 해본 사례를 공유하는 것이 중요하다. 데이터로 일을 하는 방법론에 대해서는 시중에 나와 있는 기초 통계학과 엑셀을 이용하여 데이터를 분석하는 방법에 대해 설명한 교재들로 시작하는 것이 좋다.

각 단위 조직에서 학습하고 업무에 적용된 사례들은 전사적으로 공유를 하는 것이 좋다. 업무의 성격에 따라 데이터 분석의 적용 기법들이 다양하기 때문에 상호간에 서로 다른 기법을 적용한 사례를 보는 것은 학습에 도움이 된다. 또한 내가 가지고 있지 않는 데이터가 어디에 어떤 형태로 존재하고 어떻게 분석이 되어 업무에 활용이 되는 지를 아는 것은 새로운 분야에 대한 통찰력을 제공하기도 한다.

현장에 나가서 측정을 하고 모아진 데이터를 분석하기 위해서는 리더의 지속적인 관심과 의지 그리고 지원이 필요하며 성공의 경험을 공유하고 축하하여 다음 단계로 발전할 수 있도록 하여야 하며, 조직 전체에 분위기를 확산하기 위해서는 업무에 적용한 사례를 칭찬하고 성과에 따라 포상할 뿐만 아니라 팀 학습을 활용하여 기초 역량을 키워주고 상호학습의 장을 마련해주는 것이 중요하다.

누가 의사결정을 하는가?

우선 쉽고 빠르게 데이터를 통해 문제를 해결하는 것이 중요하다는 것을 알릴 수 있는 과제를 수행한다. 그리고 전 조직에 데이터 기반의 문제해결이 중요하다는 것을 강조하면서 분야별로 과제를 도출하기 위해 팀 학습을 통해 분위기를 확산하는 것이 1단계이다. 다음으로는 체계적인 접근을 통해 조직에 대해 데이터 기반으로 일하는 것을 구축할 필요가 있다.

삶은 의사결정의 집합체

우리의 삶이 그렇듯 조직을 경영한다는 것은 문제를 해결한다는 것이다. 문제를 해결한다는 것은 다양한 대안 중에 선택을 한다는 것이다. 따라서 조직이 어떻게 일을 하는지를 의사결정의 관점에서 분석해보는 것은 매우 중요한 일이다. 조직을 의사결정 관점에서 분석하여 어디에서 어떤 데이터가 어떻게 활용이 되어 의사결정이 이루어지고 있는가를 파악하는 것이 체계적인 접근에 있어서 중요하다.

조직의 유효성을 의사결정의 관점에서 점검하기 위해서는 다음과 같은 것들을 확인해야 한다. 1) 어떤 의사결정이 중요한지를 파악한다. 2) 그러한 의사결정은 어느 부서에서 해야 하는지 결정한다. 3) 가치창출의 원천을 중심으로 전체적인 구조를 점검한다. 4) 어떤 계층에서 어떤 의사결정을 해야 하는가를 판단한다. 5) 평가보상, 정보제공, 프로세스 등을 의사결정 체계와 연계한다. 6) 구성원들이 의사결정을 빠르게 잘 할 수 있도록 지원한다('의사결정 중심의 조직', 「HBR」, 2010. 10, 마샤 브렌코 등).

이러한 밑그림을 가지고 우리는 회사의 의사결정체계를 조사한다. 1) 전 구성원이 어떤 가치를 창출하기 위해서 어떤 의사결정을 하고 있는가? 2) 의사결정의 방법은 무엇인가? 3) 의사결정을 하기 위해 어떤 자료를 활용하는가? 4) 의사결정을 하기 위해서는 어떠한 능력이 필요한가? 5) 의사결정을 잘 하기 위해서 회사가 지원해주어야 하는 것은 무엇인가? 6) 의사결정의 주체를 변경해야 할 필요가 있는가? 변경을 해야 한다면 다른 부서인가? 다른 담당자인가?(수평적 이동) 상사가 해야 하는가? 후배사원이 해야 하는가?(수직적 이동) 7) 의사결정의 주체를 변경해야 하는 이유는 무엇인가? 등을 조사한다.

이때 의사결정의 방법은 헨리 민츠버그의 구분이 실효성이 있다고 생각한다. 즉 의사결정은 통상적으로 다음의 세 가지 방법에 의해

이루어진다.

　이러한 의사결정의 현황 조사를 통해 각 단위 조직의 리더는 다음과 같은 판단을 해야 한다. 1) 이 의사결정은 조직의 경쟁력에 가치가 있는 것인가? 2) 이 의사결정은 이 조직의 이 담당자가 수행하는 것이 맞는가? 3) 의사결정의 방법은 적정한가? 4) 보다 좋은 의사결정을 위한 지원은 적절한가?

의사결정을 잘하기 위한 조건

　의사결정의 방법에 있어서는 위의 세 가지, 판단, 분석, 협의가 있다고 했다. 따라서 조직의 의사결정력이 강해지기 위해서는 다음과 같은 세 가지가 필요하다. 1) 개인이 의사결정을 하는 데 있어서 '판단'을 통해 의사결정을 하기 위해서는 무엇보다도 해당 업무에 대한 담당자의 전문성이 확보되어야 한다. 2) '분석'을 통해 의사결정을 잘하기 위해서는 각 분야별로 필요한 분석의 도구들을 활용할 수 있어야 한다. 3) 개인이 아닌 조직 내의 업무 관련 다수가 '협의'를 통해 의사결정을 잘하기 위해서는 협업 체계가 잘 이루어져야 한다.

　이 세 가지에 대해 공통적으로 해당되는 것이 정보 즉 의사결정에 필요한 가공된 데이터가 제대로 제공되어야 한다.

여기에서 주의해야 할 것이 있다. 일반적으로 담당자들은 문제가 발생하여 의사결정이 필요할 때 경험에서 온 직관에 의해 판단을 하는 경우가 많다. 즉각적인 판단은 과거의 경험에 기초하거나 회사의 규정에 따라 이루어지게 된다. 이때 작동하는 직관이 어떻게 이루어졌는지가 중요하다.

이 직관이 과거의 사례에서 또는 현재의 사례에서 데이터를 기반으로 이루어진 것인지 아닌지를 확인해야 한다. 문제와 원인을 파악하고 해결책을 도출하기 위해서 데이터를 활용할 수 있는데도 불구하고 데이터를 확인하지 않았는지를 분명하게 해야 한다. 데이터의 분석을 통해 훈련된 담당자의 판단은 신뢰할 수 있지만, 그렇지 않은 경우는 담당자의 감에 의해 의사결정이 이루어져 조직의 성과에 좋지 않은 영향을 미칠 수 있다.

올바른 의사결정?

우리는 위에서 계속 '보다 좋은' 의사결정이라는 표현을 했다. 왜 '올바른(Right)'이 아니고 '보다 좋은(Better)'일까?

의사결정은 기본적으로 행동을 전제로 한다. 즉 어떤 행동을 할 것인지를 결정하는 것이다. 이 행동이 이루어지고 난 다음 시간이 흘러야 행동의 결과가 나온다. 즉 의사결정은 미래의 결과를 위한 것이다. 이 결과가 나와 봐야 그 의사결정이 올바른 것이었는지 아닌지를 알 수 있다는 것이다. 따라서 의사결정을 하는 시점에 있어서는 '보다

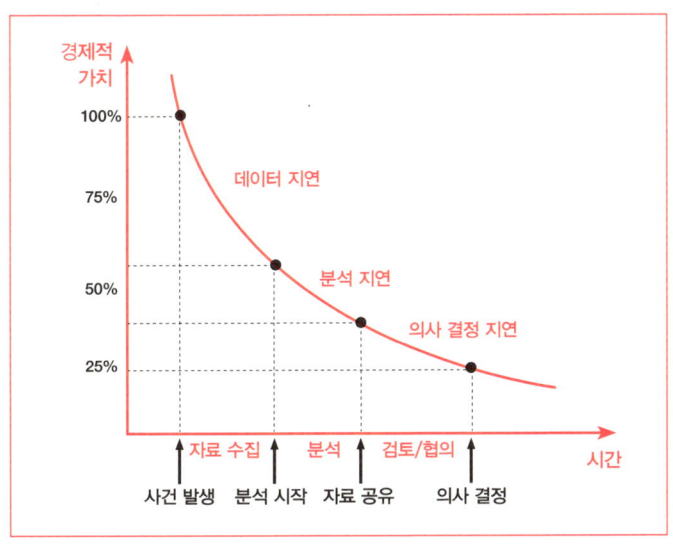

지연 곡선

좋은' 의사결정을 하기 위해 최선을 다할 수밖에 없다는 것이다.

의사결정과 시간의 관점에 대해서는 위의 그래프가 잘 설명을 하고 있다. 시간이 경과하면서 사건이 발생하는 시점에 임박해서 내리는 의사결정이 보다 좋은 의사결정일 수 있다. 그러나 보다 늦게 내리는 의사결정은 정확성은 올라갈 수 있을지 몰라도 다른 경쟁자들이 의사결정을 하고 행동에 옮긴 이후에 이루어져 시장포착의 기회가 없거나 있다고 하더라도 낮은 가치를 얻을 수밖에 없는 것이다.

즉 의사결정이 지연되면 지연될수록 사업에 주는 가치수준은 저하될 수밖에 없고 선점의 우위를 차지하기 위해서는 경쟁자들보다 빠르게 의사결정을 하고 실행에 옮기는 것이 중요하다.

우리가 살면서 어떤 사건이 발생을 하면 이에 대응을 하는 데에는 시간의 지연이 발생하는데, 여기에는 세 가지 원인이 있다. 첫째가 데이터의 지연이다. 문제를 파악하고 원인을 분석하기 위해 필요한 데이터를 취득하는데 시간이 얼마나 걸리는가의 문제이다. 둘째가 분석의 지연이다. 데이터가 확보된 이후 문제에 적합한 방법에 따라 분석의 도구를 얼마나 잘 활용하는가가 중요하다. 셋째로 의사결정의 지연이다. 분석의 결과를 확보하고도 의사결정에 따라 행동을 하는 경우 그 영향 범위가 시간적으로 장소적으로 얼마나 클지 또는 그에 따른 부작용은 없는지 등에 대한 충분한 고려를 하기 위해 시간이 지연되는 것이다.

데이터 분석을 통해 보다 좋은 의사결정을 하기 위해서는 다음과 같은 요소들이 필요하다고 한다. 1) 질문 먼저 하기. 문제가 발생했을 때 이를 해결하기 위해 필요한 분석이 무엇인지를 찾기 위해 질문을 먼저 정의하고 필요한 데이터를 찾아야 한다. 2) 선택과 집중을 해야 한다. 관련되는 모든 데이터를 다 모아서 종합적으로 분석을 하게 되면 시간의 지연이 발생하므로 핵심적인 데이터를 활용하여 꼭 필요한 분석만 시행하여 의사결정을 하는 것이 가장 좋다. 3) 자동화된 분석 시스템을 일하는 프로세스에 내재화하는 것이 좋다(『데이터 분석 전문가 가이드』, 한국데이터베이스진흥원 지음, 한국데이터베이스진흥원).

기업이나 개인이 일을 하는데 있어서 데이터를 취득하고 이를 분석하여 정보를 확인하고, 다양한 정보의 연계를 통해 통찰력을 얻고, 보다 좋은 의사결정을 하는 것은 기업과 개인의 경쟁력에 있어서 필수적인 요소이다. 이러한 체계적인 접근을 전사적으로 확산하였을 때 구성원들의 일하는 수준이 한 단계 한 단계 지속적으로 향상되고, 이러한 경쟁력이 모여서 조직의 경쟁력을 갖추게 되는 것이다.

의사결정의 포인트를 파악하라

앞에서 우리는 조직의 의사결정 수준을 파악하였다. 즉, 사업의 핵심가치를 창출하기 위한 의사결정이 조직의 어느 수준에서 이루어지는지를 파악하여 보다 좋은 의사결정을 위해 조정하였다. 이러한 수직적 의사결정의 수준이 파악되면 이제는 조직의 수평적 관계에서 의사결정의 포인트를 파악해야 한다.

왜 프로세스인가?

조직이나 개인이 프로세스적으로 일을 한다는 것은 문제가 발생하였을 때 절차와 정해진 기준에 따라 문제를 해결한다는 의미이다. 이때의 절차는 일의 중복이나 지연 없이 일이 진행되게 하여야 하고, 기준은 조직의 경쟁력을 고려하여 보다 좋은 의사결정을 할 수 있도록 사전에 수립한 일 처리의 지침이 될 것이다.

프로세스가 정립되어 있지 않은 경우에는 문제가 발생했을 때마다 다른 결론에 이를 수 있고, 담당자가 변경된 경우에는 전혀 다른 결론이 나오기도 한다.

미국의 대법관 출신인 산드라 데이 오코너는 대법관들이 판결에 대한 의사결정의 기준을 정해 놓고 이를 활용한 경우와 각각의 대법관들이 자유롭게 판례를 참조하여 판결에 이르게 될 경우의 정확성을 비교하였다. 각 대법관들이 사전에 정해 놓은 일정한 프로세스를 따라 판결에 이른 경우에는 75%의 정확성을, 각 대법관이 자유롭게 결론에 이른 경우는 59%의 수준으로 나타났다고 한다(『빅데이터의 다음 단계는 예측 분석이다』, 에릭 시겔 지음, 고한석 옮김, 이지스퍼블리싱). 즉, 2장에서 말한 것과 같이 인간의 주관적인 판단에는 여러 가지 편향(Bias)이 작동하므로 이를 극복하기 위해서는 의사결정의 단계에 있어서 몇 가지 조치를 하는 것이 필요하다.

먼저 일처리에 있어서 프로세스를 정하고 각 단계별 필요한 기준에 대한 체크리스트를 만들어야 한다. 또한 개인의 주관적 판단을 보완하기 위하여 데이터와 그 분석에 기반하여 의사결정을 하여야 한다. 여기에서 프로세스란 성과물을 창출하기 위한 가치 창출과정을 말한다. 조직이 강해지기 위해서는 전사에 일관된 일처리 절차와 반복이 가능한 프로세스를 구축하여야 한다. 즉, 조직의 경쟁력에 핵심적으로 필요한 가치 창출 과정과 이에 투입되는 데이터를 확인하고 의사결정의 과정이 투명하고 합리적이어야 한다. 또 환경의 변화에 따라 유연하게 변화할 수 있는 프로세스를 갖추어야 한다.

프로세스의 점검 절차

프로세스를 점검하기 위해서는 먼저 전사 차원의 가치사슬로부터 시작을 한다. 다음으로 각 가치사슬에서 가장 중요한 가치, 회사의 경쟁력에 핵심적인, 고객이 중요하게 생각하는 가치를 확인하고, 이 가치를 창출하기 위한 전사적인 프로세스를 점검한다. 이를 순서대로 정리하면 다음과 같다.

1. 무엇이 핵심 프로세스인가?
2. 누가 의사결정을 하는가?
3. 의사결정에 필요한 데이터는 누가 제공하는가?
4. 의사결정을 위한 데이터 분석 도구는 무엇인가?
5. 프로세스 상에 부서 간 같은 일을 하는 경우는 없는가?
6. 단계별로 진행 되는 일에 대해 부서 간 책임이 불명확 것은 무엇인가?
7. 단계별 일 처리에 있어서 시간 지연 요인, 즉 Bottle neck은 어디인가?
8. 지연요인의 원인은 무엇인가?
9. 전체 프로세스 상에 각 부서간의 협업은 원만하게 이루어지고 있는가?
10. 각 단계별 일처리에 있어서 자동화를 통해 생산성이 향상될 수 있는 분야는 무엇인가?

11. 프로세스의 고도화를 통해 새로운 가치를 창출할 수 있는 요소는 무엇인가?

아래의 그림은 프로세스를 간단하게 정리한 예시이다. 마름모 모양의 의사결정 단계에서 사용되는 입력 자료와 출력자료에 대해서는 표현의 복잡성을 피하기 위해 기호를 사용하지 않았다.

이러한 프로세스의 점검을 통해 가치 창출 과정의 어느 단계에서 어떤 의사결정이 이루어지는지, 의사결정에 필요한 데이터는 어떤 형태로 제공이 되고 어떻게 활용이 되고 있는지, 제공된 데이터는 어떤 방법에 의해 분석이 되고 있으며 그 결과는 어떻게 활용되는지를 확

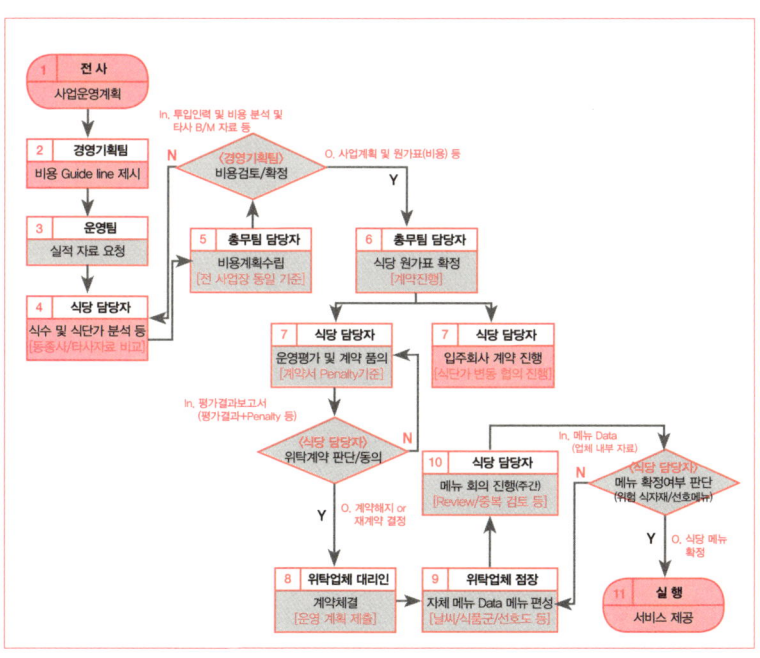

인하고 개선 필요점이 있는 경우는 개선하여야 한다.

문제의 유형

각 의사결정의 포인트에 있어서 누가 의사결정을 하고 어떤 자료가 활용되는지를 파악하는 것 이외에, 문제의 유형에 따라 분석의 유형이 다르다는 것을 알아야 한다. 회사에서 일반적으로 일어나는 문제의 유형은 시간의 흐름에 따라 구분할 수 있으며 각각에 대한 분석의 관점은 아래와 같이 정리할 수 있다.

	과 거	현 재	미 래
문제유형	발생한 문제	발생 중인 문제	발생될 문제
분석관점	왜, 어떻게 해서 일어난 것인가?	다음 단계로 취해야 할 최선의 조치는 무엇인가?	발생할 수 있는 최선의/최악의 경우는 어떤 것들이 있는가?
분석방법	모델링, 실험계획	대안 비교	예측, 최적화, 시뮬레이션
분석결과	보고서	경고 및 추천	추정의견

출처: 「분석의 기술」, 토마스 H. 데이븐포트, 쟌느 G. 해리스 지음, 김소희 옮김, 21세기북스

프로세스상 발생하는 문제의 유형에 따라 분석의 방법을 달리하고 그 결과에 따라 의사결정을 하는 것이 필요하다. 각 문제의 유형에 따라 선택할 수 있는 분석의 방법에 대해서는 이 책의 범위를 넘어서므로 관련된 자료를 참조하길 바란다.

전사적으로 프로세스를 점검하는 것은 여러 가지 유익이 있다. 1) 조직의 핵심 가치에 대해 재확인한다. 2) 일을 체계적으로 정리함

으로써 중복이나 누락의 기능을 확인 한다. 3) 의사결정을 위한 자료의 제공과 분석의 방법에 대한 전사적 현상을 파악한다. 4) 각 기능 간의 협업에 대한 장애요인 도출이 가능하다. 5) 프로세스를 시각화 함으로써 노하우 공유와 개선 포인트 파악이 용이하다.

데이터를 모으고 분석하는 시스템 만들기

우리가 일을 한다는 것은 문제를 해결하는 것이다. 문제를 해결하기 위해서는 의사결정을 해야 한다. 우리가 데이터로 일을 한다는 것은 직감이나 무작위로 선택을 하는 것이 아니라 데이터의 분석 결과에 따라 의사결정을 한다는 것이다.

데이터의 조건

이렇게 데이터에 기반하여 일을 하는 과정에서는 데이터가 입력되고, 분석 결과도 데이터로 출력된다. 우리가 흔히 하는 말로 "쓰레기가 들어가면 쓰레기가 나온다"고 한다. 즉, 우리가 데이터를 이용하여 일을 할 때에는 데이터는 다음의 세 가지 조건을 갖추어야 한다.

첫 번째는 당연히 최근의 데이터이어야 한다. 보다 정확한 데이터를 확보하기 위해서 의사결정을 지연시키는 이유가 되기도 하지만 데이터는 가장 최근의 것이 과거의 데이터보다는 정확하게 현상을 설명하기 때문이다. 나머지 두 가지 조건에 대해서는 다음의 그림(228p 그림 참조)을 보자.

두 번째는 일관성이다. 다음의 그림(228p 그림 참조)에서 왼쪽의 경

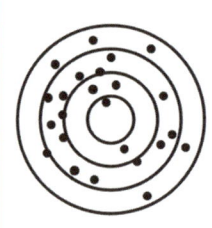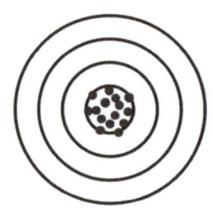

우와 같이, 자료를 수집하거나 분석결과를 도출할 때, 개인의 경우에는 그때그때 기분에 따라 다르게 판단하거나, 조직의 경우에는 담당자 마다 측정의 방법이나 분석의 방법이 다른 경우 등에 발생한다. 데이터가 관련이 없는 소음에 의해 일관성을 상실한 것이다. 일관성을 유지하기 위한 조치로는 데이터의 측정이나 분석에 있어서 체크리스트와 프로세스 기준을 수립하여 이에 따르는 방법이 있다. 또한 동일한 일을 수행하는 다수의 담당자가 있는 경우에는 제3자에 의한 크로스 체크를 하고 정기적으로 상호간의 차이가 나는 원인에 대해 협의를 하여 일정한 기준을 수립하는 것이 필요하다.

　세 번째는 유효성이다. 위의 그림에서 가운데의 경우와 같이 일관성은 있는데 표적에서 다 빗맞은 경우를 말한다. 이의 원인으로는 해당 문제에 대해 잘 모르는 사람이 자신의 추정에 의해서 데이터를 수집하거나 분석을 하는 경우와, 해당 분야에 대해 잘 아는 사람이라고 하더라도 잘못된 선입견이나 인간이 공통적으로 가지고 있는 심리적인 편향(Bias)요인에 영향을 받아 판단을 하는 경우에 발생한다. 유효성의 제고를 위해서는 해당 업무에 대해 전문성을 가진 사람의 도움을 받아 현상에서 발생한 문제에서 무엇이 가장 중요한지를 판단하고 그 문제에 대해 영향을 미칠 수 있는 잠재적인 원인들의 데이터를 측정하는 것이 중요하다. 전문가의 경우에도 자신의 판단에 대해서 오류의 가능성이 있음을 수용하고 제3자에게 자문을 받고 매번의 실행결과에 대해 모니터링 하는 것이 필요하다.

의사결정이란 근본적으로 미래에 대한 판단이다. 즉, 의사결정 시행 당시에는 그 결정이 옳은 결정인지 아닌지를 모른다는 것이다. 그래서 앞의 그림(228p 그림 참조)에서 오른쪽과 같이 일관성과 유효성을 확보하기 위해서는 전문가의 합리적이고 논리적인 추정에 따라 데이터를 분석하는 것이 중요하다.

무엇보다 중요한 것은 실험 정신이다. 해당 문제에 대한 가설을 세우고 원인들과의 관계를 모델링하여 실험(simulation)하는 과정을 통해 실패의 가능성을 줄이는 것이 필요하다.

호모 하빌리스

도구를 사용하는 사람을 가리키는 호모 하빌리스. 인간은 도구를 사용할 때 두뇌와 신체가 활발해진다. 데이터를 기반으로 일을 한다는 것은 분석도구를 활용할 줄 알아야 한다는 것을 의미한다. 초기에 데이터에 대한 중요성과 전사적인 분위기가 형성이 되면 구성원들은 분석도구를 주목하게 된다.

맥킨지의 분류에 의하면 빅데이터의 분석기술은 다음과 같이 20여

1. A/B testing 통계적 검정	2. Association rule learning 관련규칙적용	3. Classification 분류법	4. Cluster analysis 군집분석	5. Crowdsourcing 설문조사법
6. Data fusion & data integration 자료융합	7. Data mining 자료마이닝	8. Ensemble learning 앙상블 학습	9. Genetic algorithm 유전자알고리즘	10. Machine learning 기계적 학습
11. Natural language processing 자연언어처리	12. Neural networks 뉴우럴네트워크	13. Network analysis 네트워크분석	14. Optimization 최적화법	15. Pattern recognition 패턴인식
16. Predictive modeling 예측모델	17. Regression 회귀법	18. Sentiment analysis 감성분석	19. Signal processing 신호분석법	20. Spatial analysis 공간분석
21. Statistics 일반통계	22. Supervised learning 준거설정학습법	23. Simulation 시뮬레이션	24. Time series analysis 시계열분석	25. Unsupervised learning 비준거학습법
26. Visualization 가시화				

출처) Manyika, J. et al., 2011: Big data: The next frontier for innovation, competition, and productivity. Mckinsey Global Institute, P146.

가지가 넘는 것으로 정리된다.

물론 이 많은 분석기법에 대해 다 학습을 해야 하는 것은 아니다. 이 단계에서는 기초적인 과정에 있어서 '엑셀'이나 'R'을 활용하여 통계분석을 하는 교재를 학습하는 것이 필요하다. 우리가 하는 업무에 대해 과연 어떤 분석기법을 사용하는지를 잘 모르는 경우에는 전문가의 도움을 받으면 좋다. 통계학을 전공한 사람들이 이 단계에서 필요한 것이다.

그러나 일반적인 회사의 업무에서는 서너 가지의 분석기법만 알아도 실무에 적용하는데 큰 무리가 없다. 실무적으로 많이 활용이 되는 여러 가지 분석기법은 위의 구분 보다는 다음과 같이 간단히 정리를 할 수 있다.

1. 주성분 분석: 여러 개의 변수 중에 주된 변수로 축약하기
2. 요인 분석: 여러 개의 변수에 대해 공통적인 것들을 찾아내기
3. 회귀 분석: 변수 상호간의 관계를 설명하기

4. 로지스틱 회귀: 여러 개의 변수에 의해 합격/불량을 판단하기
5. 의사결정 나무: 여러 개의 변수 기준 별로 집단을 분류하기
6. 연관성 분석: 일명 장바구니 분석으로 같이 잘 묶이는 것들 찾아내기
7. 군집 분석:유사한 속성을 갖는 고객들을 각각의 집단으로 묶기

이러한 분석을 통해 우리는 문제에 대한 모델을 수립하고 실험을 하여 원인을 파악하거나 미래를 예측할 수 있다. 분석하고 모델을 수립하는데 있어서 반드시 명심을 해야 할 것은, 반드시 실제의 데이터로 모델을 검증하라는 것이다. 모델을 만들고 실제 데이터로 모델의 적합성을 검증하지 않아 실제 활용에 있어서 낭패를 보는 경우를 종종 경험하게 된다. 이를 피하기 위해서는 데이터를 활용하여 모델을 만들 때 반드시 검증용 데이터를 별도로 분리해 놓고 분석을 시작하는 것이 중요하다.

시스템을 구축하라

데이터로 일을 하는데 있어서는 가장 큰 문제가, 데이터로 문제를 해결하려는 생각을 못한다는 것과 어디에 관련 데이터가 있는지 모른다는 것이다. 조직이 조금만 큰 경우에도 다른 분야의 데이터가 어떤 것이 있는지를 파악하기 어려운 경우가 많아 상호간에 도움이 될 수 있는 데이터를 공유하지 못하는 경우가 많다.

그래서 전사적으로 데이터 기반의 경쟁력을 강화하기 위해서는

앞에서 살펴본 바와 같이 의사결정 과정과 업무추진 프로세스의 과정에서 필요한 데이터와 산출된 데이터를 체계적으로 관리하는 것이 필요하다. 이를 위해서는 정보기술(IT) 중심의 전사 TF를 만들어서 다음의 3단계로 추진하는 것이 좋다.

1단계 현장 분석. 각 현업의 업무 분류별로 어떤 데이터가 있는지 데이터를 수집하는 방법과 저장 방법을 파악한다. 또한 데이터의 분석을 위해 활용하고 있는 분석도구와 레포트 작성을 위해 사용되는 방법들을 파악한다. 각기 다른 기능 간에 데이터를 상호 교환 또는 보완하여 사용해야 하는 협업 프로세스에 대해서도 정리를 한다.

2단계 BI/DW의 구축(Business Intelligence, Data Warehouse). 현업에서 활용되는 데이터를 전사 차원에서 중앙관리 할 수 있도록 하드웨어를 갖추고 데이터 상호간의 연계성을 검토하여 의사결정 종류별로 최적의 데이터를 제공할 수 있는 체계를 구축해야 한다. 또한 현업의 구성원들을 대상으로 데이터에 대한 기초기술 교육과 프로그래밍 및 리포팅 기법을 전수해야 한다.

3단계 BA(Business Analytics) 시스템 구축. 마지막 단계로 구성원들이 다차원으로 데이터를 분석하고 예측할 수 있도록 역량을 강화하고 핵심 업무에 대해서는 데이터를 측정하고 저장하며 분석하는 것을 시스템으로 자동화하여 고객에 대해 개인별 맞춤식 솔루션을 제공할 수 있는 수준에 이르러야 한다. 각 분야별로 사용되는 예측 시스템에 대한 평가를 하여 예측력을 높이는 한편, 궁극적으로는 사용자 인터페이스 환경을 지속적으로 개선하여 'WITWIG(What you think is what you get)'의 수준에 이르는 것을 목표로 한다.

빅데이터로 일하기 위해서는 문제에 대해서 잘 알고 있는 해당 분야의 전문가, 데이터를 분석하여 상호간의 관계를 규명하기 위해 문제에 맞는 분석기법을 활용할 수 있는 분석 전문가, 그리고 데이터를 저장하고 체계적으로 활용할 수 있는 데이터베이스와 분석기법을 프로그램화하여 시스템에 담을 수 있는 정보기술 전문가, 이렇게 세 분야의 전문가가 필요하다. 세 가지 분야에 모두 정통한 사람이 가장 좋지만 실제에 있어서는 불가능한 일이다. 따라서 이 세 분야의 전문가들이 협업을 잘 하는 것이 가장 중요하다.

데이터로
일하는
순서

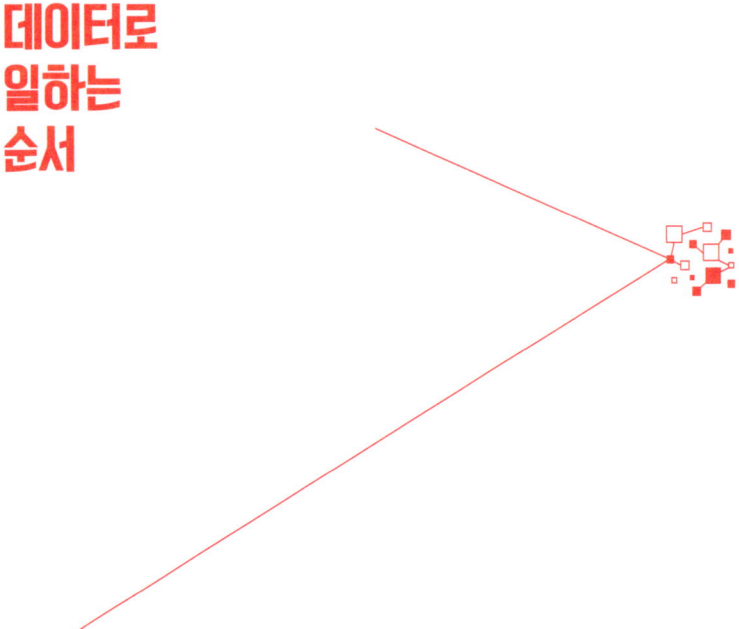

　조직이 데이터로 일하는 데 있어서는 각각의 구성원이 데이터에 기반하여 일하는 습관이 문화로 자리 잡아야 한다. 데이터로 일하는 순서를 정리해보자.

　첫 번째, 무엇이 중요한가? 질문한다. 데이터로 일을 하는데 있어서 가장 중요한 것은 '무엇을 할 것인가?'이다. 즉, 조직에 있어서나 개인의 업무에 있어서나 무엇이 가장 중요한 가치를 가지고 있는 지를 고민하고 깨우쳐야 한다.

　두 번째, 현장에 나간다. 문제와 가치의 발견은 항상 현장에서 발견해야 한다. 현장이란 가치가 창출되는 곳을 말한다. 고객에게 서비스를 제공하거나 제품을 만드는 곳에서 모든 가치가 출발을 한다. 나아가서 고객의 행위를 관찰하여 고객이 무엇을 원하는지를 관찰하여야 한다.

세 번째, 목적 변수를 측정한다. 목적 변수는 가치를 측정할 수 있는 변수이다. 그러나 만족도와 같이 추상적인 것은 곤란하다. 객관적으로 측정할 수 있는 것이어야 한다. 일반적으로는 핵심성과지표(KPI) 또는 여기에서 파생된 지표가 될 것이다.

네 번째, 목적 변수의 수준을 확인한다. 측정된 목적변수의 수준이 과거의 실적에 비해서, 고객이 원하는 수준에 비해서, 타사의 사례에 비해서, 이론적인 연구 결과에 비해서 더 좋은 것인지 낮은 것인지를 비교한다. 바람직하지 않은 수준을 문제라고 한다.

다섯 번째, 선행 사례(연구) 분석한다. 목적 변수와 관련된 선행 사례 또는 연구 보고서를 분석하여 문제가 발생한 원인이 어떤 것들이 있는지, 변수 상호간의 관계는 어떻게 판단하고 있는지를 학습한다.

여섯 번째, 문제에 대한 가설을 수립한다. 가설이란 원인과 결과의 관계에 대해 사전적으로 그럴 것이다라고 논리에 맞게 예측하는 것이며 실험이나 실제의 데이터를 통해 입증을 해야 하는 이론이다. 어떤 변수들을 포함할 것인지, 원인 변수들과 결과변수 간의 관계는 어떻게 되는 지 고민하여 모델을 수립한다.

일곱 번째, 원인 변수의 선정에 있어서는 5why를 사용하라. 일반적으로 일하는 것은 5why라고 하여 질문에 질문을 거듭하여 참 원인(root cause)를 찾아 수직적으로 내려가는 것을 말하지만, 빅데이터를 이용하는 경우에는 여러 가지 영향을 미칠 수 있는 변수들을 횡적으로도 전개하는 것이 필요하다. 수직적으로는 "이것의 원인은 무엇일까?"를 반복하는 것이고, 수평적으로는 "이것 말고 다른 원인은 없을까?"를 반복하는 것이다.

여덟 번째, 원인 변수들에 대해 현상을 파악하고 측정한다. 이번에는 원인 변수들에 대해 현장에 나가서 현상을 보고 측정을 한다.

자, 이제는 분석을 시작한다.

아홉 번째, 분석의 처음은 데이터를 정제하는 것이다. 설문조사를 하든지, 현장에서 측정을 하든지, 다른 곳에서 데이터를 받든지 항상 발생하는 문제가 데이터의 완결성이다. 완결성이라 해서 엄청난 것을 말하는 것은 아니다. 각 항목별로 데이터가 없는 경우, 자릿수가 다른 경우, 데이터의 형태가 다른 경우(숫자 열에 문자입력 등) 등을 확인하고 정제하여야 한다.

열 번째, 분포를 확인하라. 데이터에 대해서는 반드시 분포를 확인해야 한다. 그림으로 데이터를 확인하는 것은 향후의 분석에 다양한 도움을 준다. 데이터 중에는 극단치가 전체에 영향을 미치는 경우도 있고, 전체의 분포가 한 쪽으로 쏠려 있는지, 균등하게 널려 있는지 등을 시각적으로 확인할 수 있다. 나일팅게일은 크림전쟁에 참가한 영국군이 적군에 의해 죽은 것보다 감염에 의해 죽은 숫자가 더 많다는 것을 그림으로 그려 군의 관료들을 설득해서 환자 사망률을 42%에서 2%로 떨어뜨렸다고 한다.

열한 번째, 분포의 대표값을 확인하라. 분포를 통해 특성을 확인하는 것 이외에 몇 가지 대표 값들을 확인해야 한다. 평균은 무게중심이다. 전체 데이터의 분포가 어디를 중심으로 퍼져 있는지를 알 수 있는 것은 평균 외에 중위수를 확인해야 한다. 평균의 경우 극단치의 영향을 받으므로 데이터를 크기 순서대로 나열하여 중간에 오는 중위수를 확인하여야 한다. 다음으로는 표준편차이다. 표준편차는 데이터의 퍼짐도를 나타내는데 평균으로부터 1표준편차의 범위 내에는 68%의 데이터가 있고, 2표준편차의 범위 내에는 95%의 데이터가, 3표준편차의 범위내에는 99.7%의 데이터가 있다고 쉽게 이해할 수 있다.

열두 번째, 추가적인 다양한 분석을 실시한다. 여기서는 우리가 연구하고자 하는 문제의 유형에 맞는 분석도구를 통해 심층적으로 분석을 시행한다.

열세 번째, 분석의 결과에 따라 모델을 만든다. 모델은 목적 변수와 원인 변수들 간의 관계이다. 원인 변수들은 목적변수에 영향을 미치지 않는 경우와 다른 원인 변수와 특성이 유사하여 제외되는 경우가 발생을 한다. 우리가 도출하는 모델은 단순할수록 유용하다. 단순할수록 설명하기가 쉽고 이후에 통제하기도 쉽기 때문이다. 이때 모델에 포함되는 원인 변수 간에는 가중치가 부여되게 된다. 즉, 원인 변수들 간에도 결과 변수에 대해 영향력이 큰 변수와 작은 변수가 있다는 의미가 된다.

열네 번째, 모델 적합성을 검증하라. 분석된 모델은 반드시 현실에 적용하기 전에 문제를 제대로 설명하고 있는지 적합성을 검증해야 한다. 모델을 만드는 과정에서 데이터를 연습 세트와 테스트 세트로 구분하여 실험을 하든지, 모델이 만들어진 이후에 새로이 얻어진 데이터에 실험을 하든지 하여 적합도를 검증해야 한다.

열다섯 번째, 가중치가 높은 변수부터 개선을 시작한다(선택과 집중).

열여섯 번째, 개선도를 확인하여 추가 개선 계획을 수립한다.

무엇이 목적 변수인가?

사람들은 데이터로 문제를 해결하라고 하면 거꾸로 묻는다. "도대체 무엇을 문제로 보고 개선을 하라는 것인가?" 답변은 "네가 있는 곳의 모든 것이 개선의 대상이다"라고 말한다.

영국의 사이클 국가대표 팀은 2002년에 데이브 브레일스포드 경이 코치로 오기 전까지는 76년 동안 단 한 개의 금메달 밖에 없었던 팀이었다. 그러나 그의 부임 이후 지속적인 개선으로 2008년 사이클에 걸린 10개의 금메달 중에 7개, 2012년 런던에서는 8개, 2016년 리우에서는 6개의 금메달을 쓸어가는 강팀이 되었다.

전직 사이클 선수로 MBA과정을 이수한 데이브 경은 '한계개선이론(the theory of marginal gains)'을 사이클에 접목하였다. 꼭 규모가 큰 것을 대상으로 하지 않더라도 작은 것들을 지속적으로 개선하여 쌓으면 큰 변화가 일어난다는 신념이었다. 우리말로 '티끌 모아 태산을 이룬다'는 것과 같다.

그가 영국의 사이클 팀에서 개선을 하였을 때의 목적 변수는 무엇일까? 당연히 '주어진 거리를 얼마나 빨리 주파하는가'이었을 것이다. 즉, 사이클 경기장의 한 바퀴를 도는데 들어가는 시간, '랩 타임'이 목적 변수가 된다. 목적 변수에 영향을 주는 원인 변수는 무엇일까? 데이브 경에 의하면 '사이클 경주에 관한 모든 것'이다.

1. 공기 터널을 만들어서 공기의 저항을 줄이기 위한 실험하기.
2. 자전거를 싣고 다니는 트럭의 내부구조를 분석하여 쌓인 먼지 제거하기.
3. 트럭 바닥에 먼지가 쌓이면 자전거에 옮겨 붙어 속도를 저하시키므로 먼지를 쉽게 발견할 수 있도록 트럭 바닥을 하얀 색으로 도색함.
4. 의사를 고용하여 선수들에게 손을 잘 닦아서 병에 안 걸리도록 함.
5. 병원균에 감염되는 것을 우려하여 올림픽 경기 기간 중에는 악수를 금지함.
6. 음식을 준비하는데 있어서도 항상 최선을 다함.
7. 선수들이 매일 밤 같은 자세로 잠을 잘 수 있도록 매트리스와 베개를 가지고 다님.
8. 자전거의 안장에서 바람에 저항을 일으키는 부분 잘라내기(워낙 잘라내서 선수가 앉아 있을 때 안장이 보이지 않게 됨).
9. 자전거 바퀴의 살이 바람에 저항을 받는 것을 없애기 위해 접시형 바퀴로 개조.
10. 선수들이 배가 나오면 바람의 저항을 받으므로 똥배 없애기.

이 외에도 경기력에 영향을 미칠 수 있는 변수들을 발굴하여 개

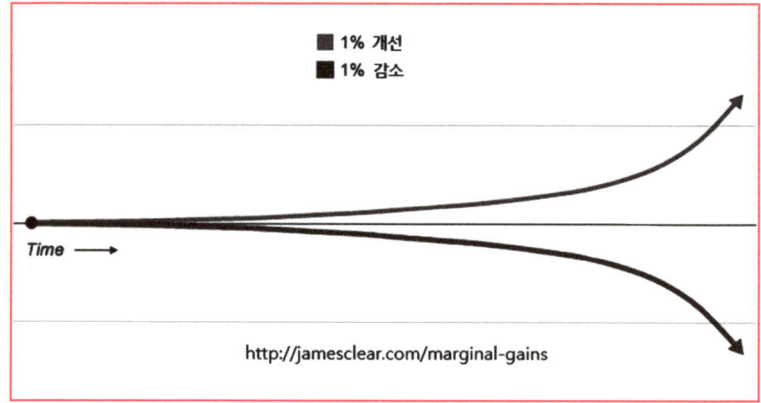

한계 개선의 누적효과

선활동을 하였고 마침내 세계 최강의 사이클 팀을 이루었다.

이러한 지속적인 개선은 위의 그림과 같이 처음 시작에서는 미미할 수 있지만 그 결과가 누적되면 엄청난 차이를 가져온다. 목적변수와 원인변수를 분명히 하고 데이터에 근거하여 과학적인 개선을 생활화하는 것은 경쟁력 확보에 있어서 필수적인 요소이다.

"
우리가 일을 한다는 것은 문제를 해결하는 것이다.
문제를 해결하기 위해서는 의사결정을 해야 한다.
우리가 데이터로 일을 한다는 것은
직감이나 무작위로 선택을 하는 것이 아니라
데이터의 분석 결과에 따라 의사결정을 한다는 것이다.
"

CHAPTER 06

빅데이터 경영의 핵심, 유연한 질문형 조직 만들기

Why를
아는
조직 만들기

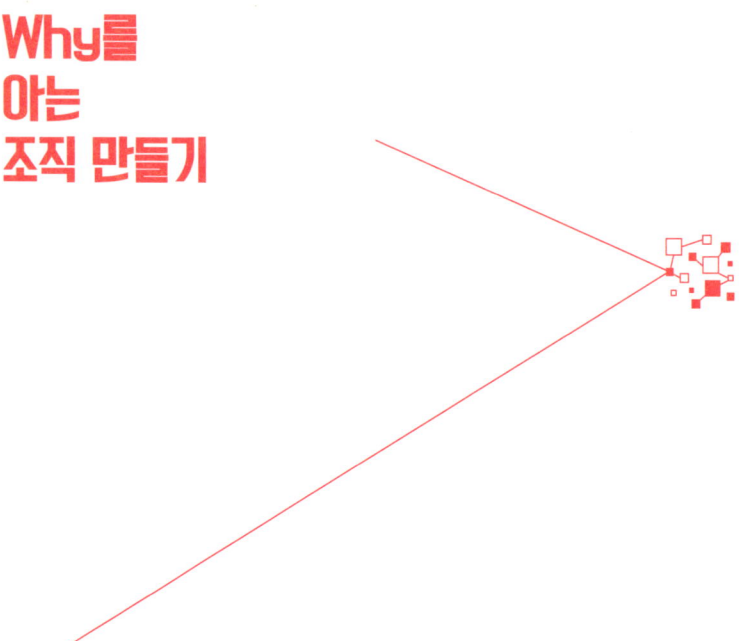

 영어 표현보다 우리말이 주는 어감이 훨씬 좋은 단어 중의 하나가 '꿈'이 아닐까 한다. 특히 앞에 '원대한'이란 수식어가 붙으면 더욱 가슴이 벅차오름을 느낀다.

꿈은 경쟁력의 근원

 원대한 꿈은 열정을 불러일으키고, 분명한 목표는 몰입을 하게 한다. 아마존 제프 베조스의 꿈은 '고객이 원하는 세상의 모든 것을 다 판다'이다. 전기자동차 회사 테슬라모터스 앨런 머스크의 꿈은 '미래 인류를 구하는 것'이다. 인류를 화성에 이주시키는 것이 그의 꿈이다. 구글의 CEO 순다 피차이는 "우리는 인터넷에서 소외된 이들을 위해 일한다. 기술발전을 통해 정보를 공평하게 나누어 가지면 궁극적 민주주의를 달성할 수 있다"고 했다.

이러한 글로벌 리더들은 왜 남다른 생각을 할까? 보통의 사람들은 '돈'을 쫓는데 왜 이들은 '꿈'을 쫓아갈까? 가장 중요한 차이가 다르게 생각하기가 아닐까 한다.

미국에서 횡단보도의 빨간색 신호등을 보면 'Don't Walk'라고 써 있다. 이 빨간 신호등에 불이 들어오면 사람들은 모두 제자리에 멈춰 선다. 'Don't Walk'가 서라는 뜻인가? 걷지 말고 뛰라는 이야기인가?

내가 구성원들에게 일하는 문화를 이야기하면서 "우리는 'Don't Overnight'해야 한다"고 하면, 밤새워 일하지 말라고 이해하는 사람들이 많다. 내가 말하는 의미는 오늘 일을 내일로 미루지 말라는 뜻이었는데도 말이다.

우리는 사회적으로 교육된 틀 안에서 사고하도록 훈련되어져 있다. 그러나 무언가 다른 것을 추구하기 위해서는 다르게 생각하고, 더 멀리 생각하고, 근원적으로 생각해야 한다. 돈을 위한 일이 아니라 인류가 가지고 있는 문제를 해결하기 위해, 명예가 아니라 인류의 미래를 위해 내가 무엇을 할 수 있을까를 생각해야 한다.

다른 사람들이 보지 못하는 것을 볼줄 알아야 한다. 내가 아닌 조직, 조직이 아닌 인류의 관점에서 바라볼수록 꿈은 원대해진다. 저가 항공사의 대명사인 사우스웨스트항공은 사업을 시작하면서 타깃 마켓을 비행기를 타고 다니는 사람이 아니라 비행기를 이용하지 않는 85%의 사람들에 주목했다. 그들은 기존의 항공사를 경쟁자로 본 것이 아니라 자동차와 버스회사를 상대로 한 것이다.

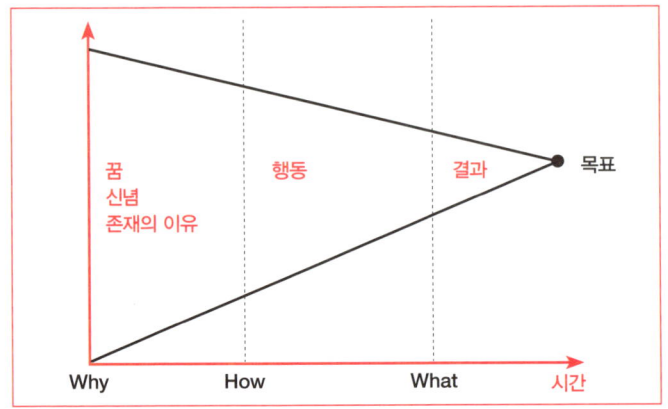

사이먼 사이넥이 우리가 왜 근원과 존재의 이유를 생각해야 하는지를 잘 정리한 골든 서클을 다시 바라보면 이렇게 설명할 수 있다. 우리가 무슨 목표를 세워 일을 할 때 보다 멀리서 근원적으로 바라볼 때 목표에 이르기 위한 보다 더 다양한 선택 대안들이 있을 수 있다. 목표를 가까이 바라볼수록, 목표에 임박해서 일을 할수록 선택의 폭이 좁아진다.

가치 피라미드를 활용하라

인류를 위해서 무엇인가 의미 있는 일을 하고 가는 것이 인생의 의미가 있다고 하면 과연 무엇을 해야 하는가? 무슨 일이 가치가 있는 일인가? 가치란 근본적으로 주관적인 판단이고 사람마다 다르다. 몇백만 원짜리 명품 핸드백에 관심도 없는 사람이 있는가 하면, 이 핸드백을 갖는 것을 일생의 꿈으로 생각하는 사람도 있다. 그래서 어떤 가치를 만들어야 하는지에 대해 잘 판단이 서지 않고 알기가 어렵다.

그런데 이 문제를 아주 명쾌하게 정리한 사람들이 있다. 바로 베인앤컴퍼니의 연구원들이다. 이들은 30년 간 기업고객을 위한 소비자 연구조사 결과를 발표하면서 아래와 같은 가치 피라미드를 제시하였다.

마슬로우의 욕구 5단계 개념을 준용한 이 가치 피라미드를 이용하면 우리는 우리가 잘하는 분야, 하고 있는 일에서 어떤 가치를 새로이 창출할 것인지를 발굴하고 일의 목표, 사업의 목표를 설정할 수 있다. 각 가치 항목별로 10점 만점으로 소비자들의 평가를 조사했다. 그 결과에 의하면 애플, 삼성, 아마존, 탐즈슈즈 등의 제품들이 네 가

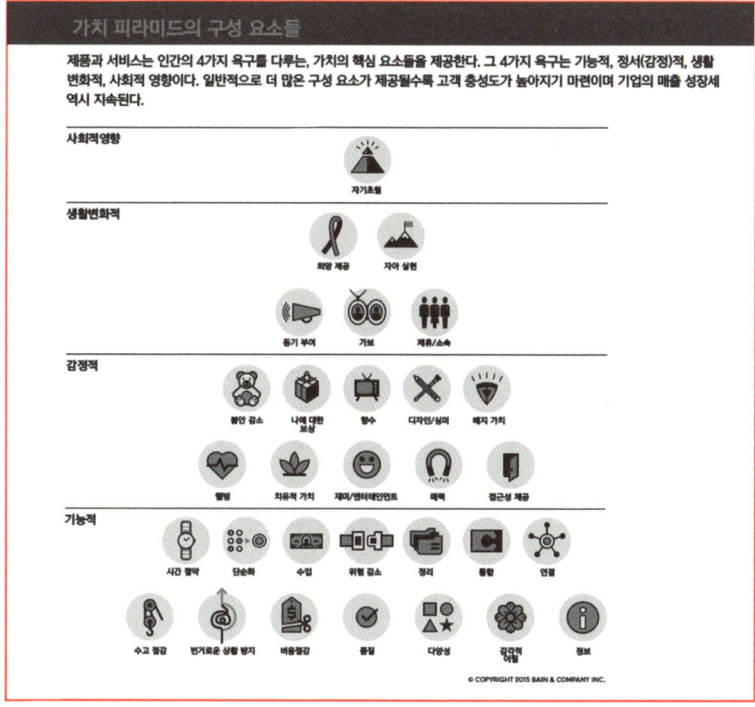

지 영역 이상에서 8점 이상의 높은 점수를 얻었다고 한다('가치를 구성하는 핵심 요소들', 「HBR」 2016.9, 에릭 암퀘스트 등).

문제의식을 가져라

목표는 우리가 가고자 하는 방향이다. 원대한 꿈을 가진 사람일수록 그 수준이 높다. '왜 그것을 이루고 싶은가'를 아는 것이 'Why(믿음, 신념)'를 아는 것이다. 이 목표를 달성하기 위해서 '우리는 어떻게 해야 하는가?'가 'How(행동)'이다. 구체적으로 무엇을 할 것인가? '무슨 제품을, 서비스를 제공할 것인가?'가 'What(결과물)'이다.

목표에 이르기 위해서는 현재의 수준을 바꾸어야 한다. 현재의 수준과 목표의 차이를 우리는 '문제'라 한다. 그런데 진짜 문제는 이 문제를 문제라고 생각하지 못한 사람이 있다는 것이다.

누구는 문제라고 생각하고 누구는 문제라고 생각을 하지 못하는 이유는 무엇인가? 즉, 문제를 문제로 인식하는 사람들의 특성은 무엇일까?

첫째는 위에서 말한 대로 목표의식이 있는 사람이 문제를 인식한다. 원대한 목표에 비해서 너무나도 부족한 현재의 수준에 대해 만족하지 못하기 때문에 더 강한 문제의식을 갖게 된다. 목표가 원대할수록 현재 수준과의 차이는 크기 때문에 문제의 크기도 더 커진다. 문제가 크다는 것은 그만큼 기회가 많다는 것이다.

둘째는 정보가 많은 사람이 문제의식을 갖는다. 여러 가지 최신 기술동향이나 이론의 발달, 그리고 선진 기업들의 발전 현황에 대한 정보가 많을수록 현상에 대한 문제점을 잘 파악할 수 있다. 보다 많은 나라로 여행한 경험이 많은 사람일수록, 다양한 분야에 대한 지식과 경험이 많을 수록 문제의식이 강하다.

셋째는 분석능력이 뛰어난 사람들이 문제의식이 강하다. 문제는 쉽게 눈에 띌 수도 있고, 자세히 관찰해야 알 수 있는 경우가 있고, 당장에는 눈에 보이지 않지만 더 많은 정보를 취합하여 분석해야 문제가 있는지를 판단할 수 있는 경우가 있다. 따라서 눈에 보이지 않는 문제는 정보를 수집해서 분석할 수 있는 사람들에게만 문제로 나타나는 경우가 많다. 목표와 문제, 그리고 어떻게 문제를 해결할 것인가는 아래와 같이 나타낼 수 있다.

빅데이터를 기반으로 일하는 문화를 조직에 정착시키기 위해서는 가장 먼저 뚜렷한 목표를 구성원들이 공유하여야 한다. 혼자 꾸는 꿈은 그냥 꿈이지만 같이 꾸는 꿈은 현실이 된다고 한다. "100살까지 살 것처럼 계획하고 내일 죽을 것처럼 일하라"라는 말이 있다. 원대한 꿈을 향해 가기 위해 조직을 훈련시켜야 한다.

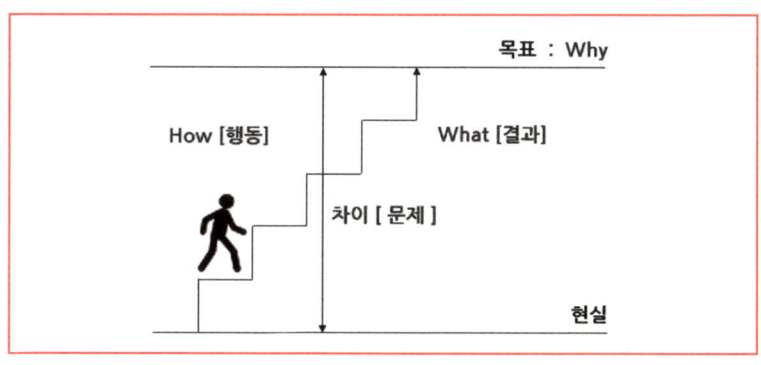

가설적 사고하기

통계적인 방법으로 일을 잘한다는 것은 데이터에서 스토리를 발견하는 능력이 뛰어나다는 이야기이다. 그런데 스토리를 잘 풀어가려면 가설을 잘 세워야 한다.

잘못된 가설

범죄수사물 드라마 「CSI」를 보면, 사건 현장에 도착한 요원들이 하는 것 중의 하나가 사건을 재구성하는 것이다. 사건이 일어난 결과를 보고 어떤 과정을 거쳐 이런 일이 벌어지게 되었는지를 추정하는 것이다. 이때의 가설 구성 능력은 뛰어난 수사관일수록 수사 결과와 일치하는 것으로 묘사되고는 한다. 가장 사건 추리력이 좋은 사람이 「CSI 라스베가스」의 길 그리섬 반장이 아닐까?

토마스 H. 데이븐포트는 2008년 글로벌 금융위기의 원인이 된 서브프라임 모기지론이 문제가 된 원인 중의 하나로 잘못된 가설을 뽑고 있다. 즉, 월가의 다수의 금융전문가들이 주택담보부 채권은 이자율이 낮은 주택융자 상품으로 구성되기 때문에 주택융자를 받은 사람들이 상환을 잘 할거라는 가설 위에 만들어진 상품이라는 것이다. 즉 주택융자의 이자율이 낮으니 사람들이 융자 상환은 잘할 것이고 그에 따라 주택 담보부 채권이 부도날 확률은 없다는 가정을 너무 믿었다는 것이다. 그러나 결국 2004~2006년의 통화 긴축은 빚으로 집을 사는 풍조가 만연된 미국의 주택경기 시장에 철퇴를 가하게 되었고 그 여파로 금융위기가 닥쳤다는 것이다.

인류 역사상 가장 강력했던 가설 중의 하나가 '지구는 평평하다'이었을 것이다. 우리가 살면서 얼마나 많은 잘못된 가설을 세우고 그 가설 위에 살아가다가 된서리를 맞는 일이 많은가? 믿는 도끼에 발등 찍힌다고 남을 탓하고 상황을 탓할 것이 아니라 가설을 철저하게 잘 검토하여 수립하고 살아가는 것이 중요하다.

가설 사고란 무엇인가?

가설 사고란 1) 지금 있는 정보만으로 가장 가능성이 높은 결론을 가정하여 2) 언제나 그것을 최종 목적지로 강하게 의식하고 3) 정보의 정확도를 높이면서 검증을 반복하고 가설을 수정해 가면서 최종 결론에 이르는 사고유형이다.

이를 위해서는 '처음'부터 순서대로 생각하는 것이 아니라, '결론'부터 생각해야 하고, '현재 할 수 있는 일'부터가 아니라 '장래에 해야 할 일'부터 생각하고, '자신'이 아닌 '상대'의 입장에서 생각해야 한다 (『지두력』, 호소야 이사오 지음, 홍성민 옮김, 이레).

즉, 가설 사고가 우리에게 유익을 주는 것은 우리가 목표로 하는 결론을, 비록 적은 정보를 가지고서도 추정하는 훈련을 해야 한다는 것이다. 또한 내가 아닌 고객의 입장에서 무엇이 필요한지를 끊임없이 파악하고 이를 통해 무엇을 해야 하는지를 고민하고, 추가적인 정보에 의해 가설에 수정이 필요한 경우는 즉각적인 수정을 해야 한다는 것이다.

5why를 통한 모델링

우리가 모델이라고 부르는 것은 문제와 문제에 영향을 미치는 요인들 간의 관계를 정리한 것을 말하며, 일반적으로는 방정식의 형태로 표현을 한다.

심리학자 폴 밀은 의사결정을 하는데 있어서 모델을 사용하는 경우와 전문가들의 결정을 비교하는 연구를 하였다. 와인의 가격예측력을 높이기 위해 모델에, 1) 와인 재료인 포도가 자란 여름의 평균온도, 2) 수확기의 강수량, 3) 전년도 겨울의 강수량을 고려한 공식을 만들어 전문가들의 예측 결과와 비교를 하였다. 결과는 모델이 압도적으로 승리했고 모델이 예측한 가격과 실제의 가격의 상관관계는 0.9가 넘었다고 한다.

이외에도 방사선 전문의들이 같은 사진을 보고 다르게 판독하는 경우가 20%, 회계감사원 101명을 대상으로 한 회계감사 의견에 대해서도 비슷한 수준의 불일치를 보였다고 한다. 전체적으로 41건의 연구를 검토한 결과는 아무리 전문가가 판단을 한다고 해도 상호간에 불일치가 발생한다는 결론을 내렸고, 판단의 정확성을 최대한 높이려면 최종 결정은 공식에 맡겨야 한다고 하였다(『생각에 관한 생각』, 대니얼 카너먼 지음, 이진원 옮김, 김영사).

모델을 만들 때는 결과변수에 영향을 미치는 원인 변수를 찾아야 하는데, 이때 우리는 5why를 수직적으로만 하지 말고 수평적으로까지 같이 해야 한다고 했다.

수직적 5why의 사례로는 미국의 제퍼슨 기념관의 외벽손상에 대한 원인을 찾는 방법으로 잘 설명할 수 있다(254p 그림 참조). 외벽 손상에 대한 원인을 추적한 결과로 불나방의 활동시간이 지난 저녁 7시 이후에 전등을 켬으로써 문제를 해결했다고 한다.

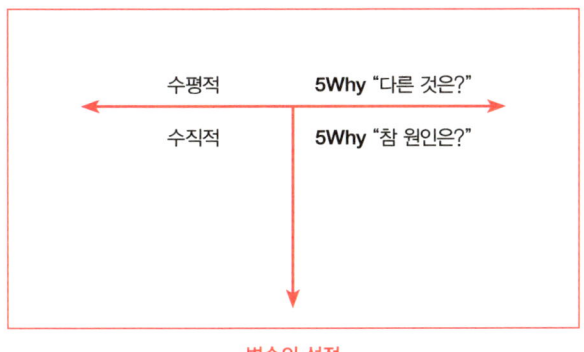

변수의 선정

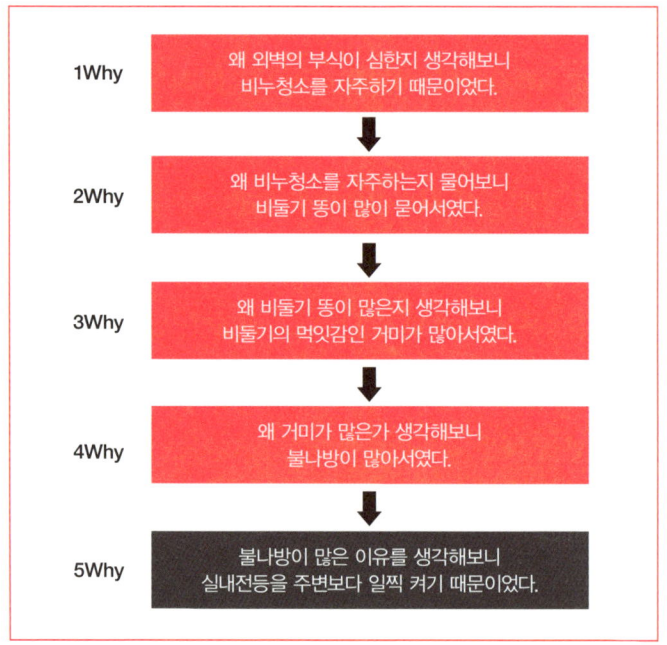

　수평적 5why를 이용하여 모델에 포함 될 변수를 찾기 위해서는, 서로 상관관계가 약한 분야에 대해서 다양하게 변수를 조사하여야 한다. 즉, 범인을 분류하기 위해 다양한 변수를 활용하는 중에 키, 팔, 다리의 길이는 상호간에 상관관계가 높으므로 하나의 변수만 선택하고 몸무게와 같은 상호 상관성이 낮은 변수를 선택하여야 한다는 것이다.

　수평적으로 변수를 찾아가는 과정은 낚시를 하는 것과 같다. 즉, 노련한 낚시꾼과 같이 최적의 포인트를 찾아서 가장 가능성이 높은 변수를 선택하고 그 다음으로 문제를 가장 잘 설명할 수 있는 변수들을 찾아 나서는 방식으로 다양한 변수를 발굴해내야 한다.

구글은 고성과자군을 예측하기 위해서 300개의 항목에 걸쳐서 조사를 시행하였다. 이 조사를 주관한 라즐로 복은 구글에 개를 데리고 출근하는 것과 같은 특이한 사람들에게서 고성과군의 가능성을 생각했었으나, 결과는 전혀 상관이 없는 것으로 나왔다고 한다. 구글은 전혀 예상하지도 못한 변수들에서 고성과군의 가능성을 확인했다고 한다.

바로 어떤 분야에서 국가기록이나 세계기록을 보유하고 있든지 비영리 단체나 클럽을 만들어본 경험이 있는 사람들이 고성과군일 가능성이 높다는 것이다. 구글은 수백 개의 항목에 걸쳐 고성과군을 설명할 수 있는 변수를 조사한 끝에 지금은 이러한 몇 가지 질문들을 입사지원자들에게 묻고 있다고 한다(『Keeping up with the Quants』, Davenport Tom, Kim Jinho).

이러한 다양한 탐색과정을 거쳐서 모델에 최종적으로 포함되는 변수들은 적을수록 좋다. 갤럽이 직장인들의 몰입도를 조사하는 설문 중에서 생산성을 가장 잘 예측할 수 있는 질문은 '귀하의 최고로 친한 친구가 회사 동료인가?'라고 한다(『공간의 재발견』, 론 프리드먼 지음, 정지현 옮김, 토네이도).

모델을 만들 때에는 다다익선이 아니라 촌철살인이 아닐까?

질문의 일곱 가지 힘

문제에 대한 가설을 세우고 모델을 만들고 원인 변수들을 찾아 나서는 여행에는 질문이 함께한다. 커뮤니케이션 컨설턴트 도로시

리즈는 질문에는 일곱 가지 힘이 있다고 한다.

1. 질문하면 답이 나온다. 우리가 답을 얻기 위해서는 먼저 질문을 해야 한다. 조직의 구성원 간에도 지시보다는 질문을 통해 답을 얻는 것이 필요하다.
2. 질문은 생각을 자극한다. 에드윈 랜드는 딸과 함께 해변을 거닐다가 사진을 찍었는데 "아빠 왜 사진을 찍었는데 바로 볼 수가 없어요?"라고 묻는 질문에 폴라로이드를 발명하게 되었다고 한다.
3. 질문은 정보를 가져온다. 내가 알고자 하는 것을 스스로에게 묻고 관련 자료를 찾아보든가, 그 대답을 아는 사람에게 질문을 하면 정보를 얻을 수 있다.
4. 질문을 하면 통제가 된다. 살면서 안 좋은 일이 있을 때에는 종이를 펼쳐 놓고 상황을 적어 내려가면서 문제를 해결할 수 있는 질문을 적고 답변을 적다보면 스스로 해답을 얻을 수가 있다.
5. 질문은 마음을 열게 한다. 사람 간의 관계에 있어서 질문을 한다는 것은 관심을 가지고 있다는 증거이다.
6. 질문은 귀를 기울이게 한다. 마찬가지로 질문을 하고 나면 상대의 말에 귀를 기울여 경청하는 것이 좋다. 정보는 아주 사소한 것이라도 중요한 의미를 담고 있기도 하다.
7. 질문은 스스로를 설득시킨다. FBI 협상 전문가 크리스 보스는 인질범과 협상을 할 때 "내가 그 요구를 들어줄 수 있겠는가?"라는 식의 질문을 하여 인질범의 요구사항을 인질범의 문제가

되게 하라는 충고를 한다.

 이렇듯 질문은 우리가 문제를 해결하는데 나 자신의 사고뿐만 아니라 상대방의 사고를 자극하고, 생각의 범위를 확장하고 심화하는 효과가 있다. 문제에 대해 질문으로 시작하여 가설을 수립하고 변수들을 찾아내서 모델을 만들어내는 일하는 문화를 조직에 정착하는 것이 빅데이터 기반의 기업문화를 구축하는 길이다.

몰입 환경 조성하기

인간으로 하여금 행동에 옮기게 하는 것을 동기라 한다. 회사를 운영하는 입장에서는 조직의 구성원들이 '즐겁게 최선을 다해서' 일해주기를 원한다. 그러나 그런 바람이 쉽게 이루어지는 것은 아니다. 조직의 구성원들은 왜 무슨 이유로 자신의 일에 몰입을 해서 일을 하게 될까?

동기에 대한 다양한 입장

사람으로 하여금 행동에 옮기게 하는 운영체제를 대해 연구하는 것을 동기이론이라고 한다. 미래학자 다니엘 핑크는 자신의 저서 『드라이브』에서 인류 역사상 동기이론이 세 번에 걸쳐 변화해왔다고 말했다.

동기 1.0 인간은 생존하기 위해 고군분투 한다. 인류의 초기 사회에서는 먹을 것을 찾아 초원을 배회하거나 짐승들의 공격을 피해 초원을 달릴 때 이런 이유가 인간의 행동을 주도했다.

동기 2.0 인간은 보상을 추구하고 처벌을 피하려 한다. 우리가 잘 알고 있는 소위 '당근과 채찍'에 대한 이야기들이다. 이에 대해서는 한 장의 표로 정리가 잘되어 있어서 아래 그림으로 소개한다.

동기 3.0 인간에게는 스스로 삶을 이끌고 자신의 능력을 소비하

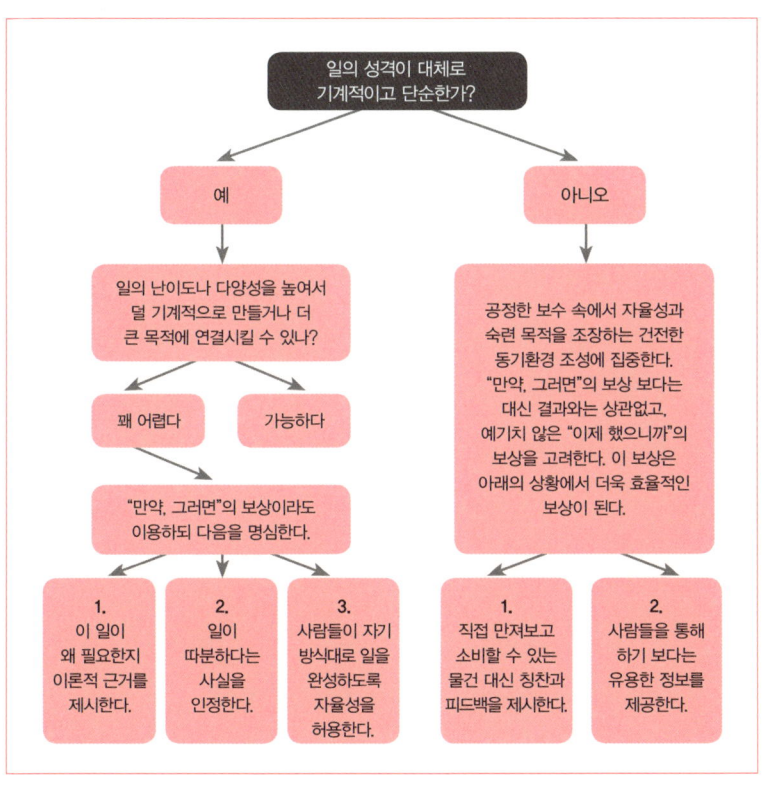

언제 어떤 보상을 사용해야 할까?
출처: 「드라이브」 다니엘 핑크 지음, 김주환 옮김, 청림출판

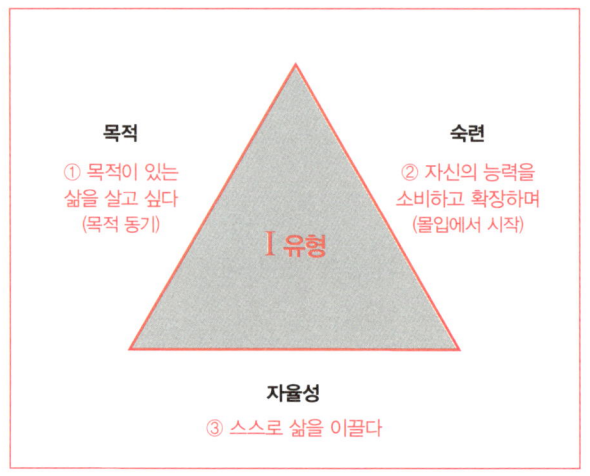

인간의 뿌리깊은 욕구

고 확장하며 목적이 있는 삶을 살고 싶다는 욕구가 있다. 이 주장은 인간에게는 타고난 심리학적 세 가지 요구가 있는데, 바로 유능성, 자율성, 관계성이 있다고 한다. 이와 같은 자기결정성 이론을 기반으로 발전한 이론은 I유형(Intrinsic Motivation) 행동을 상정한다. 즉, 인간의 행동은 외부의 욕망 보다는 내재적 욕망에 의해 가속된다는 것이다. 이 이론을 간단히 그림으로 표현하면 다음과 같다(『드라이브』, 다니엘 핑크 지음, 김주환 옮김, 청림출판).

개인의 몰입

몰입 이론의 대표주자인 미하이 칙센트미하이는 몰입에는 3가지 조건이 필요하다고 한다. 1) 높은 목표 2) 목표에 맞는 실력 3) 피드백. 우리가 게임을 할 때 빠져드는 것을 생각하면 쉬울 것 같다. 일반적으로 게임은 여러 개의 스테이지로 구성이 되어 있다. 게임을 처음 하는 초보자에게는 매우 쉬운 내용으로 구성이 되어 있어서 쉽게 첫 번째 단계를 끝낼 수 있게 구성이 되어있다. 대부분의 게임이 처음부터 유료인 경우는 없고 처음 시작하는 것은 무료로 게임을 할 수 있게 하고 단계가 높아지면서 게임에 이기려면 아이템을 사야 하는 방식으로 매출을 올린다.

이처럼 각 단계별로 게임을 할 때 그 단계를 끝내야 한다는 목표가 정해져 있고 그에 걸 맞는 실력 수준이 갖추어져야 게임을 다음 단계로 이끌어 갈 수 있다. 각 단계를 끝낼 때 마다 축하의 팡파르를 울려주는 센스는 게임을 하는 사람으로 하여금 다음 단계로의 도전을 이끌도록 한다.

우리가 회사에서 일을 할 때에도 이와 같은 세 가지 요건이 갖추어져야 한다. 개인과 조직에 과업을 부여 할 때는 구성원의 능력을 고려하여 목표수준을 설정해야 한다. 능력에 비해 너무 높은 수준으로 목표를 설정하면 처음부터 도전의 의욕이 아예 없어지거나 성과를 포장하고 왜곡할 수 있는 우려가 있다. 따라서 우리가 목표를 설정할 때에는 자신의 능력에 맞는 목표를 설정하되 그 목표 수준이 너무 낮아서 게을러지면 안 되고 너무 높아서 포기하면 안 되는 수준으로 설정해야 한다. 구체적으로는 하루 일과의 8시간 분량으로 일을 할 수 있는 것을 10시간의 분량을 잡아서 목표를 세우는 것이 좋다.

또한 조직을 운영하는 입장에서는 각 개인의 능력 수준을 잘 파악하고 있어야 한다. 또한 각 구성원이 어떤 일을 잘하는지 또 좋아하는지를 파악하여 과업을 부여하는 것이 필요하다. 목표수준에 맞는 역량을 갖출 수 있도록 지원을 하는 것도 잊지 말아야 할 일이다.

마지막으로 피드백도 중요하다. 피드백은 빠를수록 좋다. 우리가 볼링을 칠 때 볼링핀이 세워진 앞에 천으로 가로 막고 있다고 생각을 해보자. 볼링을 해서 천 뒤에서 핀들이 맞는 소리는 났는데 몇 개가 쓰러졌는지 보이지도 않고 점수도 알려 주지 않는다면 볼링을 치고 싶은 마음이 없어질 것이다. 결과에 대한 빠르고 공정한 피드백은 그래서 매우 중요하다. 피드백은 항상 긍정적으로 칭찬만 난무해서는 안 된다. 구성원들이 본인의 과업성과에 대해 객관적으로 파악할 수 있도록 성과를 분명히 하고 역량개발에 중점을 두고 피드백을 제공하여야 한다.

또한 프로젝트를 하거나 장기간의 시간이 필요한 경우에는 단계를 나누어서 일을 진행하고 각 단계별로 성과목표를 나누어 설정하고 단계별로 피드백을 하고 부족한 점과 잘한 점이 무엇인지 원인이 무엇인지를 검토하여 다음 단계에 반영해주어야 한다.

영어로 몰입은 'Flow'라고 한다. 참 의미가 좋은 단어인 것 같다. 시간의 흐름에 따라 생각의 끈을 놓지 말라는 의미이다. 정해진 과제에 대해 생각의 끈을 놓지 않는 것이 중요하다. 뉴턴이 사과가 떨어지는 것을 보면서 만유인력의 법칙을 깨달았듯이, 아르키메데스가 목욕탕에서 부력의 원리를 깨달은 것처럼 생각의 끈을 놓지 않는 사람에게 창의력과 과제 해결의 기회가 찾아온다.

이는 또 다른 의미가 있다. 몰입을 한다고 해서 무조건 목표를 높게 설정하고 열심히 골방에 틀어 박혀서 일을 하라는 의미는 아니다. 인간은 근본적으로 원시 시대부터 먹이를 찾아서 돌아다니었기 때문에 하루에 적어도 8~15㎞는 걸어주어야 생각이 활성화된다고 한다(『The Best Place To Work』, Ron Friedman).

그렇다고 돌아다니기만 하라는 것은 아니다. 캘리포니아대학의 어바인 캠퍼스 연구원들에 의하면 사람이 일을 하다가 다른 데에 주의를 빼앗기면 본래 하던 일로 되돌아가는데 평균 23분이 걸린다고 한다. 중요한 것은 개인이 자율성을 가지고 높은 목표를 설정하고, 이 목표를 달성할 수 있는 역량을 갖고 몰입하여 성과를 달성하고, 피드백을 빠르고 공정하게 하는 것이 중요하다.

조직의 몰입

그렇다면 조직의 몰입은 어떻게 이루어지는가? 역사학자 피터 터친은 『제국의 탄생』에서 제국의 성립 조건을 '아사비야(Asabiya)'라고 했다. '조직의 결속력'이 강한 나라가 제국이 되었다는 것이다. 인류의 역사상 제국이라고 불릴 만한 나라는 '몽고', '로마' 그리고 현대의 '미국'이라고 할 수 있는데, 이들은 아사비야가 강하다는 것이다.

결속력을 높이는 조건으로는 1) 모든 구성원이 목표/핵심가치/일하는 방법을 한 방향으로 정렬을 해야 하고, 2) 공정한 평가와 배분이 이루어 져야 하며, 3) 상호간에 신뢰가 형성되어 있어야 한다고 한다. 내가 상대방에게 기대했던 행동이 그대로 될 것이라는 믿음이 중요하다고 한다.

　이러한 조건 외에도 가장 중요한 것은 '희생'이다. 내가 조금 손해를 보더라도 조직을 위해 기꺼이 헌신하겠다는 마음으로 행동하는 사람이 많을수록 강한 조직이 된다. 몽고제국의 리더들이 전장의 가장 앞에서 진격을 하고 로마의 백부장들이 전쟁터의 가장 앞에서 싸워 나갔듯이, 제국의 탄생 뒤에는 항상 희생하는 사람이 많았다.

　미국의 대학에 가보면 거의 모든 대학의 본관 주출입구 복도에서 유사한 모습을 볼 수 있다. 바로 전 세계의 자유와 평화 그리고 정의를 위해 희생한 자기 학교의 재학생이나 졸업생들의 사진이 걸려 있는 것이다. 그 참가한 전쟁이 정의롭고 올바른 전쟁인지 아닌지는 따지지 않는다. 자신의 나라를 위해 목숨을 바친 사람들을 항상 자랑스럽게 생각하고 그들의 희생정신을 본받기 위해 기념하는 것이다.

　반대로 제국의 붕괴조건으로는 '마태원리'를 들고 있다. 마태원리란 신약성경의 마태복음에 나오는 이야기로 먼 길을 떠나는 주인이 세 명의 종을 불러 각기 금화 5냥, 3냥, 1냥을 나누어 주었다가 여행을 마치고 돌아와 정산을 하면서 5냥에서 5냥을 더 번 종에게는 합 10냥을 상으로 주고, 3냥을 받아 3냥을 더 번 종에게는 합 6냥을 주었으나, 1냥을 받아서 땅에 묻었다가 주인에게 돌려준 종은 그 1냥마저 빼앗고 집 밖으로 내쫓았다는 이야기에서 나온 것이다.

　즉, 우리말로는 '부익부 빈익빈'의 현상을 말한다. 몽고와 로마 제국은 초창기 아사비야가 넘쳐서 세계의 제국이 되었으나 제국의 말기에는 부의 분배가 불공정해지고 빈부의 격차가 심해져서 분열의 단계로 접어들었다고 한다.

협업이 잘되는 조직은 결속력이 강하고, 결속력이 강한 조직의 속에는 희생이 녹아 있다. 반대로, 평가가 공정하지 못하고 부의 분배에 쏠림 현상이 있게 되면 조직의 결속력은 와해되고 분열의 수순을 밟게 되어 있다.

분석적인 조직을 위한 리더의 역할

분석에 강한 조직을 만들기 위해서는 리더의 역할이 중요하다. 위에서 말한 것처럼 개인과 조직의 몰입을 위해 여건을 마련해주어야 한다. 이렇게 구성원 개개인이 자율성을 가지고 몰입을 해서 조직의 목표를 추구해야 다양한 환경의 변화에 다양한 역량과 기술을 가지고 대응할 수 있다.

종종 리더들은 나이 먹고 오래된 기술을 가지고 큰 소리만 친다고 하는 젊은 세대들이 있는데, 리더가 모든 기술적인 면에 있어서 구성원들의 실력을 앞서야 하는 것은 아니다. 리더들은 소리만 듣고도 설비의 어디에 이상이 있을 것이라는 의견을 내고 고객의 움직임을 보고 어떤 문제가 있을지도 모른다는 직감을 갖듯이 경험을 바탕으로 한 통찰력을 발휘하여야 한다.

토마스 H. 데이븐포트는 분석조직에서의 리더의 역할을 다음과 같이 정리하고 있다.

1. 사람 관련 스킬을 키워라. 분석이라는 것은 단지 기술에 불과

한 것이 아니라 사람관계에서 나오는 문제를 다루는 것이고 이를 분석하기 위해서는 사람에 대한 이해가 바탕이 되어야 한다.

2. 더 많은 데이터와 분석을 요구하라. 경험에서 나온 직관을 뒷받침 할 수 있는 것은 현장에서 나온 풍부한 데이터와 문제에 대한 정확한 분석이다. 조직으로 하여금 궁극의 목표를 달성할 수 있는 데이터와 분석을 끝까지 요구해야 한다.

3. 똑똑한 사람을 채용하고 스마트하게 일할 수 있도록 하라. 분석능력을 갖추고 문제의식이 있는 사람을 채용하고 이를 활용할 수 있는 자리에 배치를 하고 성과를 낼 수 있도록 환경을 만들어주고 지속적으로 자극을 해야 한다.

4. 활용할 수 있는 실례를 만들어라. 데이터가 중요하고 분석이 중요하다고 이론을 말하고 타사의 사례만 이야기하면 안 된다. 자사만의 사례, 내가 하고 있는 일에 대한 적용사례를 만들어 실제로 활용하면 성과가 난다는 것을 보여주어야 한다.

5. 성과 결과에 동참하라. 일반적으로 분석적인 기법을 도입하는 초기 단계에서는 분석 전문가를 채용하고 이들이 하는 일을 이해하지 못하는 경우가 많다. 이때에 리더들은 최소한 분석 전문가 들이 각 분야별로 구체적인 성과를 도출할 수 있도록 성과의 결과물에 대해 동참하는 것이 필요하다.

6. 가르쳐라. 스스로의 역량 향상을 위해 또한 구성원들의 분석역량 향상을 위해 끊임없이 가르쳐야 한다.

7. 전략을 수립하고 성과기준을 설정하라. 팩트에 기반하고 분석

적인 의사결정의 문화를 정착하기 위해서는 해당 조직에 적합한 도입 전략과 이를 통해 무엇을 얻을 것인지를 구체화해야 한다.

8. 도입을 촉진할 계기를 마련해라. 모든 곳에 분석적인 기법을 도입할 수 있지만 처음의 시작을 잘 하기 위해서는 효과가 잘 나타날 수 있는 분야에 우선적으로 도입하여 성공을 경험하는 것이 좋다.

9. 지속적인 추진의 의지를 보여라. 변화는 하루아침에 일어나지 않는다. 포기하지 않고 끝까지 추진해야 한다는 리더의 의지를 보여줘야 한다.

10. 분석 환경을 구축하라. 내부의 분석적 환경을 위해 데이터를 모으고, 정제하고, 분석하는 환경뿐만 아니라 외부의 전문가 집단과의 네트워크를 구축해야 한다.

11. 다양한 분야에 적용하라. 한두 군데에 적용해서 분석적인 조직이 구축되지는 않는다. 가능한 한 다양한 분야에 분석적인 기법을 적용하고 성공시켜라.

12. 분석의 한계를 알아야 한다. 분석이 만능은 아니다. 인간이 가지고 있는 예술적이고 추상적인 능력을 활용하여 큰 그림이 어떻게 갖추어지고 변화해 가는지를 머리속에 그리면서 분석의 다양한 기법을 활용해야 한다.

조직이 분석조직이 되기 위해서는 구성원들이 개인의 차원에서 조직의 차원에서 몰입하여 일하는 것이 중요하다. 인간은 근본적으로 변화를 추구하고 앞으로 나가고자 하는 속성을 갖고 있다. 이를 활용할 수 있는 환경을 만들어주는 것이 리더들이 할 일이다. 구성원들이 이런 마음으로 살아가기를 바란다. 세상에 왜 왔는지를 밝히는 것은 철학자들에게 맡기자. 내가 살다가는 세상에 내가 무엇을 남기고 갈 것인지를 고민하자.

스스로 문제를
발견하는
조직 만들기

조직의 구성원들이 스스로 몰입하여 일하는 자율조직이 중요하기는 하다. 그러나 자율을 지나치게 강조하면 개인의 책임을 강조하게 되고 이는 구성원들로 하여금 공포감을 갖게 할 수 있다. 즉, 회사는 너에게 전권을 위임했으니 이 일에 대해서는 당신이 책임지고 일하고, 일이 잘못되는 경우에도 당신이 모든 것을 다 책임지라고 하면 조직이 활성화되기는커녕 오히려 불안감을 갖은 구성원들이 아무 것도 하지 않아 경직된 조직이 되어버리고 만다.

자율의 중요성

조직에서 상사와 후배 간에 벌어지는 일상적인 일을 풍자한 그림이 인터넷에 떠돈다. 보고 웃을 일이지만 실제로 직장생활에서는 다

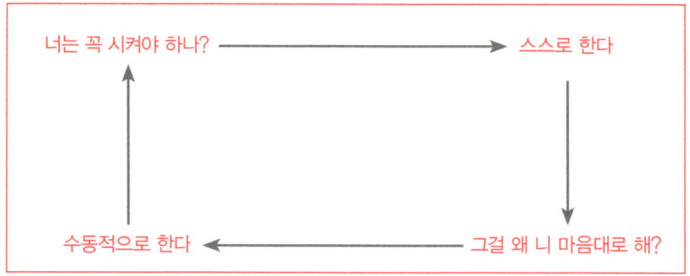

반사로 이루어지는 현상이다. 물론, 상사들은 자기는 절대로 이런 경우가 아니라고 우기고 싶겠지만 말이다.

하버드대학교의 엘런 랭어는 요양원에 있는 환자들의 절반에게는 화초를 나누어주면서 그것을 돌보라 했고, 나머지 절반의 환자들에게는 요양원의 직원들이 돌보아줄 것이라고 말을 했다. 6개월 뒤 화초를 돌보는 일조차 할 수 없었던 환자들은 행복감과 건강, 활동력이 모두 떨어졌다. 더 심각한 것은 자신의 화초를 돌본 환자 중에 사망한 사람은 15%이었는데, 화초를 돌보지 못했던 환자들 중에는 30%나 사망을 한 것이다. 인간이 자신의 삶을 스스로 이끌어 가면서 살아가지 못한다고 생각하는 사람은 그렇지 않은 사람에 비해 실패할 확률이 더 높고, 심리적 육체적 건강도 더 나쁘다고 한다(『59초』, 리처드 와이즈먼 지음, 이충호 옮김, 웅진지식하우스).

더욱이 기술의 발달 속도가 빠르고 기술이 점점 미세화되고 세분화되어 가는 세상은 일부의 엘리트 리더들이 모든 것을 지휘 감독하던 방법으로는 더 이상 대응하고 경쟁에서 이겨나가기 어려운 환경을 만들고 있다. 조직이 커질수록, 환경의 변화가 극심할수록 구성원들의 자율을 바탕으로 한 협업이 더욱 중요해 진다. 더욱이 분석 조직의 경쟁력을 확보하기 위해서는 다양한 정보를 전체적으로 통합하고 이를 다시 연관되는 분야별로 다양하게 정보를 해석하고 전사적인 전략의 방향을 정하고 시시각각 변해가는 상황에 빠르고 유효하게 대응하기 위해서는 조직의 운영체계가 자율을 바탕으로 한 시스템적 완결성이 요구된다.

조직 운영 체계의 재검토

일반적인 조직의 운영체계는 다음과 같이 정리할 수 있다.

조직은 외부의 자극와 인풋(Input)을 조직의 생산/전환 과정을 거

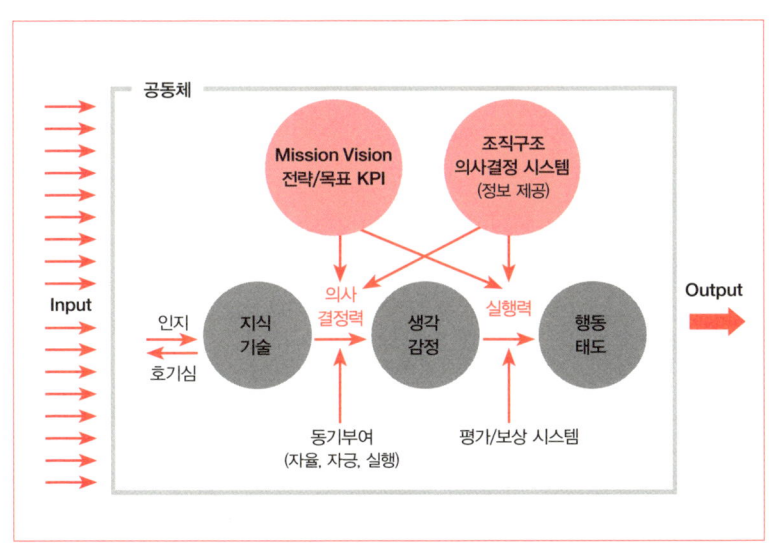

조직 운영

쳐 외부에 제품과 서비스로 되돌려 주는 역할을 한다. 여기에서 지식과 기술을 가진 사람이 외부의 자극을 인지하거나 호기심을 가지고 먼저 탐색을 하여 정보를 취득하게 되면 문제에 대한 해결책을 의사결정 하여 행동에 옮기게 된다. 이때 이러한 구성원의 인지, 사고, 행동의 과정을 효과적으로 지원하기 위해서 조직은 정체성을 확보하고 의사결정을 지원하며, 구성원들에게 동기부여를 하여, 구성원들이 인지의 단계에서 멈추지 않고 생각과 감정의 변환 과정을 통해 행동으로 실천하게 환경을 만들어 주는 것이 필요하다.

여기서 지식과 기술을 가진 구성원이 조직의 경쟁력을 위해 의사결정을 하기 위해서는 세 가지의 지원이 필요하다.

첫째는 구성원이 조직에 대한 소속감을 가져야 한다. 개인이 조직에 같이 있는 것은 개인이 할 수 없는 더 큰 일을 하기 위해서이다. 따라서 개인이 자신의 일의 수준을 조직의 목표 수준에서 바라보고 삶의 목표 수준에서 생각하는 사람은 일에 대한 자세와 의사결정의 품질이 다르다.

둘째는 보다 나은 의사결정에 필요한 정보가 제공되어야 한다.

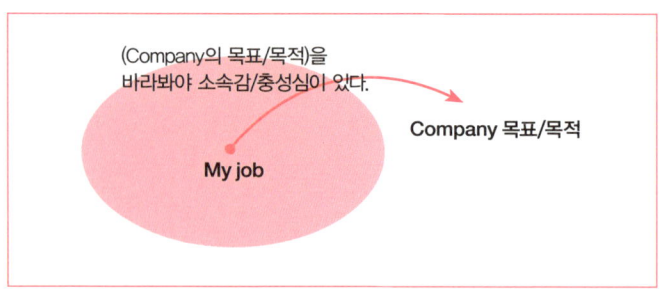

스스로 선택할 수 있는 사람들이 과업에 대한 몰입도가 높다고 한다. 구성원의 자기 결정권을 보장하고 선택을 위한 충분한 정보가 제공되어야 한다. 구성원은 선택의 결과에 대해 어떤 결과가 나올 수 있는지, 제약요인은 무엇인지, 미처 고려하지 못한 사항은 무엇이 있는지 등을 충분히 고려할 수 있는 역량을 갖추어야 한다.

셋째는 동기부여가 중요하다. 이에 대해서는 몰입환경 조성하기에서 충분히 논의를 하였다. 의사결정이 제 아무리 훌륭하다고 해도 실천하지 않으면 아무 소용이 없다. 코넬대학의 토머스 길로비치의 연구에 의하면 사람들의 25%는 어떤 일을 한 것에 대해 후회를 하고, 75%는 어떤 일을 하지 못한 것에 대해 후회한다고 한다. 의사결정의 과정을 거쳐서 구성원이 자신의 생각과 감정에 따라 행동으로 옮기고 태도로 표출되는 데에는 평가 보상 시스템이 중요하다. 공정한 평가와 성과에 따른 보상이 적절하게 이루어지는 것이 조직의 시스템을 유효하게 하는 요건이다.

조직이란 결국 사람의 집합체이다. 이 조직이 경쟁력을 갖추기 위해서는 개개의 구성원의 경쟁력이 중요하고, 구성원이 최선을 다해 역량을 발휘해 성과를 창출하는 것이 중요하며, 조직은 구성원들이 자율적으로 조직의 성과에 몰입할 수 있도록 지원하는 시스템을 효과적으로 운영하는 것이 필요하다.

사명 선언문을 생활화하기

조직의 관리에 있어서 미션과 비전을 공유하고 전략을 수립하여 중요 과업지표를 설정하고 구성원의 개인 단위에 까지 목표를 전개하는 것은 탑 다운의 관리 행위로 거시관리에 해당한다. 여기에 구성원들이 실제로 과업을 수행하는 것에는 두 가지의 영역이 존재한다.

하나는 조직의 위에서부터 전달된 과업의 수행이고 또 하나는 주어진 과업 이외에 외부의 환경이 조직에 요구하는 것에 대해 대응하는 것이다. 이때 개개의 구성원들이 주어진 업무만 수행하고 외부의 추가적이거나 새로운 요구에 대해 반응하지 않게 되면 조직은 위기에 처할 수도 있다.

개개의 구성원들이 주인의식을 갖기를 원하는 것은 모든 경영진의 마음이다. 경영자 혼자서 모든 것을 다 할 수 없기 때문에 조직이 만들어지고 각 수준에 따라 의사결정을 하기 위해 위계질서를 만드는 것이다. 그러나 종종 이러한 조직의 전체적인 작동에 대해 착각하는 리더들이 있다. 자신이 구성원이 하고 있는 일을 비롯해 구성원의 모든 것을 알고 있어야 하고 구성원들은 자신의 지시에 따라야 한다는 강박관념에 사로잡힌 사람들이 있다.

이런 류의 리더들은 모든 상황을 통제해야만 자신의 뜻대로 일이 잘 진행되고 있다는 착각을 하는 사람들이다. 문제는 이런 리더와 같이 일하는 구성원들은 점점 수동형으로 변하여 간다는 것이다. 다시 말하지만 조직이 능동적이고 환경변화에 기민하게 대응하기 위해서는 조직의 최일선에서 의사결정이 이루어지는 것이 가장 좋다. 거래(Transaction)가 이루어지는 곳, 제조가 이루어지는 곳, 서비스가 이루어지는 곳에서 일을 하는 구성원이 의사결정을 하는 조직이 강한 조직이다.

의사결정이 조직의 위계상 위로 가야 하는 경우는 동일한 사안에 대해, 동일한 정보의 양이 주어진다고 하더라도 다른 의사결정을 내릴 수 있는 가능성이 있는 것에 한한다. 통상적으로 이런 경우는 조직의 다른 분야에도 영향을 미칠 수 있는 경우, 예산에 대해 선택적으로 사용이 가능한 경우, 또 미래 조직에 영향을 많이 주어 전략적인 검토가 필요한 경우 등이다.

의사결정이 조직의 최일선에서 이루어지기 위해서는 구성원들이 '사명선언문'을 가슴에 품고 있어야 한다. 소위 '엘리베이터 스피치'라고 해 내가 하고 있는 일을 30초 내에 설명을 할 수 있어야 한다.

엘리베이터 안에서 회사의 사장님을 만났을 때, "요즘 무슨 일을 하고 있나?"라는 질문을 받고 사장님이 엘리베이터에서 내리기 전까지 주어진 30초 동안 조직에서 내가 차지하고 있는 중요성과 현재 하고 있는 일이 조직의 발전에 어떻게 기여하고 있는지를 완벽하게 설명해야 한다는 것이다.

이를 잘 설명하기 위해서는 다음과 같이 정리를 하는 것이 필요하다. 조직의 미션에서부터 실제의 행위에 이르는 비전 체계를 참조하여 1) 어떤 결과물을 위해 2) 조직 전체의 상황을 고려하여 3) 간단하게 설명을 할 수 있어야 한다.

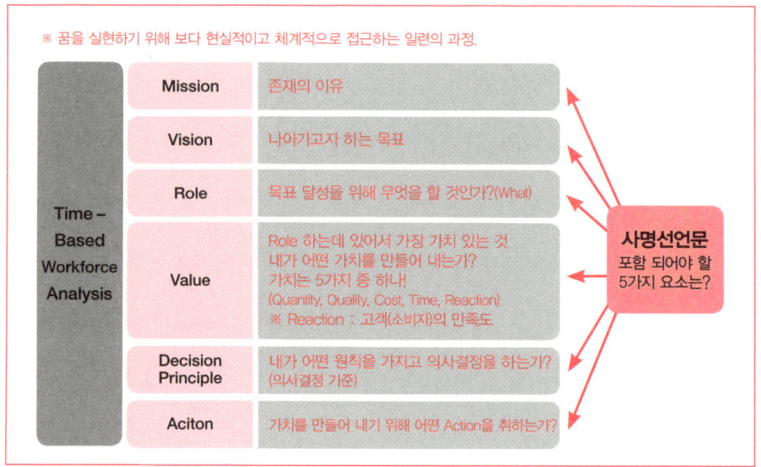

비전 체계

　이러한 사명선언문은 그럴 듯하게 만들어서 조직에서 공표를 하고 책상 앞에 걸어 놓기 위한 장식용이 아니다. 모든 구성원들이 매일 아침 회사에 출근하면서 마음속으로 내가 오늘은 무슨 일을 어떻게 해서 어떤 결과물을 내는 것이 삶을 가치 있게 하는 것이다 라는 생각을 정리할 수 있어야 한다. 남이 시켜서 일을 하는 것이 아니라, 생계를 위해 별수 없이 일을 하는 것이 아니라, 명예와 승진을 위해 일하는 것이 아니라, 내가 세상에 와서 가치 있는 삶을 사는 것이 가장 값진 것이라는 인생의 사명을 스스로 다짐하는 것이 중요하다.

　분석적인 조직이 되기 위해서는 모든 구성원들이 자율적으로 문제를 발견하고 해결하는 것이 중요하다. 이를 위해서 조직은 시스템적으로 의사결정을 지원하고 구성원들이 자발적으로 최선을 다해 즐겁게 일을 할 수 있도록 환경을 제공하여야 한다.

데이터로 성과 관리하는 법

조직이 강력한 실행력을 갖추기 위해서는 동기부여와 평가 보상을 잘해야 한다. 데이터를 통해 동기 수준을 파악하고 주간, 월간 단위 성과관리 및 성과에 대한 보상의 문제점을 파악하여 조직 운영에 반영하는 것이 중요하다.

조직의 동기수준 파악하기

2015년 닐 도쉬와 린지 맥그리거는 전세계에 걸쳐 2만 명이 넘는 근로자와 50여 개의 주요기업에 대해 조사한 '왜 우리가 일을 하는지를 아는 것은 성과에 영향을 미친다'라는 연구 결과를 발표했다. 여기서 이들은 사람을 움직이는 동기에 대해서도 과학적인 접근이 필요하다고 한다. 과학적인 접근이란 조직의 행위에서 일정한 패턴을

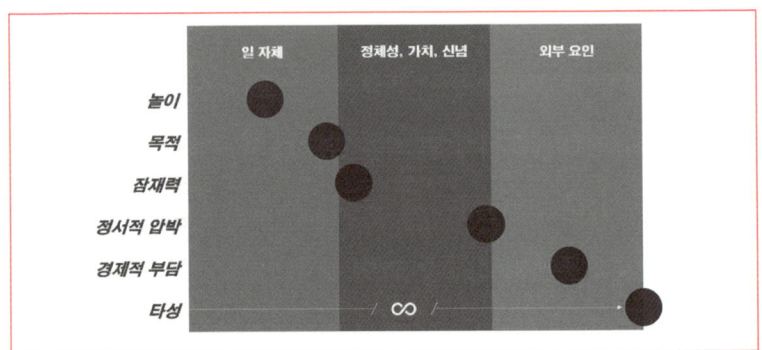

동기부여 요인

발견하고 그 패턴에 대해 프레임을 만들고, 그 프레임을 정형화시켜서 미래를 예측하는 것이다. 그 결과, 사람의 행위를 유발하는 동기에는 여섯 가지로 간략화할 수 있다고 한다.

위의 그림에서와 같이 동기요인은 놀이(Play), 목적(Purpose), 잠재력(Potential), 정서적 압박(Emotional Pressure), 경제적 부담(Economic Pressure) 그리고 타성(Enetia)로 구분이 된다. 앞의 세 개는 일 자체와 직접적인 관계를 갖는 직접적 동기요인으로, 뒤의 세 개는 일에서 좀 떨어진 간접적 동기요인으로 분류가 된다.

이들은 여러 가지 사례를 통해 동기요인에 대한 상관관계를 다음과 같이 검증하였다. 그리고 이러한 다양한 분석을 통해 구성원들에 대한 동기수준을 측정할 수 있는 공식을 발견하였다.

총동기=(10×놀이)+(5×목적)+(5/3×잠재력)-(5/3×정서적 압박)-(5×경제적 부담)-(10×타성)

그리고 아주 간단한 6개의 질문으로 우리 회사의 동기수준을 파

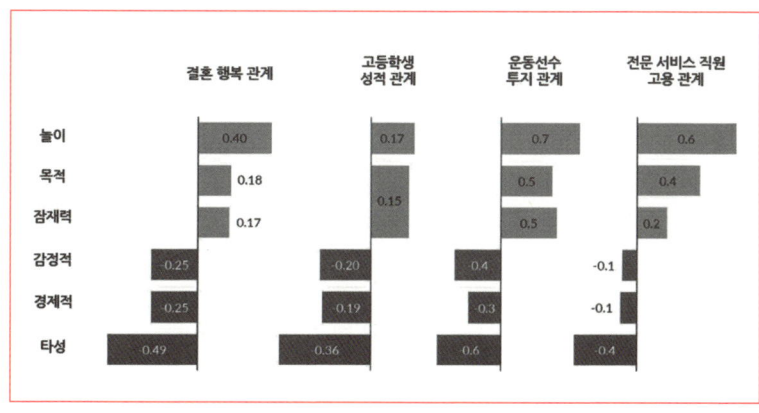

악할 수 있다.

1. 나는 지금하고 있는 일이 재미있기 때문에 계속해서 이 일을 하고 싶다.
2. 내가 현재의 일을 계속 해야만 하는 이유는 없다.
3. 내 일은 나의 실력과 잠재력을 향상시키는데 도움이 되기 때문에 이 일을 계속하고 싶다.
4. 내가 지금 하고 있는 일을 그만 두면 가족을 실망시킬 수 있기 때문에 현재 일을 계속하고 있다.
5. 내 일은 우리 회사의 비전 달성에 영향을 미치고 있기에 중요하고 의미 있다고 생각한다.
6. 내가 지금하고 있는 일을 그만두면 경제적 어려움이 있기 때문에 일을 계속하고 있다.

설문의 순서는 기계적인 응답을 피하기 위해 여섯 가지 동기요인의 순서와 다르게 배열되어 있다.

앞의 공식에서와 같이 직접적 동기요인은 가점을 하고 간접적 동기요인에 대해서는 차감을 한다. 총동기의 점수는 +100~-100점으로 산출되도록 되어 있다. 여러 회사의 조사 결과에 따르면 상대적으로 총동기 점수가 높은 회사의 경우는 아래 그래프와 같다.

실제 구성원들의 조사 결과에 의하면 총동기 점수는 그리 높지 않게 나온다. 아래 그래프를 보면 연구 결과 발표 당시까지 가장 높은 점수는 사우스웨스트 항공사였다. 그 바로 옆에 '엄지 척' 회사는, 이 연구 결과에 따라 구성원들의 동기수준을 높이기 위해 1년 동안 노력한 후의 내가 속한 회사의 점수이다.

연구 결과에 따르면 총동기가 높은 기업과 낮은 기업의 가장 많은 영향을 미친 것으로 '보상수준', '리더십'일 거라는 일반적인 예측과는 달리 '역할 설계', '조직 정체성', '경력경로'로 나타났다(『무엇이 성과를 이끄는가』, 닐 도쉬, 린지 맥그리거 지음, 유준희, 신솔잎 옮김, 생각지도).

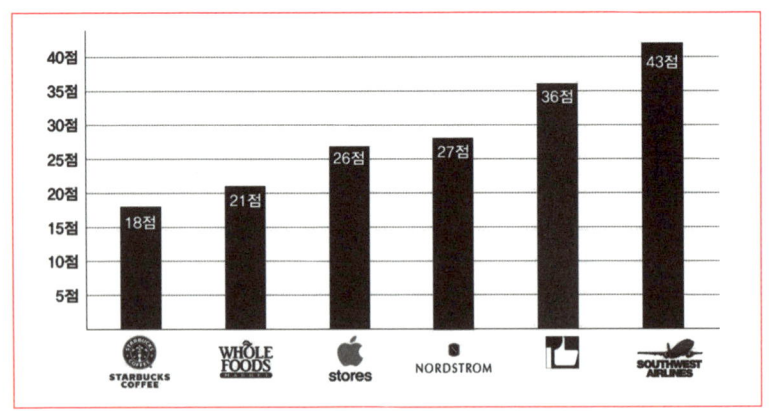

주간 단위 동기부여

위의 연구결과에서 구성원들의 총동기를 향상시키기 위한 실천적인 방법으로는 1주일에 한 번씩 주간 미팅을 하는 것이다. 미팅은 전달이나 보고식이 아니고 상호간에 일상적인 대화를 주고받는 형식이어야 한다. 즉, 구성원들이 부담이 없이 일주일간 일어난 일에 대해 서로의 일상사를 이야기하는 형식으로 진행하는 것이 좋고 8명 기준으로 45분 이내에 끝내는 것이 좋다. 이 미팅에서 우리는 연구자들이 제안한 세 가지 질문에 협업에 관한 질문을 추가하여 매주 소그룹 단위로 미팅을 진행하였다.

1. 이번 주에 내가 하는 일에서 무언가 다르게 해본 것은 무엇인가?
2. 나는 이번 주에 일을 통해서 조직의 경쟁력에 어떻게 기여하였는가?
3. 다음주에 나는 나의 성장을 위해 무엇을 새롭게 배울 것인가?
4. 이번 주에 나에게 도움을 준 동료는 누구였고, 무엇을 도와주었다.

이러한 질문들은 처음에는 어색한 질문들이고 상호간에 어려워하지만 시간이 지나면서 익숙해지면, 자신의 일을 통해 새로운 것에 도전해본 것에 대해 자랑하는 시간이 된다. 도전이라고 해서 엄청나게 큰 것을 말하는 것은 아니다. 앞부분의 영국의 사이클 대표팀 이야기를 하면서 한계개선(Marginal Gains)이라는 표현을 사용하였는데, 이와 같이 아주 작은 것이라도 무엇인가 새롭게 해보는 것을 공유하는 자리이다.

주의할 것은 여기서 상호간의 경험을 나누기 위해 회의자료 형태로 만들어지면 안 된다. 말 그대로 일을 즐기기 위해 서로의 경험을 나누는 자리가 되어야 한다. 이렇게 작게 시작된 미팅은 작은 성공의 경험이 누적이 되고 상호간에 시너지가 발생을 하면서 조직 전체로는 큰 변화가 일어날 수 있다.

또한 같이 경험을 나누는 자리에서 듣는 사람들의 반응이 중요하다. 발표하는 사람의 내용이 아무리 일상적인 것이라 하더라도 다같이 맞장구를 쳐주는 것이 중요하다. 이때 소모임을 이끄는 리더의 자세가 특히 중요하다. 아무런 반응을 보이지 않는다든가 "그거 내가 해 봤는데 안돼", "당신이 그걸 어떻게 해?", "그래서 어떻게 할 건데?", "그거 밖에 안 돼?" 등의 반응을 보이면, 구성원들은 다시는 이런 자리를 하고 싶지 않아진다. 작은 노력에도 감탄하고 칭찬하고 격려하면 구성원들의 사기는 올라가고 조직은 활력을 갖게 된다.

월 단위 성과 관리

월 단위 성과 관리를 위해서 우리는 조금 다른 방법을 사용한다. 성과는 구체적인 행위와 지표로 관리될 때 강력한 힘을 발휘한다.

2차 대전 때의 일이다. 적의 진지를 포격하고 돌아오는 임무를 수행하는 폭격부대의 지휘관은 고민이 생겼다. 폭격을 나간 비행 조종사들이 적진지에서 쏘아 올리는 대공포에 대한 두려움과 그 연기 때문에 폭격 목표지점에 이르기도 전에 폭탄을 투하하고 돌아오는 폭격기들이 많았던 것이다. 이 문제를 어떻게 풀까 고민하던 지휘관이 생각해낸 방법은 바로 전 부대원이 모여 있는 데에서 각 폭격기 별로 목표 지점과 실제 폭탄 투하 지점에 대해 지도 위에 표시를 하여 그 차이를 공표하는 것이었다. 이러한 성과공유의 방법을 취한 다음부터 폭격기들의 목표지점과 실제 폭탄 투하 지점의 차이가 현격하게 줄어들었다고 한다. 아무도 모든 동료 구성원들 앞에서 겁쟁이로 보이고 싶지는 않았던 것이다.

우리는 월 단위의 성과를 공유하고 점검하기 위해서 월별로 성과를 세 가지 영역으로 정리를 하여 공유한다.

1. 지금 내가 또는 우리 부서가 추진하고 있는 중요한 일은 무엇인가? 조직의 목표 달성을 위해서, 경쟁력 향상을 위해 추진하고 있는 것.
2. 지금 하고 있는 일을 더 잘하기 위해서 무엇을 했는가? 일하는 방법, 프로세스, 의사결정의 방법, 구성원들의 역량 향상을 위해 하고 있는 것.
3. 지금 하고 있는 일에서 경계를 확장하기 위해 무엇을 했는가? 새로운 가치를 추구하기 위해 한 일(가치 피라미드 활용).

1번은 3개, 2번과 3번은 각기 1개씩을 발표한다. 각 과업에 대해서는 목표가 측정 가능하여야 하고 납기가 분명해야 하며 달성 수준도 계량적으로 구체적이어야 한다.

이렇게 성과의 개수를 제한하고 A4 용지 한 장으로 발표하도록 하면, 사람들은 5개 이외의 많은 과업은 어떻게 표현을 하냐고 질문한다. 우리는 철저하게 20%가 80%를 대표한다는 파레토 법칙에 의해 중요한 것 순위로 5개를 발표하지만, 발표 욕심이 많은 사람들을 위해 '기타 업무'를 적을 수 있도록 해준다. 그러나 회의석상에서는 이 기타업무는 공유하지 않는다.

익월 업무 계획에 대해서는 마찬가지로 세 가지 영역에서 다섯 가지를 제목만 적도록 한다. 익월 계획으로 작성이 된 것은 다음 달에 반드시 성과로 적도록 한다. 실제 운영을 하면 중간에 더 급한 일, 중요한 일이 발생해서 목표 자체가 바뀌거나 목표 수준이 변경된 경우가 있다면 변경하여 작성할 것을 요청하기도 한다. 그러나 계획에 대한 예측력을 제고하기 위해 익월 목표 항목은 실적 발표 시 변경할 수 없도록 한다. 일이 바쁘다고 하는 사람들을 보면 사전에 충분히 준비를 하지 않았거나 미리 예상하지 못한 경우가 많다. 조직의 예측력을 향상시키도록 격려하고 지원하는 것이 중요하다.

과업수행과 평가의 차이

회사에서는 일반적으로 평가 등급에 있어서 4~5단계의 등급을 사용하고 정규 분포에 가까운 등급별 인원 배분을 하고 있다. 과연 이것이 정당한가, 공정한가, 성과 촉진에 도움이 되는가 등의 여러 가지 논란이 있다.

미국의 프로농구팀 코치가 선수를 기용하는 비율을 조사한 것을 보면서 우리나라의 농구팀은 과연 어떨까라는 생각을 했다. 그래서 2015~2016년 프로농구 우승팀에 대해 출전 경기 비율별 분포를 그

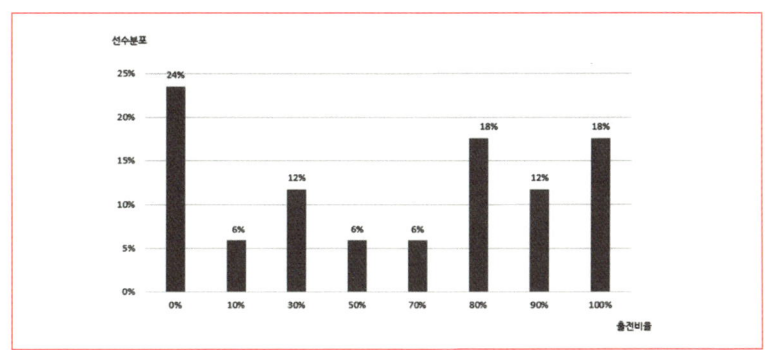

프로농구팀 출전 경기 비율별 선수 분포(1위 팀)

려보았다. 결과는 위의 그래프와 같았다.

　미국의 경우에는 100%를 출전한 선수들과 0%를 출전한 선수들 간의 양극화 현상이 더 두드러진다. 한 경기 한 경기마다 승수를 쌓아 가야 하는 농구 경기에서 감독들은 경기에 도움이 되는 선수 중심으로 기용하기 때문에 선수단 17~20명의 선수 중에 출전 비율이 높은 선수와 낮은 선수로 양분이 된다.

　그럼 회사에서의 업무 처리 현황은 어떨까? 우리는 일을 하면서 리더와 구성원들 간에 상반된 이야기를 듣는다. 리더는 중요하고 어려운 일이 있을 때면 "아, 일을 시킬 사람이 없다"고 하고, 구성원들은 "왜 만날 나만 시켜?"라고 불만을 털어 놓는 것을 종종 본다.

　그래서 매월 전체 회의에서 발표되는 팀별 성과발표 기록을 조사하였다. 월성과 발표에 올라가 있는 과업들은 개인별 일상적 직무 이외에 팀 단위나 전사차원의 중요한 과업을 발표하도록 되어 있기 때문에 농구 경기와 같이 팀장이 일을 잘하는 팀원들을 주로 기용하지

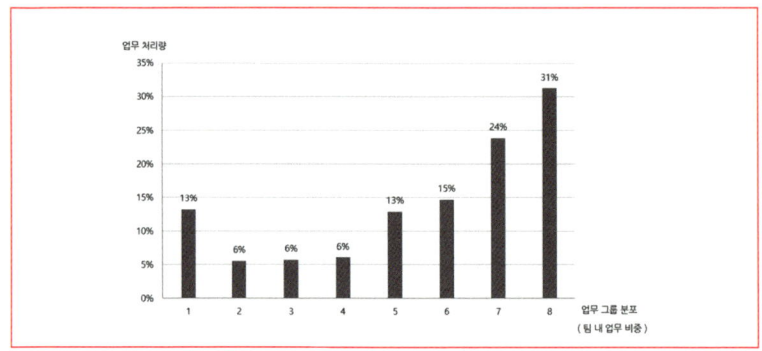

중요과업 수행 분포

않을까 하는 추정에서였다.

위 그래프는 1년 간의 중요과업을 수행한 구성원들의 분포이다. 농구선수들의 분포와 상당 부분 닮아 있다.

여기에 우리가 평가와 보상등급으로 사용하는 분포를 더해 보면 아래의 그래프과 같다. 정규 분포로 대표되는 보상 등급의 분포와 실제 과업의 수행 분포 간에 괴리가 발생하는 것을 볼 수 있다.

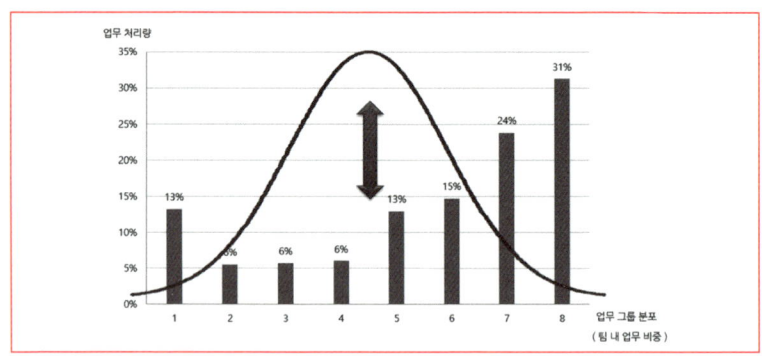

중요과업 수행 분포와 보상 등급 분포

조직이 과업을 수행하고 보상하는 것에서 문제가 발생을 하는 것이 두 분포 간의 괴리에서 출발하는 것을 알 수 있다. 실제 중요과업을 수행하는 일부를 중심으로 평가와 보상이 이루어지는 것이 강한 성과주의라고 주장할 수는 있겠지만, 우리가 조직을 공동체의 차원에서 다시 생각을 해보면 그 결과는 다르다.

앞에서 제국의 탄생은 조직의 결속력인 '아사비야'의 힘에 의해 결정이 되고, 제국의 분열은 '마태원리'에 따른다고 했다. 즉, 조직을 운영하면서 성과의 실제와 같이 평가등급을 차별화하면 조직은 구성원 간의 시기와 질투, 경쟁에 의해 결속력이 와해되고 경쟁력을 상실하기 쉽다.

여기에서 리더의 고민이 시작되는 것이다. 농구 경기와 같이 주전 선수를 주로 기용하고 주전이 못 되는 선수는 다음 시즌에 시장에 내다 파는 것이 불가능한 조직에서는 리더들은 다른 방법을 강구해야 한다.

고성과를 냈지만 충분히 보상해주지 못하는 고성과자들에게 승진과 교육의 기회 및 성장의 기회를 마련하든가의 방법으로 사기를 진작하는 한편, 중간에 있는 구성원들은 보다 더 많은 과업을 부여하고 끊임없는 코칭을 해주어야 하며, 분포의 좌측에 있는 구성원을 대상으로는 적성에 맞는 보직으로 전환배치를 하거나 부족한 역량을 향상할 수 있도록 교육의 기회를 부여해야 한다.

조직의 운영에 있어서 구성원들의 동기를 촉진하고 주간단위, 월

간단위, 그리고 성과와 평가/보상의 정책을 실시하기 위해서는 다양한 데이터를 활용하여 객관적으로 문제의 현황을 파악하고 분석하는 것이 필요하다.

7Habits로
자율조직 만들기

여기서 말하는 일곱 가지 습관은 스티븐 코비가 말하는 '7Habits'가 아니다. 강한 조직이 되기 위해서는 전사적으로 같은 생각과 일하는 방법으로 문제를 바라보고 이러한 문제해결의 과정은 반복이 가능해야 한다. 새로운 문제가 발생해도 시스템이 갖추어진 조직은 일사분란 하게 문제를 해결할 수 있다. 데이터에 기반하여 일하는 분석조직을 위해 공동체가 같이 해야 할 습관을 정리해본다.

새로운 가치를 추구하라

사막에서 가젤이 열심히 달려가고 그 뒤를 사자가 뒤쫓고 있다. 사자가 뛰는 이유는 가젤을 잡아먹어야 살아남고, 가젤은 안 잡혀야 살아남기 때문에 뛰어다닌다. 인류의 역사는 경쟁의 역사이다. 원시

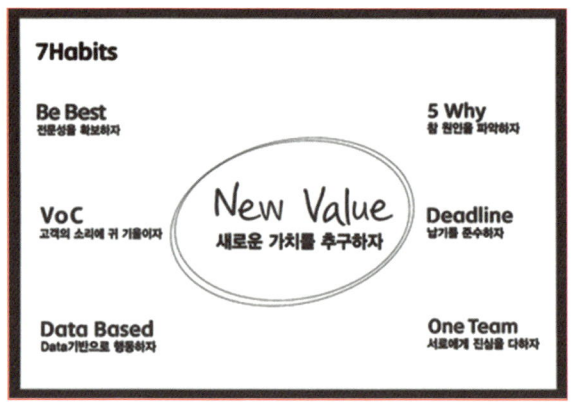

 시대부터 먹이를 사냥하기 위해서 열심히 먹이를 뒤쫓아다닐 때부터 먹이 사냥에 성공한 부족은 살아남고 먹이 사냥에 실패한 부족은 소멸했다. 경쟁에서는 살아남아야 한다. 살아남는 것 이상으로 경쟁자가 감히 쫓아올 수 없을 정도로 앞서 나아가야 한다.

 100m를 9초 58에 뛰는 우사인 볼트가 혼자서 400m를 뛰는 것이 빠를까? 네 명의 선수가 계주로 뛰는 것이 빠를까? 400m 세계기록은 남아프리카 공화국의 웨이드 판니커르크가 2016년 리우 올림픽에서 세운 43초 03이다. 400m 계주 세계 신기록은 자메이카 팀이 런던 올림픽에서 세운 36초 84이다.

 조직에서 조직이 성장하고 발전하기 위해서 제일 좋은 방법은 조직의 리더를 끊임없이 더 젊고 능력이 뛰어난 사람으로 교체하는 것이다. 조직의 젊음과 활력을 유지하기 위한 것이다. 새로운 가치를 만들지 않으면 조직이 살아남지 못하기 때문이다. 새로운 가치를 만드는 것이 제일 중요하다. 우리가 살아오는 방식대로 계속 살아가면 경쟁 사회에서 결코 살아남을 수가 없다. 이것이 핵심이다.

대개 창의성은 젊음의 분수에서 샘솟는다고 하지만 직원 아이디어 제안함을 운영하여 보면, 가장 가치 있는 제안은 주로 55세 이상인 구성원들에게서 나온다고 한다. 젊은 나이에 혁신을 이룬 사람도 나이가 들어서 새로운 것에 도전해서 큰 업적을 남긴 사람도 많다.

사람들의 창의성의 절정기는 사고 유형에 따르지 나이에 따라 달라지는 것은 아니라고 한다. 나이가 들고 전문성이 축적되어도 독창성을 유지하려면 실험적 접근 방식을 취해야 한다. 실험을 많이 할수록 과거의 아이디어에 제약을 덜 받는다고 한다(『오리지널스』, 애덤 그랜트 지음, 홍지수 옮김, 한국경제신문사).

창의적인 아이디어가 떠오르는 순간은 특정한 조건을 만들어 줌으로써 활성화를 시킬 수 있다고 한다.

첫째, 일상의 소음에서 분리된 홀로 있는 조용한 시간이 주어지면 15분 후에 새로운 아이디어를 생각해내기 시작한다. 혼자 있을 수 있는 공간과 시간을 확보하라 혼자 산책을 하는 것도 좋은 방법이다.

둘째, 어려운 과제가 주어지면 외부의 자극을 차단하고 마음의 내면을 들여다보는 마음산책을 하라. 일정을 바쁘게 짜지 말고 중간에 쉴 수 있는 시간을 마련하고 이 시간에는 스마트폰도 꺼놓고 여유를 즐겨라.

셋째, 중요한 결정을 해야 한다는 것은 심리적으로 큰 부담을 주고 이는 창의성의 가장 큰 적이다. 심적 부담이 되는 의사결정을 하기 위해서는 오히려 가장 기분이 좋은 상황을 스스로 만드는 것도 좋다. 좋아하는 친구와 수다를 떨거나 맛있는 음식을 먹거나 심지어는 가벼운 낮잠을 자는 것도 도움이 된다.

넷째, 한 가지 문제에 계속 집중하게 되면 다양한 정보를 받아들이는 데 장애가 발생하므로 다른 일들을 중간에 하게 되면 무의식의 세계가 더 많은 정보를 받아들여 더 좋은 의사결정을 할 수 있다. 특히 운동은 무의식의 세계가 활동하기 좋게 만들어 준다. 중간에 고객과 동료들과의 업무 미팅을 하는 것도 좋다('4 Steps to Having More Aha Moments', 「HBR」 2016.10, 데이비디 락).

전문성을 확보하자

최고의 프로 골퍼가 되는 조건은 우리가 일을 하면서 꼭 가져야 할 자세와 같다. 1) 목표를 정확하게 조준하라. 2) 스윙은 간결하게 하라. 3) 매너를 중시하라. 4) 패션 감각도 중요하다. 5) 엄청난 훈련이 요구된다. 6) 실수에 대해서도 인정하라. 7) 감정에 흔들리지 마라.

한국을 대표하는 프로골퍼 박인비 선수는 자신이 가진 신체적인 한계를 극복하고 세계적인 선수가 되었다. 손목이 짧아서 스윙을 크게 할 수 없어 거리에서는 상대적으로 약점이 있었다. 그래서 자신의 강점인 퍼팅에 최고가 되기 위해서 엄청난 연습량을 견디어내었다.

누구나 자기가 맡은 분야에서 최고가 될 수는 없다. 자신의 장점을 살려 남들과 다르게 할 수 있는 것을 발굴해야 한다. 나는 구성원들에게 '나만의 무기'를 만들어야 한다고 말한다. 그 무기가 '분석 능력'이 될 수도 있고, 현장을 속속들이 파악하고 있는 것일 수도 있고, 빼어난 패션 감각이 될 수도 있고, 밝게 웃는 웃음일 수도 있다.

    서비스 분야에서 최고라고 불리는 한 구성원은 자신만의 노하우를 나에게 말해주었다. 자신은 한번 온 고객은 이름과 여러 가지 특성을 적어 놓고 시간이 날 때 마다 외우는 노력을 한다고 한다. 그래서 다음번에 고객이 방문을 하면 이름을 부르면서 반갑게 인사를 한다고 한다. 당연히 이 구성원에 대해서는 주위에서 항상 칭찬이 자자하다.

    어떤 구성원은 '나만의 무기'가 무엇일까 고민을 엄청 했다고 한다. 그런데 아무리 생각해도 자신만의 강점이 생각이 나지를 않았다는 것이다. 외모가 뛰어난 것도 아니고, 기획력이 뛰어난 것도 아니고, 웃음이 아름다운 것도 아니어서 고민에 고민을 하다가 생각해낸 것이 '하나 더'라고 한다. 고객이 자기에게 와서 용무를 마치고 갈 때 "더 도와 드릴 것이 없을까요?"라고 묻고, 고객이 다른 창구에 가서 이런 것을 알아볼 것이라고 하면, 그에 대해 담당자와 방법을 알려주는 추가 적인 서비스를 제공한다는 것이다.

    성공한 사람과 실패한 사람의 차이점은 작은 것에 있다고 한다. 성공한 사람은 시간이 나면 자기가 잘하는 것을 더 잘하기 위해서 노력을 하지만, 실패한 사람은 내가 도대체 무엇이 부족한지 무엇을 잘 못하는지를 파악해서 그 부족한 부분을 채우기 위해 노력한다고 한다.

우리가 우스갯소리로 "가방 크다고 공부 잘하는 것은 아니다"고 한다. 공부를 못하는 사람일수록 시험이 닥쳐오면 봐야 할 책과 문제집이 많다. 주위에서 공부 잘하는 친구들이 보는 문제집을 사서 봐야 하는데, 다 다른 문제집을 보는 것이다. 그래서 참고서와 문제집이 다양하게 구비되어 있다. 그리고 이 책 저 책을 보다 보니 끝까지 본 책이 하나도 없다.

자기가 잘 할 수 있는 것을 집중적으로 하는 것이 더 현명한 것이다. 프로가 되려면 자기만의 전문성, 자신만의 무기를 만들어야 한다.

고객의 소리에 귀 기울이자

고객은 누구인가? 우리에게 무엇인가를 요청하는 사람이다. 고객이 원하는 것을 파악하여 대응하는 것이 중요하다. 고객에 대한 대응은 앞의 전문성을 기초로 한다. 전문성이 많을수록 고객의 필요에 빠

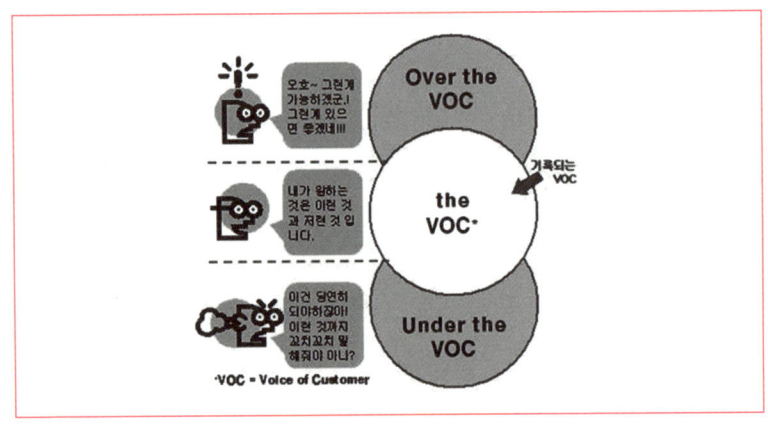

출처: 『VoC 3.0+』, 한국능률협회

르게 대응할 수 있다.

고객의 소리는 다양하게 들린다. 우리가 제공하는 서비스나 제품에 대한 불만이 있을 수 있고, 고객이 원하는 추가적인 서비스나 기능이 있을 수 있다. 가장 앞서가야 하는 것은 고객이 말하지 않는 것을 찾아서 제공하는 것이다.

말하지 않는 것에 대해 대응을 하기 위해서는 우리는 관찰을 생활화하여야 한다. 관찰은 사물이나 현상을 주의해 자세히 살피는 행위를 말한다. 고객의 행동이나 생활 패턴을 탐구하여 서비스나 제품에 반영하는 것은 많은 이익을 준다.

관찰을 통한 고객에 대한 철저한 이해가 혁신으로 이어질 수 있다. 선생님에게 대드는 것은 배우기 싫다는 것이고, 상사에게 대드는 것은 회사 다니기 싫다는 것이고, 고객의 뜻에 거스르는 것은 살기 싫다는 이야기이다.

다음은 100% 성실답변으로 유명한 국내 한 해충회사의 게시판 내용이다.

"바퀴벌레를 먹는 것이 문제는 없나요?"

"바퀴벌레는 고단백질이지만 병원균이 많아서 사전처리를 잘 하고 드셔야 합니다."

"국회에 우글대는 해충은 어떻게 퇴치합니까?"

"저희로서는 처음 보는 해충인 만큼 샘플을 채취해 보내주시면 현미경 등 각종 장비로 분석해 박멸법을 개발해보겠습니다."

"나는 안드로메다에서 온 우주인인데요, 우리 집에 가려면 몇 번

버스를 타야 되죠? 도와줘요…."

"그냥 오실 때 타고 오신 버스를 타고 가세요. 길 건너서 타시는 거 잊지 마세요."

데이터 기반으로 행동하자

소비자가 마트에서 우유를 사는 기준은 무엇일까? 소비자들은 왜 우유를 들었다 놨다를 반복하고 있을까? 바로 제조일자를 확인하기 위해서이다.

'유통기한 15.08.11. 01:00'라고 써진 이 한 줄이 우유시장에 지각변동을 가져왔다. 서울우유에서는 실제로 조사해보니 소비자의 64%가 유통기한을 확인하고 사고 있었고, 98%가 유통기한이 구매에 영향을 주었다고 답변을 했다. 소비자들은 유통기한이 많이 남은 제품을 신선하다고 생각을 하는 것이다.

그러나 유통기한이 10일 남았다고 하더라고 제조 및 운송과정에 따라 바로 어제 생산된 제품도 있고, 5일 전에 생산된 제품도 있었다. 소비자는 신선한 제품을 원한다는 것에 착안해서 제조일자를 유통기한과 같이 표시하기로 했다. 이 제조일자를 병기하면서 매출이 20%나 증가하였다고 한다.

혁신을 위해 우리가 많은 데이터를 확인해야 하는 것은 아니다. 중요한 데이터를 현장에서 세밀한 관찰을 통해 얻는 것이 중요하다. 『헬로 데이터 과학』에서 김진영 박사는 데이터를 다루는 것은 음식을 하는 것과 같다고 한다. 신선한 재료(좋은 데이터)를 가지고 좋은 주방기기(분석기법)로 보기에도(데이터 시각화) 좋고 맛도 좋은(핵심을 찌르는) 음식을 만들어 내는 것이다.

첫 번째, 좋은 재료 고르고 손질하기. 데이터는 현상을 최대한 잘 표현하는 것을 골라야 한다. 좋은 요리사는 좋은 재료를 얻기 위해 노력한다. 양질의 데이터를 확보하는 것이 좋은 분석의 첫 걸음이다.

두 번째, 재료 손질하기. 좋은 재료는 칼, 스푼, 계량컵 등 여러 가지 도구를 사용하여 잘 손질을 하여야 한다. 현장에서 얻은 데이터는 분석의 목적에 맞게 잘 다듬어져야 한다.

세 번째, 잘 조리하기. 준비한 재료를 가지고 맛있는 음식을 만드는 것은 요리사의 핵심역량이지만, 최고의 요리사들은 고객의 입맛에 따라 요리의 방법을 달리한다. 우리가 데이터를 분석할 때도 분석의 목적이 무엇인지 정확히 알고 분석의 결과를 원하는 사람은 어떤 자료와 결과의 핵심에서는 무엇을 원하는지를 알고 분석해야 한다.

네 번째, 먹음직스럽게 차려내기. '보기 좋은 떡이 맛도 있다'고 한다. 제대로 된 상차림은 요리를 완성하는 화룡점정이다. 데이터의 분석 결과를 원하는 이해관계 당사자에게 세련되게 전달하는 기술이 필요하다. 문제의 성격과 데이터의 특성에 맞는 시각화를 하고 한 번 들어도 현장의 문제를 그대로 알 수 있도록 스토리 라인도 잘 잡아야 한다.

마지막으로, 나만의 요리 비법. 가정주부들에게 어떤 밥이 가장 맛이 있냐고 물어보면, '남이 해주는 밥'이라고 한다. 그러나 나의 경쟁력을 위해서는 직접 데이터를 모아서 분석해보는 습관을 키워야 한다. 처음에는 어설프고 부족해 보일 수도 있지만 결국에는 다른 사람과 구별되는 나만의 좋은 무기를 갖게 될 것이다.

참 원인을 파악하자(5Why)

도요타의 오노 다이이치는 "어떤 문제에 부딪혔을 때 '왜'를 다섯 번 반복하면 진짜 원인을 찾을 수 있고, 진짜 대책을 세울 수 있다"고 했다. 이런 도요타의 정신이 2009~2010년 차량 결함으로 인한 위기를 극복하고 여전히 글로벌 판매량에 있어서 최고의 자리를 지키고 있는 것이다.

문제에 대해서는 참 원인을 밝혀서 해결을 하지 않으면 재발의 가능성이 항상 존재한다. 제품이나 기계설비 등에 나타나는 문제의 원인을 하나씩 더 깊게 내려가다 보면 결국은 사람의 문제로 귀결이 되는 경우가 많다.

한 번은 우리 회사가 운영하는 사내 식당의 돼지고기 음식에서 냄새가 난다는 고객들의 불만이 제기되었다. 여러 개의 식당 중에서 유독 한 군데 식당에서만 냄새가 난다는 것이었다. 이 문제의 해결을 위해 우리는 5why기법을 사용하여 다음(299p 그림 참조)과 같이 참 원인을 찾아 들어갔다.

문제의 참 원인을 찾아 나가는 과정에서 우리는 돼지고기의 냄새를 없애기 위해서는 조리 최소 4시간 전에는 숙성을 해야 한다는 것을 알았고, 해당 식당에서 냄새가 나는 이유는 이러한 조리 방법에 대해 조리사와 영양사간의 조리 과정에 대한 상호 협의가 없었던 것

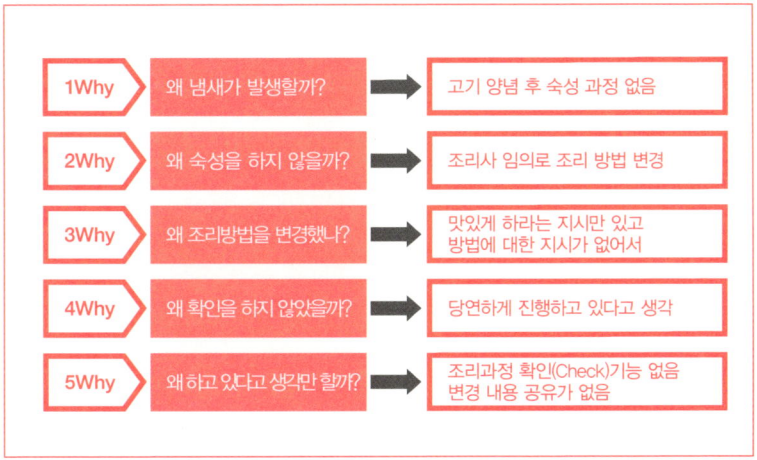

이 참 원인인 것을 알았다. 이의 해결을 위해 우리는 조리과정에 대한 공유와 조리에 대한 책임과 권한을 조리장에게 있음을 재확인하였다. 이러한 참 원인을 찾아 나가는 것을 모든 구성원들이 지속적으로 습관화하는 것이 조직의 일하는 문화개선에 도움이 된다.

납기를 준수하자

시간은 누구에게나 공평하면서도 제한된 자원이다. 목표를 설정하는데 있어서는 목표의 수준이 높아야 하는 것은 물론이고 납기를 반드시 정해야 한다. 우리가 일을 할 때에 세 가지에 대해서는 반드시 숫자를 사용하는 것이 좋다. 현재의 수준, 목표 수준, 그리고 납기이다. 일반적으로 납기를 정하는 데 있어서는 다음과 같은 주의가 필요하다.

첫째, 대충 정하지 마라. 연말까지, 상반기까지, 월말까지, 다음주까지 등등으로 납기를 정하는 것은 일의 추진에 대한 구체성이 떨어진다. 자료를 요청할 때에도 금요일까지 달라고 하면 요청 받는 사람 입장에서는 월요일 아침까지 주어도 되지 않겠나라는 생각을 한다. 구체적으로 시간까지 정해 주는 것이 좋다.

둘째, 납기는 목표일로 정하고 전체의 추진 일정은 주요 항목별로 분할이 가능한 단위까지 쪼개어서 하부 단위의 납기를 다시 정해야 한다. 통상적으로 일의 덩어리가 큰 경우에는 간트 차트를 활용하여 세부 진행상황을 체크하는 것이 좋다.

셋째, 일의 전체 덩어리에 대해서는 이해 관계자와 공유하라. 하부 단위로 일을 쪼개어서 일을 진행하는 경우 자료를 요청하고 협의를 해나가는 과정이 전체에 어떤 영향을 주는 지와 이후 단계에서는 어떤 일을 추진해야 하는지에 대해 공유를 해야만 일에 대한 책임감과 요청된 납기에 대해 준수를 해주어야 다음 단계가 진행이 된다는 것을 알고 일을 할 수가 있다.

넷째, 일의 진행상황을 중간에 반드시 확인하라. '출필고반필면(出必告反必面)'이라는 말이 있다. 나갈 때는 반드시 아뢰고 들어오면 반드시 얼굴을 본다라는 뜻이다. 집안에서 자녀들이 생활할 때 가르침으로 주어야 할 말이지만, 직장 생활에서도 반드시 지켜야 할 말이 아닌가 싶다. 디지털 세상이 되면서 점점 개인 간의 정서적인 유대감이 없어지는 것이 현실이어서 인지 얼굴을 서로 보고 마주하는 시간이 가정에서는 물론이고 회사에서도 줄어드는 것 같다.

업무를 하는데 있어서도 과업의 시작은 물론이고 마무리 이전에 중간 상황을 보고하고 장애는 없는지, 진행 방향은 제대로 가고 있는지 등에 대해 반드시 확인해야 한다. 일이 다 완료가 된 이후에 결과가 기대한 것과 전혀 다른 방향이면 그 동안의 수고가 다 헛된 것이 되어 버리기 때문이다.

납기를 준수한다는 것은 일과 싸워서 이긴다는 것이다. 야구의 신이라 불리는 김성근 감독은 선수들이 그 날의 경기에서 실패한 타격이 있으면 밤을 새워 타격 훈련을 시켰다고 한다. 내가 하는 업무에 있어서는 어떤 일이 있어도 납기와 목표 수준을 지켜내겠다는 강한 각오와 실천이 조직 전체에 만연해야 강한 조직이 된다.

이런 말이 있다. 남자가 살다가 너무 힘이 들 때면 지갑에 있는 와이프 사진을 꺼내 본다. '내가 이 사람과도 살고 있는데 이 세상에 못할 일이 어디 있겠나?' 여자도 살다가 힘이 들 때면 거실에 걸려 있는 가족사진의 남편을 보면서 '내가 이것도 인간을 만들었는데 세상에 못할 일이 어디 있겠나?' 모진 세상 힘내고 삽시다.

서로에게 진심을 다하자

일곱 가지 습관 중에서 마지막이지만 가장 중요한 것이다. 새로운 가치를 추구하는 것도 중요하지만, 조직은 결국 같은 목적을 가지고 같은 목표를 달성하기 위해서 한 사람으로는 하지 못하는 일을 하기 위해 모인 집단이다. 이 공동체 구성원 상호간에 가져야 할 가장 기본은 상호간의 신뢰이다.

TEAM은 풀어 쓰면 'Together Everyone Achieves More'이 된다. '함께하면 더 많은 것을 이룰 수 있다'는 것이다. 같은 꿈을 꾸고 혼연일체가 되어 목표를 향해 손발을 맞추어야 한다.

보스턴 컨설팅 그룹의 조사 결과에 의하면 기업은 환경의 복잡성에 따라 업무 절차 수와 보고 단계, 접촉 부서, 조율 부서, 필요 결재 수가 2000년대에 들어서 50%에서 350%까지 증가했다고 한다. 이러한 복잡성은 1950년대 이후 매년 평균적으로 6.7%씩 늘어나고 있다고 한다.

내가 신입사원 시절에는 일본에서 유래한 말이 있다. '창변족'이라고 해서 햇볕이 잘 드는 유리창이 있는 쪽에 커다란 책상을 가지고 있으면서 책상 위에서 하는 일이라고는 가끔 올라오는 결재 서류에 도장을 찍고 나머지 시간은 조간, 석간을 일람하는 것이 대부분이었던 관리자를 이르는 말이다.

당시는 과장만 되도 문서 작성 등의 실무는 거의 하지 않고 결재와 다른 부서와의 업무 협의를 하는 것이 대부분이었다. 그러나 시간이 갈수록 과장은 물론이고 팀장 임원들까지도 문서를 작성하고 프레젠테이션을 직접 하는 일이 늘어나고 있다. 환경의 복잡성에 따라 의사결정의 수준이 다양해지고 그만큼 실무적으로 챙겨 보아야 할 부분이 갈수록 늘어나고 있는 것이다.

이렇게 복잡해지는 경영을 단순화하는 방법을 이브 모리악은 여섯 가지 법칙으로 정리하고 있다.

1. 동료 구성원들의 업무에 대한 이해도를 높인다. 그들이 실제로

무엇을 하고 있는지 어떤 과정을 거쳐 어떤 성과를 내고 있는지를 알아야 한다.

2. 각 부서를 상호 연계하는 구성원들을 적극 지원해준다. 고객에 대한 서비스를 제공하거나 제품을 제조하는 가운데 두 개의 부서간의 의견 조정을 위해 새로운 조직을 만들지 말고 두 개의 부서의 의견을 통합할 수 있는 사람을 지정하고 그를 지원해준다.

3. 구성원의 재량권을 확대한다. 다른 부서와 협력하는 일이 많은 사람들이 재량권이 없는 경우에는 접촉을 기피하는 경향이 있다. 업무를 협의하면서 자기가 결정할 수 있는 여지가 적기 때문이다. 이들에 대한 재량권을 적극 확대하여야 한다.

4. 상호 의존의 필요성을 높인다. 구성원들로 하여금 통제 가능의 영역을 넓혀주고 목표의 수준을 높이게 되면, 문제 해결에 대한 동기를 부여하게 되고 상호 간에 협조 할 수 있는 필요성이 늘어나게 된다.

5. 구성원들로 하여금 미래의 '그림자'를 체감하도록 한다. 수행기간이 긴 프로젝트의 경우 프로젝트의 처음부터 끝까지 자신이 전 과정을 수행할 가능성이 없는 경우에는 책임감과 상호 협조의 필요성이 적어진다. 과업을 나누고 기간을 세분하여 미래의 그림자를 가까이까지 가져와야 한다.

6. 신상필벌을 확실히 하여 비협조적인 사람에게 책임을 묻는다. 조직에서 무임 승차자가 아무런 처벌이 없이 성과를 같이 향유

하는 모습을 보이면 아무도 적극적으로 조직을 위해 희생하지 않는다. 자신의 업무 영역이 아니어도 적극 협조하는 구성원은 보상하고 자신의 이익만을 추구하는 구성원은 명백하게 징계 조치를 해야 한다('Smart Rules: Six Ways to Get People to Solve Problems Without You', 「HBR」, 2011.9, 이브 모리악).

갈수록 복잡해지는 기업 환경은 구성원들의 절대적인 팀워크를 요구한다. 물론 이러한 팀워크 환경을 조성해야 하는 것은 리더의 절대적인 미션이다. 리더부터 솔선수범하지 않으면 아무도 따라 하지 않는다.

7Habits는 직장 생활의 경험에서 나름대로 정립한 철학이다. 다양성과 복잡성이 점증하는 세상에서 중심을 잡고 살아가려면 선택과 집중을 해야 한다. 그러한 원칙의 실천에는 빅데이터 속에서 지혜를 발견하고 미래를 내다보는 통찰력이 필요하다.

"
문제에 대해 질문으로 시작하여 가설을 수립하고
변수들을 찾아내서 모델을 만들어내는 일하는 문화를 조직에
정착하는 것이 빅데이터 기반의 기업문화를 구축하는 길이다.
"

CHAPTER 07

빅데이터 경영을 결심한 당신에게

사내 데이터 전문가 어떻게 육성할 것인가?

이제까지 우리는 데이터를 경영에 어떻게 접목할 것인지, 다른 조직에서는 어떻게 활용하고 있는지, 데이터를 기반으로 일을 하는 조직을 만들기 위해서는 어떻게 해야 하는지를 같이 생각해 보았다. 제4차 산업혁명, 빅데이터 등등의 말이 최근 몇 년 동안 많이 회자되고 있는데, 정작 나는 어떻게 해야 하나, 우리 회사는 어떻게 해야 하나 라는 고민에 부딪쳐서는 답을 쉽게 얻기가 어렵다.

어떻게 시작해야 하는가?

일단 빅데이터에 대해 내가 모르니 어디서부터 시작을 해야 하는지를 모르는 것이고, 매스컴에서 하는 이야기대로 하면 엄청나게 복잡한 것 같고, 상당히 고급 인력이 필요한 것 같아 보인다. 시스템과 분석도구를 구비하는 것도 돈이 많이 들어가는 것 같아서 시작할 엄두가 나지 않는 경우가 많다.

그러나 디지털 혁명의 시대에 들어서서는 갈수록 오픈 소스와 크라우드를 통한 정보기술의 지원 환경이 늘어나고 있다. 따라서 이전에 비해 많은 돈이 들지 않고도 데이터를 이용한 경영을 회사의 각 분야에 도입을 할 수 있고, 분석 도구의 경우에도 프리웨어로 제공되는 소프트웨어를 이용하여 얼마든지 원하는 결과를 얻을 수 있다.

가장 중요한 것은 데이터를 이용하여 의사결정을 하고 경영의 각 영역에 분석적인 역량을 통해 최적화를 추구하겠다는 관심과 의지가 가장 중요하다. 조직에서는 물론 최고경영자의 의지가 중요하다. 데이터라는 것에 대해 의식이 있는 사람과 없는 사람, 또는 관심을 갖는 회사와 없는 회사 간에는 데이터에 대한 기본적인 인식부터가 다르다.

먼저 데이터를 중요하게 생각하는 사람은 작은 것도 전체로 모이면 좋은 자료가 된다는 생각을 가지고 있다. 따라서 작은 데이터라도 결코 가볍게 다루지 않고 데이터를 축적을 하고, 처음에는 상관이 없어 보이는 데이터라도 데이터를 같이 모아서 종합적인 관점에서 다시 보고자 하는 생각을 가지고 있다. 즉 데이터에 대한 관점이 '아무리 사소한 정보도 쌓이면 통찰력을 제공하고 지혜가 된다'는 생각을 갖고 있다.

다음으로 중요한 것은 '호기심'이다. 가려진 천 뒤에 무엇이 숨겨져 있는지 알고 싶어 하는 인간의 근본적인 본능이 살아 있어서 모든 일에서 특히 자신의 분야에서 더 근본적인 것으로 파고 들어가는 탐구력과 문제 해결을 위해 아직 없는 이론을 가설적으로 추론하는 능력이 있어야 한다. 이러한 가설 사고에는 자연스럽게 사건의 처음부터 끝까지 일목요연하게 설명할 수 있는 스토리 전개 능력이 따라야 한다.

실질적으로 기업에서 데이터를 이용하여 분석적으로 이용하는 문화가 자리 잡기 위해서는 기본적으로 중요한 것이 각자 자기 업무 분야에서의 전문성이 확보되어 있어야 한다. 업무에 대해 이해를 못하는 데이터사이언티스트가 모든 것을 해결해줄 수는 절대로 없다. 자신의 분야에서 데이터를 활용하여 과학적으로 문제를 해결하고자 하는 의지를 가진 사람이 데이터를 모으고 정제하여 쌓아진 데이터 속에서 새로운 인사이트를 얻고자 노력하는 가운데 통계적인, 분석적인 도구를 훈련하여 점차 높은 수준의 데이터 기반 의사결정의 문화를 구축해 나가는 것이다.

믿고 지원하라

각 분야의 모든 구성원들이 처음부터 데이터를 중요하게 생각하고 분석적인 사고를 갖기를 바라는 것은 욕심이다. 우리는 5장에서 데이터로 일하는 조직을 어떻게 만들 것인가에 대해 같이 고민을 했다. 조직에 데이터에 대한 관심을 갖도록 자극을 하고 확산하는 노력 중에 중요한 것이 전도사들을 육성하는 것이다.

데이터 분석 전문가로 육성하기 위해서 반드시 명심해야 할 것이 있다. 전문가를 육성하는데 필요한 능력은 엄청난 것을 요구하지 않는다. 학력과 전공보다는 성향이 중요하고 거기에 더해 사칙연산만 할 줄 알면 된다는 것이다. 현재 있는 구성원들 중에 각 분야에서 숫자에 대한 기본적인 감각과 인문학적인 소양이 다 필요하다. 현업의 각 분야에서 엑셀을 잘 다루는데 더하여 평소 문제의식이 강한 사람을 선발하면 된다.

각 분야별로 1명씩 선발하여 20명 이하의 규모로 통계 및 통계 패키지에 대한 교육을 실시한다. 경험적으로 보면 약 50시간 이하의 시간이면 기초적인 교육은 이수할 수 있다. 교육 내용은 기초 통계학과 확률에 대한 개념 및 분포 특성을 기초적인 내용으로 교육해야 한다. 현업에 응용하기 위해서는 각종 분석방법을 교육하는데 일반적으로는 회귀분석, 주성분 분석, 텍스트 마이닝, 의사결정나무, 연관성 분석 및 군집분석 등의 내용이면 충분하다. 강사는 통계학을 전공한 사람 또는 현직 교수들과 교육 과정을 협의하여 정하면 좋겠다.

회사 단위로 별도 집합교육을 할 수 있는 규모가 되지 않는 경우에는 외부의 위탁 교육을 받아도 충분하다. 대상을 선발하고 교육할 때에는 반드시 해당자의 팀장 등 리더들의 약속을 같이 받아야 한다. 데이터 분석에 대해 잘 모르는 팀장들의 경우 팀원들이 교육을 이수한 후에 방치하는 경우가 종종 발생하기 때문이다.

과제를 부여하라

이렇게 기본적인 교육을 이수하면 각 자에게 자기 분야에서 어떤 문제를 데이터를 통해 분석할 것인지 주제를 제출하도록 한다. 물론 이 단계에서도 팀장이 과제의 도출과 최종 결론까지의 공동 책임을 지도록 한다.

리더들은 자신들의 경험에 따라 해당 분야의 전문가이기 때문에 6장에서 제시한 대로 분석가로 하여금 질문으로 방향을 제시하고 그 분석 결과에 대한 기본적인 사항을 확인하도록 해야 한다. 물론 이러한 지도를 하기 위해서는 리더들 역시 기초적인 통계에 대한 소양을 자습할 수밖에 없다. 경험적으로 보면 팀장들은 별도의 집합 교육이 없어도 알아서 자습을 하여 일정 수준에 이르는 것을 볼 수 있다.

먼저 각 분야별로 작은 주제는 1주일 단위부터 큰 과제의 경우에는 1년 단위의 프로젝트가 있을 수 있는데, 가능한 한 초기에는 소요 기간이 짧은 주제를 정하여 분석을 하도록 하는 것이 좋다. 일단 작은 성공을 하는 것이 중요하다. 주제별로 과제의 수행이 끝난 것에 대해서는 전사적인 분석의 취지와 방법에 대해 공유를 한다.

다음 단계로는 회사 내의 여러 기능과 사업 분야가 있는 경우에는 횡단적인 과제를 발굴하는 것이 좋다. 그래서 상호 기능이 연계되어 있거나 협업에 의해서 새로운 가치를 창출할 수 있는 과제를 도출할 수 있으면 이를 협업 과제 또는 전사 추진 과제로 선정하여 과제를 수행하도록 지원한다.

그 다음 단계로 나아가는 것은 5장과 6장의 내용에 따라 진행하면 될 것으로 생각한다. 결국 조직을 데이터 중심의 분석적 조직으로 끌고 갈 것인지 아닌지의 결정은 리더가 하는 것이다. 그리고 더 중요한 것은 단기적으로 성과가 나오지 않는다고 하더라도 구성원들에 대한 믿음을 가져야 한다. 또 데이터 기반으로 일하는 분석적인 문화는 한 번 구축해 놓으면 경험과 감으로 일하는 수준보다 훨씬 좋다는 믿음으로 추진하는 리더의 의지가 제일 중요하다.

스마트 조직의
최종 목표는
맞춤형 예측 시스템

'내일 일은 난 몰라요, 하루하루 살아요'. 기독교의 찬송가에 나오는 유명한 가사이다. '우주에 있는 모든 원자의 정확한 위치와 운동량을 알고 있는 존재가 있다면 이것은 뉴턴의 운동법칙을 이용해 과거와 현재의 모든 현상을 설명해주고, 미래까지 예언할 수 있을 것이다'라는 사고를 '라플라스 세계관'이라고 한다.

무슨 일이 일어나고 있는가?

우리는 현재에 산다. 지금이라는 말은 과연 어떤 의미를 가질까? 지금 말하는 순간 책을 읽고 있는 순간도 바로 지나버려 지금이라고 할 수 없는 것 아닌가? 사람이 가진 재원은 기술, 사고력, 문제의식, 호기심, 노하우 등등 이지만, 그 모든 것은 시간의 제약을 받는다. 우리가 시간을 어디에 쓰고 있는가가 인생을 결정한다.

지금의 관점에서 과거에 일어난 일을 되돌아보고 그 시작과 과정 그리고 결과를 통해 깨달음을 얻는 것을 '뒤늦은 깨달음(Hindsight)' 이라고 한다. "아, 이럴 줄 알았으면 미리 준비했을 걸", "그때 그렇게 하지 말고 이렇게 했어야 했는데", "에이 난 그 사람 말을 믿었지", "뭐 이제 와서 후회해보아야 뭐 하나 앞으로나 잘하자" 등등의 말은 우리가 과거에 일어난 일이 현재에 미치는 결과가 만족스럽지 못했을 때 많이 하는 말이다.

지금의 관점에서 현재 일어나는 현상을 보고 깨달음을 얻는 것을 통찰력(Insight)라고 한다. 직관적으로 현상에 대해 반응을 하기도 하고 분석적인 사고를 통해 현상을 분석하기도 하고, 더 나아가 여러 가지 다른 변수들과의 관계를 종합적으로 고려하기도 한다. 개인의 역량이나 보는 관점에 따라 다양한 수준의 통찰력이 있음을 볼 수 있다. 지금의 관점에서 미래에 일어날 미지의 세계를 내다보는 것은 선견지명(Foresight)이라고 한다. 여기에는 앞에서 말한 대로 미래

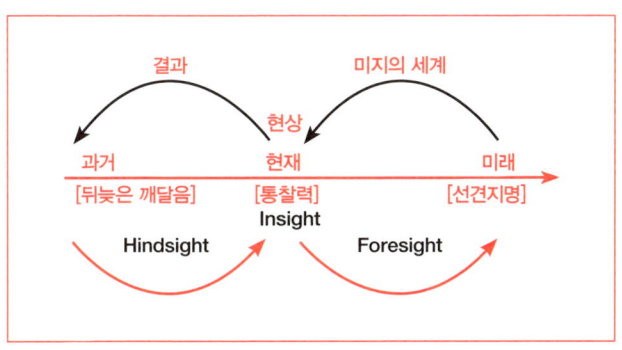

에 일어날 일에 대해 알 수 없으니 지금의 현재 이 시간에 우리는 최선을 다해 살아야 하며 나머지는 신에게 의지해야 한다고 하는 관점과 과학적인 관찰을 하고 방대한 데이터를 모아 분석을 잘 하면 미래도 예측이 가능하다는 입장 등 다양한 관점이 있다.

과연 미래를 정확하게 예측할 수 있을까? 아니면 불가능할까? 물리학자들 간에도 고전역학과 양자역학으로 나뉘어져서 논쟁을 하고 있는 어려운 문제다. 그러나 개인적으로 인생을 통해 깨달은 분명한 것은 내일에 대해서는 항상 준비하고 있어야 한다는 것이다. 아무런 준비 없이 맞는 미래는 재난이다. 이것은 개인에게도 해당되는 말이고 기업에게도 해당되는 말이다.

세상을 보는 관점

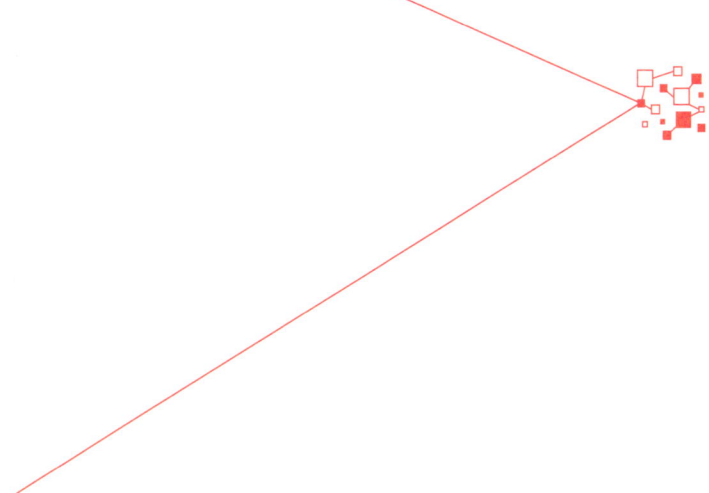

살면서 무엇인가 결정을 해야 할 때 어떻게 하시나요? 결정을 하는 데 있어서는 개인의 성향에 따라 다양한 관점을 가진 것 같다.

감이 중요하다는 입장

여러 가지 복잡한 것들을 다 고려해야 하니 다양한 경험을 가진 사람이 감으로 결정을 하는 것이 가장 좋다. 특히 사람을 판단할 때에 이런 이야기가 많이 나온다. "사람이라는 것은 매우 복잡한 존재이다. 어떻게 단순한 숫자 몇 개로 그 복잡한 존재를 평가할 수가 있겠는가? 그래서 사람은 사람이 종합적으로 판단해야 한다" 이전에 인사평가제도를 설계할 때 내게 당시 회사 대표가 해주셨던 말씀이다.

한때는 인사담당자들은 면접을 보는데 참고를 하기 위해서 관상

학을 공부하기도 했다. 그런데 요즘은 기술이 하도 좋아져서 사진을 보고는 그 사람을 판단하기가 어려워졌다. 그래서 인사담당자들 중에는 사진을 볼 때 눈빛 외에는 아무것도 안 믿는 경우도 많다.

누가 고성과자이고 조직에서 가장 필요한 사람인가? 이 또한 상당히 중요한 문제이지만 그 결론은 평가자 마다 다른 경우가 많다. 어떤 사람에 대해 핵심인재라고 판정한 결과가 팀장이 변경되고 나서는 평범 또는 저성과자로 분류되는 경우도 심심치 않게 일어나곤 한다. 그래서 리더의 판단 능력을 키우기 위해 교육도 많이 해야 하고 경험도 많이 하게 해서 판단의 '감'을 키워주어야 한다고 생각하는 관점이다.

구분론적 관점

경영학적으로 사고하는 방법의 기초는 '2 by 2 matrix' 적으로 생각하는 것이다. 상황을 정리할 때 간단하면서도 빠짐없이 구분하여 생각할 수 있다는 장점이 있다. 그림과 같이 우리가 사람을 구분할 때 두 가지의 잣대로 사람을 구분하면 이 세상에는 네 가지 유형의 사람이 존재하게 된다. 조직을 운영하는 사람의 입장에는 각 집단의 특성에 따라 대책을 수립하여 시행하면 된다.

	똑똑하다	멍청하다
부지런하다	핵심인재	좀비
게으르다	동기부여	무임승차

똑똑하고 부지런한 사람들은 회사에 성과도 잘 내고 앞으로도 그럴 것이라고 기대가 되므로 핵심인재로 분류하여 육성하고 보상도 잘하고 회사에 중요한 일이 있는 경우에는 이들에게 과업을 맡기면 그 성과가 좋을 것이라는 믿음을 갖는다.

똑똑하고 게으른 사람들은 동기부여가 필요한 대상들이다. 이들이 왜 가지고 있는 재능을 다 활용하는지 않는지 그 원인을 파악하고 부족한 부분을 채워주어 핵심인재와 같은 수준으로 일을 하도록 한다. 과업의 수준이 낮으면 더 높은 수준으로 과업을 부여하고, 일이 너무 적으면 더 많은 일을 할 수 있게 하고, 일에 대한 흥미가 없으면 본인이 원하는 직무로 변경하면 된다.

멍청하고 게으른 사람들은 조직의 무임 승차자들이다. 이들은 하루 속히 본인을 위해서 조직을 위해서 다른 길을 찾아야 하는 사람들이다. 책임 있는 회사라면 이들이 다른 길을 갈 수 있도록 여러 가지 지원을 해주어야 한다.

멍청하고 부지런한 사람들은 우리가 '좀비'라고 부른다. 이들은 가만히 있으면 아무런 영향이 없는데, 활동을 열심히 하면 다른 사람에게까지 피해를 주고 조직에도 장기적으로는 문제가 된다. 더 큰 문제는 이런 존재가 핵심인재인지 좀비인지를 구분하기가 어렵다는 것이다. 열심히 하는 것은 눈으로 판단을 할 수 있지만, 진짜 똑똑한 것인지 아닌지는 잘 판단을 해야 하기 때문이다.

비율론적 관점

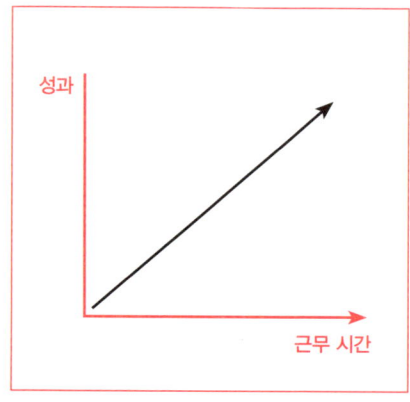

어떤 사안에 있어서 두 개의 중요한 변수들 간에는 항상 상관관계, 비례하는 관계가 존재한다고 생각하는 관점이다. 근무시간이 길면 길수록 그 사람의 성과수준은 높을 것이다라고 추정하는 것이다. 테일러의 과학적 관리법 이후로 종업원이 일하는 것을 작업표준을 정해서 시간관리를 철저하게 하는 것이 중요하다고 생각한 관점과 같은 입장이다.

비선형적 관점

이 관점은 위의 비율론적, 직선적 관점과는 다르다. 다음의 그래프(321p 그래프 참조)는 시카고 대학의 경제학 교수 아서 래퍼가 세금과 징수액 간의 관계를 설명하면서 만든 소위 '래퍼 곡선'이라는 것이다. 세율이 너무 낮으면 정부를 거두어들일 세금이 없게 되고, 세율이 너무 높아도 국민들은 일한 대가를 전부 세금으로 납부를 해야

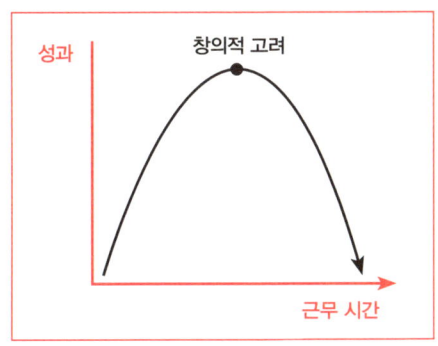

하니 일을 하지 않게 되고 그에 따라 정부가 거두어들일 세금도 없어진다는 것이다. 그래서 세율은 적정해야 세금을 많이 거두어들일 수 있다는 것이다.

회사에서 일을 하는 데에도 무조건 근무시간이 길다고 해서 생산성이 높은 것은 아니다. 근무시간이 너무 길면 사람의 심신이 취약해져서 창의성이 없어지고 주의력이 떨어져 안전사고의 우려가 있다. 그러니 적정한 긴장과 창의성을 유지하는 수준으로 근무의 강도를 유지해야 한다고 생각하는 관점들이다.

확률론적 관점

비율론적 관점은 두 개의 변수간의 관계를 하나의 직선으로 표현할 수 있다는 것이다. 그래서 그 공식을 사용하면 미래에 일어날 일에 대해 예측이 가능하다는 것이고, 비선형적 관점은 거기에 다른 변수를 고려하고 조금 더 유연한 태도를 보이고 있다. 그러나 확률론적 관점은 미래는 그렇게 쉽고 간단하게 예측할 수 없는 것이기 때문에 더 과학적으로 발생할 수 있는 가능성에 대해 좀 더 확률적으로 분석을 해서 준비해야 한다는 입장이다.

미국의 선거예측전문가 네이트 실버는 『신호와 소음』에서 좋은 예측자의 자세를 다음과 같이 열거하고 있다.

1. 여러 분야에 걸쳐서 생각한다. 해당 분야뿐만 아니라 여러 분야에 걸쳐 생각과 자료의 폭을 넓힌다.
2. 적용할 수 있는 것을 생각한다. 새로운 접근법을 찾아내거나 동시에 여러 개의 접근법을 활용한다.
3. 자기 비판적으로 생각한다. 자기가 한 예측도 잘못이 있을 수 있다는 가능성과 함께 비난도 기꺼이 받아들인다.
4. 복잡성을 관대하게 받아들인다. 세상은 복잡하다. 그리고 수많은 본질적 문제가 해결될 수 없거나 근본적으로 예측이 불가능하기까지 하다.
5. 조심스럽게 생각한다. 자기가 하는 예측에 대해 확률적으로 표현하고 여러 가지 단서를 단다.
6. 경험적으로 생각한다. 이론보다는 관찰에 더 의지한다.

이러한 생각으로 날마다 새로운 예측을 하고 그 예측을 관련 분야의 전문가와 함께 논의하면서 조정을 하는 것이 필요하다고 한다.

또 에릭 시겔은 『빅데이터의 다음단계는 예측 분석이다』에서 예측도 개인별 맞춤식이어야 한다고 말한다. 이러한 확률론적으로 미래를 예측하는 자세는 '지금'에 서서 내일을 예측하고 대비하는 좋은 자세이다. 일반적으로 빅데이터의 예측 기법을 활용하면 다음과 같은 일들을 할 수가 있다.

   1. 사람들의 소비 활동을 예측할 수 있다.

   2. 사랑하고, 일하고, 예측하고, 출산하고, 이혼할 확률을 예측한다.

   3. 투표성향, 판단, 의사결정을 예측한다.

   4. 이직하고, 그만두고, 갈아탈 확률을 예측한다.

   5. 누가 사고를 낼 것인지를 예측한다.

   6. 누가 병들고 누가 죽을 지 예측한다.

   7. 누가 거짓말하고, 속이고, 훔치고, 살인할 지 예측한다.

여기서 '누가'라는 단어에 주목해야 한다. 우리는 이제 개개인의 빅데이터 속에서 개개인의 취향과 선호를 파악하여 서비스를 제공하고 제품을 만들어 제공해야 한다. 3D 프린터 등의 디지털 기술 발달로 이제는 개인별 맞춤형 자동차까지 만들어 내는 세상이다.

여러분은 '혼술'을 드셔 보셨나요?

식품의약품안전처는 2016년 12월 24일 6개월 이내에 술을 마셔 본 적이 있는 사람들 중에 66.1%가 혼술의 경험이 있다고 답변했다고 발표했다. 그 원인으로는 1인 가구의 증가에 있다고 한다. 1인 가구의 비율은 1990년 102만 가구에서 2015년 520만 가구로 전체 가구 중 27.2%를 차지한다고 한다.

세상은 복잡해지고 개별화되어가고 있다. 이런 환경에서는 개인의 생에 대한 자세도 기업에서 서비스를 제공하고 제품을 만드는 관점도 미래에 대해 좀 더 확률적으로 생각하고 개개인의 구체적인 필요를 맞추어 주는 것이 경쟁력을 높이는 것이다.

빅데이터 활용시 주의 사항

빅데이터는 앞으로 개인과 기업의 의사결정에서 갈수록 중요한 역할을 하게 될 것이다. 그러나 빅데이터를 활용하는 데에는 여러 가지 주의해야 할 것들이 있다.

윤리적인 문제들

첫째, 사생활 보호의 문제이다. 앞에서 예를 든 타깃에서 고객의 임신여부를 분석하여 홍보물을 보낸 사건은 한편으로는 빅데이터 분석의 중요성을 알려 주었지만, 개인의 프라이버시 문제를 크게 대두시키기도 했다. 미국의 폭스뉴스와 「뉴욕타임즈」는 쇼핑몰 회사가 고객의 정보를 활용하여 한 소녀의 임신 사실을 다른 사람에게 노출시킨 것은 폭력적 행위라고 비난을 했다. 이제 사람들은 본인이 원하든 원하지 않든 행동하는 모든 것에서 흔적을 남기고 이 자료를 바탕으로 무언가 영리를 추구하는 사람들에 의해 이용을 당하게 되어 있다. 수조 개의 센서와 사방에 널려 있는 카메라 그리고 드론과 인공위성 등을 통해 언제나 누군가 우리를 항상 지켜보고 있다.

둘째, 차별적인 요소의 내재화이다. 미국의 경우 입사 지원서에 사진을 붙이는 것을 금하고 있다. 사진을 붙이게 되면 성별, 나이, 인종 등을 쉽게 알 수 있게 되기 때문이다. 다민족 국가로 구성된 미국은 성별, 나이, 인종, 출신국가, 장애여부 등을 이유로 차별을 금지하게 되어 있으나, 사회관계망 등을 통해서 회사가 원하면 얼마든지 지원자의 인종 등에 대한 정보를 알 수 있는 세상이 되었다.

단기 숙소임대차 사이트인 에어비앤비를 대상으로 차별이 존재하는지를 조사한 마이클 루카 등의 연구결과에 의하면 온라인 세상에도 차별이 존재한다는 것을 알 수 있다. 실험결과, 백인으로 추정되는 이름으로 예약을 신청했을 때보다 흑인으로 추정되는 이름으로 예약했을 때 호스트의 숙박 승인율이 16%나 더 낮았다고 한다.

셋째, 미발생에 대한 책임이다. 영화 「마이너리티 리포트」에서는 예지력을 가진 세 명의 예언자가 범죄 발생 가능성이 있는 사람을 미리 예고하고 경찰은 그 정보를 바탕으로 잠재적 범죄자를 체포하여 처벌을 한다. 이러한 일이 실제로 벌어지고 있다. 범죄 예방을 위해 범죄 가능성이 높은 지역과 시간대를 분석하여 해당 시간대 해당 지역에 경찰 인력을 증가시켜 범죄율을 떨어뜨리고 있다. 이러한 것은 빅데이터 분석을 통해 범죄를 예방하기는 하지만, 한편으로는 해당

시간대에 해당 지역에 있는 사람들을 잠재적 범죄자로 인식을 하는 문제가 발생을 한다.

미국의 경우 소수민족이 밀집하여 살고 있는 지역을 범죄 발생 가능지역으로 분석결과로 활용하는 경우 소수민족에 대한 차별 문제가 발생을 한다. 우리나라의 경우에도 일부 소수의 외국인들이 범죄율이 높다는 이유로 특별 관리를 하게 되면 동일한 문제에 직면하게 된다.

예측의 한계

첫째, 근본적으로 예측이 가능한가의 문제이다. 우리가 예측하고자 하는 것은 결국 미래의 일이다. 이 미래의 일이 과연 예측이 가능한 것인가라는 문제는 너무도 어려운 문제이다. 물리학적으로 철학적으로 종교적으로 결정론과 비결정론, 예정론과 자유의지론 등의 복잡한 문제까지 파고 들어가면 도대체 어떤 것이 맞는지를 구분하기가 어렵다.

둘째, 예측은 과거를 바탕으로 한다. 우리가 가지고 있는 빅데이터를 자료로 하여 분석하고 예측하는 것은 결국은 과거와 현재의 자료를 가지고 미래를 예측한다는 것이다. 그 것은 과거와 현재의 특성이 그대로 반영이 된 미래의 모습일 수밖에 없다는 것이다. 과거와 현재, 둘 간의 인과관계가 존재하니 앞으로도 인과관계가 존재할 것이라고 가정할 수 있는가의 문제이다. 헨리 포드가 자동차를 발명하고, 스티브 잡스가 스마트폰을 만들어낸 것은 사람들에게 물어보거나 사람들이 현재 타고 쓰고 있는 것을 분석해서 나온 것이 아니다. 그것은 인간의 무한한 호기심과 상상력의 결과물인 것이다.

셋째, 잘못된 가정은 잘못된 예측을 부른다. 인간은 근본적으로 완벽할 수 없는 존재이고 여러 가지 편향을 가질 수밖에 없다. 편향된 인식을 바탕으로 가정을 세우게 되면 잘못된 데이터를 수집하게 되고 결과적으로는 신뢰할 수 없는 예측 결과가 나오게 된다. 2007~2008년 세계적인 금융위기는 잘못된 가정 위에 인간의 탐욕이 불러온 불행이다. 인간의 한계를 인정하는 것이 중요하다.

앞서의 윤리적인 문제와 예측의 한계를 극복하기 위해서는, 우리는 우리가 빅데이터를 사용하여 이루고자 하는 것이 무엇인지에 대한 정의를 분명히 하여야 한다. 빅데이터를 이용하여 분석하고 미래를 예측하는 것은 보다 나은 인류의 행복을 위해서라는 원칙의 확인이 중요하고 사회적인 합의가 존중되어야 한다. 또한 빅데이터를 이용하는 것은 근본적으로 협업을 전제로 한다. 자신이 세운 가정과 분석의 방향이 정의로운 것인지 합리적인 것인지에 대해서는 전문가들과의 사전 협의와 논의가 필요하다.

실패 확률을 계산하라

우리는 살면서 성공확률을 주로 계산한다. 그러나 성공확률의 반대편에 있는 실패의 확률도 계산해야 한다. 심리학적으로는 성공을 주로 생각하는 사람들은 접근 동기를 갖고 실패를 두려워하는 사람들은 회피 동기가 강하다고 한다. 그러나 실패확률을 계산하라는 의미가 회피동기를 기반으로 일을 하라는 것은 아니다. 성공의 반대편에 있는 실패의 확률을 계산하고 이를 미연에 줄일 수 있는 노력을 해야 성공의 확률이 커진다는 것이다.

오바마 대통령은 2012년 재선거에 임하면서 이런 광고를 냈다. '2012년 11월까지 일할 예측 모델 과학자, 데이터 마이닝 분석가 구함' 그리고 그는 재선 캠프에서 50명의 데이터 분석가 팀을 고용하여 '향상 모델(Uplift Model)'을 사용하여 유권자들에게 효과적으로 선거운동을 하였고 마침내 재선에 성공하였다.

향상 모델이란 이런 것이다. 통신사의 경쟁이 치열한 가운데 스마트폰, 인터넷, 집전화의 결합상품에 대한 경쟁이 치열하다. 일부 통신사에서는 이 결합 상품을 유치하기 위해 가입 통신사를 변경하면 푸짐한 상품을 제공한다. 소비자가 가입 기간을 별로 신경을 안 쓰고 있다가 해당 통신사에서 2년 약정기간이 끝났으니 상품 구성을 변경하겠냐고 문의 전화를 하면, 소비자에게는 무슨 일이 벌어질까?

소비자에 따라서는 이런 전화를 받고 계속 가입을 하겠다고 하는 사람도 있겠지만, 이 전화를 받고 더 좋은 조건을 찾아서 다른 통신사로 가입을 변경하는 소비자도 있을 것이다. 이때 통신사는 이 소비자들에게는 전화를 하지 않았으면 소비자는 가입기간이 경과해서도 통신사를 변경하지 않았을 것이다.

이렇게 소비자나 유권자에게 홍보를 하거나 선거운동을 했을 때 마음을 바꿀 수 있는 계층을 구분하여, 접촉을 해야만 우리 편이 되는 사람들을 집중적으로 공략할 수 있도록 하는 것이 반응 모델이다.

오바마는 이렇게 빅데이터를 분석하여 선거에 승리한 반면에 2016년 민주당 클린턴은 여론조사의 압도적(50%초반 대) 지지율을 믿었다가 트럼프에게 패하는 수모를 당했다. 총 유권자 투표에서는 앞섰지만, 선거인단 확보에서 트럼프에게 패배한 선거결과로 인해 미국 최초 여성 대통령의 꿈을 접어야만 했다.

만약에 클린턴이 52%의 성공확률이 아니라 48%의 실패확률을 줄이려고 더 노력했다면 결과는 어떠했을까? 실제로 선거 결과가 나온 이후 2016년 12월 미국의 부통령 조 바이든은 CNN과의 인터뷰에서 "민주당은 백인 블루칼라를 중요하게 생각하지 않았다. 그들은 인종차별주의자도 아니고 성차별주의자들도 아니다"고 말하여 클린턴 진영이 백인 제조근로자들의 마음을 제대로 읽지 못 했기 때문에 선거에 실패하였다는 것을 암시하기도 했다.

또, 우리는 이런 실패확률을 무시한 선거의 패배 결과를 영국이 EU에서 탈퇴할 것인가를 묻는 선거인 '브렉시트'에서도 확인하게 된다. 당시 국민투표 전에는 많은 사람들이 당연히 영국의 EU탈퇴 투표는 부결처리 될 것으로 예상 했었다. 여론조사에서는 52~54%로 잔류가 우세할 것으로 판단했다.

당시 투표가 있기 전인 2016년 6월초에 나의 영국 친구 칼럼 우드워드는 친구들과 내기를 했는데 자기는 영국이 EU를 떠나는 쪽에 100파운드를 걸었다고 했다. 그래서 내가 브렉시트가 통과되기를 원하냐고 물었다. 그는 "영국이 EU를 떠나는 것은 영국이나 세계경제를 위해 바람직하지 않다고 생각하지만, 내 판단에는 이번 투표에서 떠나는 것으로 결과가 나올 것으로 예상 돼서 내기를 그렇게 걸었다"고 했다.

우드워드의 주장은 이랬다. 런던과 같은 대도시는 영국이 EU를 떠나게 되면 현재 영국이 차지하고 있는 EU 내에서의 금융 허브 역할을 다른 나라에 빼앗기게 되기 때문에 도시 지역은 잔류를 희망하지만, 주요 공업지대의 유권자들은 영국 제조업의 부진으로 인해 정부에 불만이 많고, 농업지역의 경우 EU의 보조금을 많이 받고 있지만 지나친 규제로 인해 불만이 많기 때문에 전체적으로는 탈퇴하는 유권자가 더 많다는 것이었다.

실제로 투표 결과는 런던과 대도시 지역 및 스코틀랜드가 잔류를 압도적으로 선택했을 뿐 제조지역과 농업지역의 유권자는 탈퇴를 더 희망하는 것으로 나타났다.

영국과 미국의 선거 결과를 보면, 우리가 예측을 하고 그 결과에 따라 어떤 조치를 취할 때는 반드시 실패확률을 계산하고 이를 줄이기 위한 활동을 해야 한다는 것을 알 수 있다. 거기에 더하여 선거에 대한 예측은 전체로 하는 것 보다 하부 단위를 세분하여 각 계층과 그룹이 무엇을 원하는지, 선거 결과에 따라 자신들에게 어떤 이익이나 불이익이 있을 것인지를 물어 보아야 한다.

"당신은 나를 좋아하는가?"라고 묻기 보다는 "당신이 나를 좋아하면 어떤 이익이 있나요?"라고 물어 보는 것이 예측의 가능성을 더 향상 시킬 수 있지 않을까?

Small Data의 활용

우리는 지금까지 빅데이터가 중요하다, 빅데이터를 어떻게 사용하고 있는가, 빅데이터를 기반으로 일을 하려면 어떻게 해야 하는가, 빅데이터 기반의 조직은 어떻게 구축해야 하는가 등등을 이야기해왔다. 다시 처음으로 돌아가서 빅데이터는 과거와 달리 속도, 크기, 다양성에 있어서 큰 데이터를 말한다고 했다.

그러나 지금까지 논의된 내용이 꼭 이러한 세 가지 조건을 만족하는 데이터를 모으고 분석해서 미래를 예측해야만 빅데이터 분석이라는 것은 아니다. 실질적으로는 디지털 혁명의 시기를 맞이하여 우리는 우리 주위에서 쏟아지는 데이터의 중요성을 알고 거의 모든 의사결정을 이 데이터를 기반으로 하는 것이 좋다는 이야기를 한 것이다.

다수의 데이터 전문가들은 우리가 빅데이터의 중요성만 강조하다 보니 경제성 면에서 훨씬 쉽고 싸게 확보할 수 있는 스몰데이터는 간과하는 위험이 있다고 경고한다. 빅데이터라는 큰 데이터가 없으면, 빅데이터를 모아 두고 정리할 수 있는 정보화 시스템이 없으면, 정교하고도 복잡한 분석 도구를 모르면 데이터 기반의 의사결정을 할 수 없는 것일까? 답은 아니다.

오히려 현장의 살아 있는 스몰데이터가 즉시성 면에서는 훨씬 의사결정에 결정적인 도움을 주는 경우가 많다. 지금 현재 상황이 급하게 변해가고 있는데 더 자세한 분석을 통해 보다 우수한 의사결정을 위해 의사결정을 지연시키는 것은 조직의 경쟁력에 심각한 피해를 가져올 수 있다.

구글벤처스의 제이크 냅은 『스프린트』에서 신제품에 대한 소비자의 반응은 5명의 심층 인터뷰만으로도 판단할 수 있는 충분한 정보를 제공한다고 한다. 제이컵 닐슨은 사용자 연구 전문가로서 1990년대에 웹사이트 사용성 분야에서 수천 건의 고객 인터뷰 결과를 분석하였다. 그가 개발한 83건의 제품에 대해서 10번 인터뷰를 하였을 때, 20번 인터뷰를 하였을 때 등으로 나누어 얼마나 많은 문제가 발견되었는지 도표를 그려보았다.

결과는 놀랍게도 85%의 문제가 단 5명의 인터뷰를 한 뒤에 발견한 것이다. 나머지 15%의 문제를 개선하기 위해 시간을 더 많이 투입

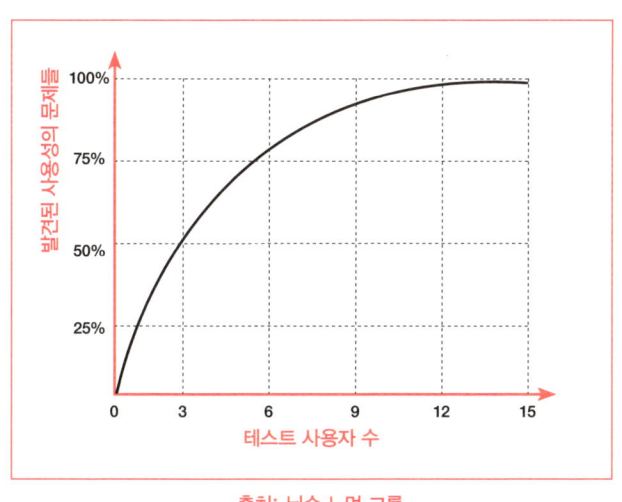

출처: 닐슨 노먼 그룹

하는 것 보다는 85%를 고치고 다시 인터뷰를 통해 문제를 개선하는 방식으로 제품을 개발하는 것이 훨씬 좋은 방법이라는 것이다.

여러 가지 한계와 편향이 존재하는 인간이 완벽하게 일을 할 수는 없다. 더더욱 완벽하게 미래를 예측한다는 것은 불가능하다. 다만, 자신이 하는 일의 한계를 알고 그 이면을 바라보고 부족한 것을 끊임없이 채워 나가는 자세로 일을 하는 것이 진정으로 빅데이터로 일하는 자세가 아닐까 생각한다.

신사업 발견을 위한 브레인 스워밍

빅데이터를 이용하여 새로운 아이디어를 얻고 신사업을 발견하는 간단한 방법을 제안한다. 물론 사업을 준비하고 전개하는 데에는 수많은 고민과 열정 그리고 비즈니스에 대한 통찰이 필요하다. 여기서는 우리가 브레인 스워밍이란 기법을 통해 빅데이터를 사용함으로써 문제해결이나 신사업에 대한 새로운 아이디어를 얻고 데이터를 따라서 찾아 들어감으로써 구체화시키는 절차를 같이 생각해보자.

브레인 스토밍의 한계

우리는 통상 문제해결이나 무엇인가 새로운 방법이나 아이디어가 필요할 때 브레인 스토밍이란 기법을 사용한다. 브레인 스토밍은 1940년대 초에 광고회사 중역이던 알렉스 오스번이 제안한 방법이다. 사람들을 모아 놓고 될 수 있으면 많은 생각을 내놓게 하고(질보다 양), 거칠고 과장된 아이디어를 장려하고(자유분방), 다른 사람의 생각을 비평하거나 평가하지 않고(비판금지) 오히려 다른 사람의 생각에 편승하여 아이디어를 내는 것을 장려(편승효과)하면, 사람이 혼자 일을 할 때 보다 집단으로 일을 하면 몇 배나 많은 아이디어를 내놓을 수 있다는 것이다.

이후로 많은 사람들이 브레인 스토밍의 실효성에 대해 실험을 통해 검증을 하였다. 영국 켄트대학의 브라이언 뮬런 연구팀은 브레인 스토밍의 효율성을 검증한 연구 20건을 분석하였다. 대다수 실험에서 혼자 일을 한 사람들이 양적으로나 질적으로 훨씬 나은 결과를 내놓았다고 한다(『59초』, 리처드 와이즈먼 지음, 이충효 옮김, 웅진지식하우스).

우리가 여러 사람들이 모여서 함성을 지르게 되면 혼자 지르는 소리보다 더 작게 내게 되어있다. 내 목소리가 다른 사람들의 목소리에 묻혀 얼마나 큰지 가늠하기 어렵기 때문이다. 왜 이런 일이 벌어질까? 과연 이 방법은 무용한 방법인가?

실제로 우리가 기업현장에서 이 기법을 사용하면 회의를 주관하는 리더나 퍼실리데이터의 영향을 많이 받는다. 구성원들로서는 회의를 주관하는 리더가 무슨 생각을 하는지를 맞추는 것이 아이디어를 내는 것보다 더 중요한 일이 되어 버린다. 또한 리더가 없는 경우에는 목소리가 크거나 상대적으로 경험이 많고 지식이 많은 일부가 전체 회의를 이끌어 나가는 것을 많이 볼 수 있다. 또한 자유분방하게 아이디어를 내는 것이 여럿이 모여서 말을 통해 자기 의사를 표현하다 보니 말을 할 수 있는 사람은 한 사람이 끝나야 다른 사람이 의견을 말할 수 있기 때문에 주어진 시간에 나올 수 있는 아이디어에 제한이 있을 수밖에 없다.

또한 회의 전에 해당 문제에 대해 충분히 자료를 검토하고 고민을 하여 참석을 부탁했음에도 불구하고 사전 준비를 통해 발상의 전환 수준에 이를 정도로 고민해서 참석하는 사람은 매우 제한적이다. 그러다 보니 일부 사전 고민이 있었던 사람이 색다른 의견을 제시하면 전체 논의의 방향이 그 쪽으로 쏠리는 현상을 볼 수 있다.

여하튼 여러 연구 결과를 보나 실무적인 사용 경험을 통해서 알게 된 것이나, 어느 쪽이든 브레인 스토밍은 여러 가지 단점을 가진 아이디어 도출 방법이다.

이제는 브레인 스워밍이다

2015년 「하버드비즈니스리뷰」 12월호에서 토니 맥카프리와 짐 피어슨은 아이디어 도출의 새로운 방법으로 브레인 스워밍을 제안했다. 저자들은 1912년 4월 14일 북대서양을 지나던 타이타닉호가 빙산과 충돌하여 타고 있던 2천200명의 승객과 선원 중 고작 705명만이 구명보트에 올라서 생존하게 되었는데, 그들은 당시 사건 현장에 널려 있는 빙산 위에 올라갈 생각을 왜 못했을까라는 의문을 던졌다.

저자들은 사람들이 새로운 혁신을 추구하는데 세 가지 인지 장벽이 있다고 한다. 물건이 가진 일반적인 용도로만 국한해 생각하는 기능적 고착, 물건이 가진 기존의 디자인이 가진 특성에만 집착하는 디자인 고착, 목표를 표현하는 글이나 단어가 가진 방식이 사람들의 사고 범위를 좁히는 목표 고착, 이렇게 세 가지로 인해서 사람들은 자유롭게 사고하지 못하는 경향이 있다고 한다.

이를 극복하기 위한 방안으로는 목표와 우리가 가진 자원을 시각적으로 연결하는 작업이 필요하다. 목표는 위에서부터 아래로 동의어 사전을 이용하여 유사어로 보다 더 상세한 그리고 다른 표현으로 전개해 나가는 작업을 하고, 우리가 가진 자원에 대해서는 아래에서부터 위의 방향으로 자원이 가진 특성을 다른 표현으로 나타내면서 상향으로 전개해 나가는 것을 여러 사람이 같이 모여서 아이디어 경

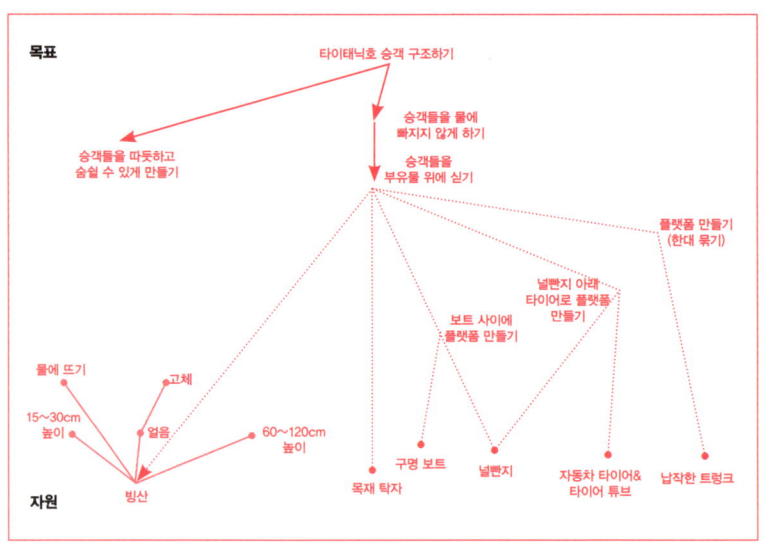

출처: '혁신을 가장 기대하기 어려운 곳에서 혁신을 찾아라', 「HBR」 2015.12.

쟁을 한다. 타이타닉의 경우를 그림으로 표현하면 다음과 같다.

타이타닉의 침몰로 바다에 빠진 사람들은 굳이 구명보트가 아니어도 어떤 물건이 되었든 물 위에 뜨는 물건에 몸을 실었으면 살아났을 것이고, 당시 현장에서 가장 큰 부유물은 빙산이었으니 이를 활용했어야 한다고 주장하고 있다.

빅데이터를 이용한 아이디어 도출

브레인 스워밍기법을 기초로 하고 빅데이터를 활용하기 위해서 저자들이 말한 내용을 실무적으로 재편하면 아래와 같이 이해가 된다.

목표와 자원의 연계를 위 아래로 각각 전개하면서 상호간에 시각적으로 연계하는 작업을 한다. 목표에 대해서는 다른 말과 유사한 단어를 활용하여 표현을 달리하고 각각의 표현에 대해 문제의 원인이 무엇이 있는지를 전개해 간다. 그 원인에 대해 해결방안을 다양하게 강구한다.

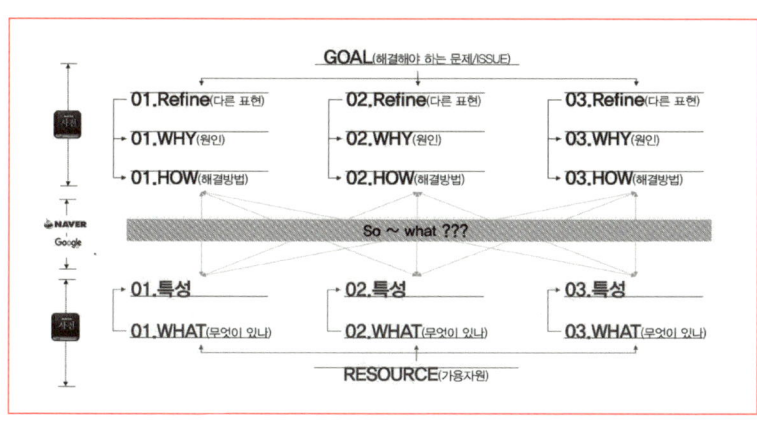

자원부터 시작하는 아래에서 위로의 전개에 대해서는, 우리가 가진 자원을 쭉 열거한다. 그리고 각 자원에 대해 특성을 적는다. 이렇게 위 아래로 각각 전개시켜 더 이상 세분할 수 없는 정도에 이르렀을 때, 위에서 내려온 문제를 아래에서 올라온 자원으로 해결을 할 수 있는지를 검색 사이트를 통해 확인한다.

이러한 과정에서 주의해야 할 것은, 브레인 스토밍과 달리 브레인 스워밍은 말로 하지 않는다. 회의의 참가자는 혼자서 고민하고 사고의 전환을 하기 위해 침묵 속에서 작업을 한다. 각 단계별로 자신의 아이디어를 포스트잇에 적어서 벽면에 있는 전지의 해당 영역에 붙인다. 이때 물론 다른 사람의 아이디어를 참조할 수 있다.

브레인 스워밍에 있어서도 진행자는 필요하다. 각 단계별로 시간을 관리해주어야 한다. 아이디어라는 것이 시간을 무제한 준다고 해서 더 좋은 아이디어가 나오는 것은 아니다. 따라서 진행자는 각 단

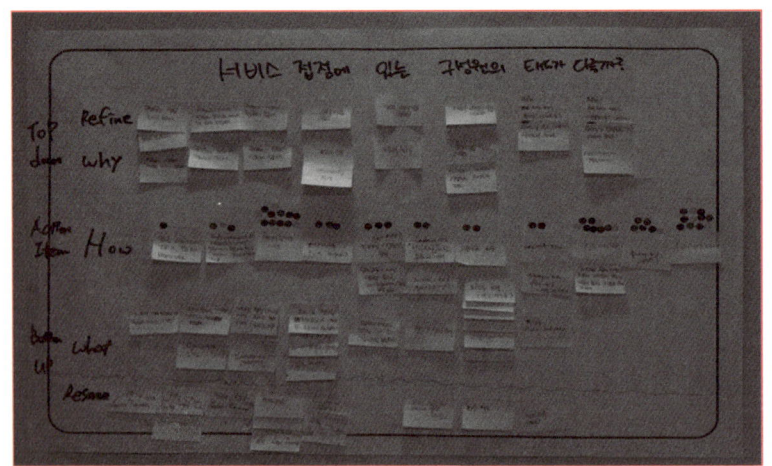

계별로 1분에서 3분을 참석자들에게 주고 아이디어를 제출할 것을 요청해야 한다.

옆의 사진에서와 같이 회의를 진행을 하고 마지막 단계로 실행 아이템이 다양하게 나오면, 해당 아이디어를 낸 사람의 제안 설명을 듣고, 참석자들의 투표를 한다. 투표의 결과를 참조해서 회의 진행자는 검색 도구를 활용하여 아이디어에 대한 판단을 한다.

대표적인 검색도구인 네이버와 구글의 서비스를 이용하여 아이디어의 실행 가능성을 판단한다. 아이디어는 무엇(명사)을 어떻게(부사구)해서 어찌한다(동사)의 구조를 기본 구조로 한다. 문장을 입력하면서 자동완성에서 가장 위에 올라오는 문장이 내 생각과 같은 것이면 많은 사람들이 동일한 아이디어를 사용하고 있다는 의미로 실행의 가능성이 높은 것이고, 내가 입력하는 아이디어가 자동완성에서 제공이 되지 않는 경우는 새로운 아이디어로 혁신적인 아이디어로 판단할 수 있다.

2차적으로는 자동 완성기능에서 제공되는 아이템 중에서 가장 참조가 될 만한 아이디어로 검색을 하고 각 웹페이지에서 제공된 내용을 검토한다. 그 다음으로는 해당분야에 대한 경험이 많은 전문가와 아이디어의 실현 가능성을 타진한다.

이상의 방식으로 아이디어를 도출하고 그 아이디어의 참신성을 검색 사이트의 자동완성 기능과 검색 조건에 따라 제공된 정보와 해당 분야의 전문가 의견을 종합하여 혁신의 방향을 결정하고 시행하는 방법은 빅데이터를 이용한 새로운 혁신 기법으로 생각이 된다.

결국은 데이터를 보는 사람의 마인드이다

빅데이터 세상을 살아가는 우리에게 요구되는 것은 무엇일까? 아니 우리는 이 세상을 어떻게 살아가야 할까?

파랑새는 어디 있나

내가 이 세상에 태어나 언제 갈지는 모르나 내가 살다 가는 세상은 내가 왔을 때 보다 더 좋은 세상이 되기를 바라는 마음이 모든 사람이 다 같이 꿈꾸는 세상이 아닐까?

꿈은 크게 꾸라고 하지만 그 꿈을 이루기에는 우리의 모습이 너무 초라해보이기도 한다. 조직 앞에 개인, 조직 속의 개인은 너무 나약한 모습으로 보인다. 그러나 조직이라는 것은 내가 특정한 회사에 속해 있든지 아니든지 상관없이 우리는 결국은 인류라는 공동체 속에 살고 있다.

내가 어렸을 때는 경부 고속도로를 완공해서 전국이 일일 생활권에 들게 되어 대한민국이 살기 좋아졌다고 했다. 1977년에는 나라가 수출 100억 달러를 달성했다고 광화문 네거리 대형아치에 대형 현수막이 걸려있고 온 나라가 잔칫집 분위기였다. 이제는 한 기업에서 수출을 100억 달러를 달성하는 시대가 되었다.

세상이 변해가는 속도에 비추어 우리의 생각은 천천히 따라 잡는 것 같다. 이전에는 그저 작은 하나의 구성원으로 힘을 보태는 세상이었지만, 이제는 한 명의 개인이 세상을 바꾸어 나가는 세상이 되었다. 그러나 그 실현 가능성은 눈을 뜨고 세상을 달리 바라볼 때 가능하다.

프랑스의 고전 『파랑새』에서 두 주인공은 파랑새를 찾아 요정의 나라, 추억의 나라, 미래의 나라를 찾아 헤매다 찾지 못하고 돌아오지만 파랑새는 결국 집에 있었다는 이야기로 구성되어 있다. 우리의 인생이 그러한 것이 아닌가 생각한다. 꿈을 크게 꾸라는 말을 어려서부터, 또 살면서 끊임없이 듣고 왔기 때문에 꿈이 없는 자신의 모습이 초라해 보인다. 정작 내가 해야 할 일, 내가 찾아야 할 행복은 바로 내 곁에 항상 존재하고 있었는데도 불구하고 말이다.

빅데이터 경영환경

빅데이터의 세상이라는 것도 멀리 있는 것이 아니다. 오히려 세상의 모든 사람들 바로 옆에 있을 정도로 가까이에 널려 있기 때문에 빅데이터라고 하는 것이다. 이전의 산업사회에서는 그저 조직의 한 구성원으로서 부여된 임무를 성실히 수행하는 것이 중요했지만, 이제는 모든 것의 정보와 지식이 인터넷을 통하여 모바일의 세상을 통하여 실시간으로 공유되고 각종 기술조차 그 가격이 점점 떨어져 보다 많은 사람들이 보다 저렴한 비용으로 쉽게 무언가를 할 수 있는 시대가 되었다.

세상 모든 만물에는 작동의 원리가 있다. 이런 세상이 돌아가는 이치를 깨달았다면 득도했다고 한다. 깨달음을 전수하는 방법에 있어서 동양과 서양의 방식이 다른 것 같다. 동양에서는 제자들이 깨달음을 얻을 때까지 지속적으로 수련을 하게 한다. 동양에서는 깨달음을 얻는 제자를 통해 비법이 전수된다. 반면에 서양은 과학적 탐구를 통해 깨달음을 체계화하고 널리 이를 알리는 방식을 취해 왔다.

인터넷 세상, 사물인터넷(IoT), 만물인터넷(IoE) 세상이 되면서 만물간에 작동하는 모든 원리가 행위가 기록으로 남는 세상이 되었다. 만물이 돌아가고 상호간에 작동하는 모든 이치가 데이터를 통해서 확인이 가능한 세상이 되어 가고 있다.

그나마 이미 깨달은 사람들이 저마다 자신의 지식과 지혜를 인터넷의 바다에 아무런 대가를 바라지도 않고 공개하는 사람들이 많이 있다. 빅데이터를 이용해서 살아가는, 경영하는 기본에는 우리가 인간의 본성인 호기심을 바탕으로 현장에서 측정하는 것에서 시작한다.

현상을 보고 원리와 원칙을 깨우치기 위해 가정을 수립하고 데이터를 통해 검증하는 자세, 모든 가능성을 열어 놓고 확률적으로 사고하는 자세, 하나의 원인과 피상적인 원인에서 만족하지 않고 지속적으로 탐구의 영역을 넓혀가고 파고 들어가는 5why의 정신 등이 우리의 새로운 세상에서 필요한 키워드가 아닐까 싶다.

세상은 누가 바꾸는가?

문제는 우리가 가진 마음자세다. 자신의 분야에서 원리를 깨우칠 정도의 전문성을 확보하기 위해 노력한 사람들이 빅데이터라는 무기를 추가로 장착을 하면 이전에 없던 서비스와 상품을 만들어낼 수 있는 가능성이 열리고 있다.

나는 구글의 정신을 좋아한다. 세상 모든 사람들이 정보에 있어서 지식에 있어서는 평등하게 만들겠다는 인류애적인 기업정신이 그 속에 속한 모든 구성원들과 하나의 기업체로서의 구글을 세계 최고의 기업으로 만들어주고 있다고 믿는다.

본문에서 몇 번 언급한 일본의 기획전문회사 CCC의 마스다 무네아키는 기업의 경쟁력은 현장에서 고객과의 접점에서 일하는 구성원들에게서 나온다고 했다. 모든 사람이 디자이너가 되는 미래를 꿈꾸는 그의 비전이 멋있다.

그러나 개인이든 기업이든 빅데이터를 잘 이용하는 빅데이터 기반의 세상은 그냥 주어지는 것이 아니다. 데이터를 읽는 눈은 구성원들의 열린 마인드에서 나온다. 개개인이 사명을 인식하고 조직을 위해 인류를 위해 기여하고자 하는 마인드에서 출발한다.

이제 우리의 눈 앞에서 펼쳐지고 있는 빅데이터 세상은 그런 마인드를 가진 사람에게는 더 없이 좋은 세상이다. 온갖 기회가 널려있다. 빅데이터와 전문성을 가진 사람들이 네트워크를 만들어 새로운 세상을 만들어갈 수 있는 무한의 가능성이 펼쳐지고 있다. 빅데이터로 인해 진정한 '평등'의 시대가 실현되고 있다. 기회의 평등, 조건의 평등, 결과의 평등이 우리가 만들어가야 할 세상이다. 사고만 열려 있다면 누구나 큰 그림을 그릴 수 있고 큰 기회를 잡을 수 있다.

빅데이터가 세상을 바꾸는 것이 아니라 문제의식 있는 사람이 세상을 바꾸는 것이다. 인공지능이 아무리 발전을 해도 문제를 인식하고 보다 큰 세상을 꿈꾸는 것은 인간의 몫이다.

"
자신의 분야에서 원리를 깨우칠 정도의 전문성을 확보하기 위해
노력한 사람들이 빅데이터라는 무기를 추가로 장착을 하면
이전에 없던 서비스와 상품을 만들어낼 수 있는 가능성이 열리고 있다.
"

북큐레이션 • 상위 1% 탁월한 직장인으로 성장하고 싶은 이들을 위한 라온북의 책
조직의 인재상을 알고, 리더로서 자격을 갖추고, 글로벌 코드와 커뮤니케이션 스킬을 습득하면 평범한 직장인도 탁월한 1%가 될 수 있습니다.

10년 후의 직급을 결정하는 처세의 모든 것!

리더에게 인정받는 직원의 40가지 비밀

황인태 지음 | 13,800원

**평범한 사람은 어떻게 핵심인재로 성장하는가?
한국후지제록스 전 대표이사가 알려주는
'인정받는 직원'의 비밀!**

평생직장의 개념이 없어지면서 현대의 직장인들이 방황하고 있다. '과연 이 회사에 몸바쳐 일하는 것이 맞을까?', '이 회사에서 얼마나 더 일할 수 있을까?' 헷갈리고 걱정스럽다. 이럴 때일수록 '자신감'과 '주인공의식'을 회복하는 것이 중요하다. 저자는 '이왕 직장생활을 시작했으니 임원은 한번 되어봐야지.'라고 꿈을 세운 후 인생이 크게 바뀌었다고 한다. '지금 답답하다면 꿈의 크기를 점검하라. 목표는 크게 세워야 한다.'는 저자의 메시지가 울림이 큰 이유이다. 어떻게 하면 조직에서 인정받는 핵심인재가 될 수 있을지 궁금하다면, 반드시 이 책을 필독하라!

평범한 직원도 성과 내게 하는 탁월한 리더의 비밀!

성과 내는 팀장의 40가지 조건

이재정 지음 | 13,800원

**"최고의 성과를 내는 팀장은 무엇이 다른가?"
평범한 리더가 탁월한 리더로 성장하기 위해
알아야 할 것들!**

초보 리더는 매일 우왕좌왕한다. 회사가 요구하는 목표는 높은데 매일 여기저기서 발생하는 문제를 해결하느라 제자리걸음 같다. 직원들과 불협화음이 발생하기도 하고, 열심히 하는데도 다른 팀에 비해 성과는 최저다. 이쯤 되면 과연 자신에게 리더의 역량이 있는 건지 불안하고 자신감도 떨어진다. 이런 어려움을 겪고 있다면, 역량이 부족한 것이 아니라 팀장이 갖춰야 할 조건을 모르기 때문이다. 저자는 자신의 경험을 바탕으로 '리더가 알아야 할 모든 것'을 이 책에 묶었다. 리더에 대한 거창한 담론이나 경영법이 아니라 리더의 역할, 고민, 그리고 구체적인 문제해결 방안을 제시함으로써 누구나 탁월한 리더가 될 수 있다는 희망을 선사한다.

글로벌 코드로 일하라

곽정섭 지음 | 13,800원

언제까지 전 세계 1%도 되지 않는
비좁은 국내 시장에서 경쟁할 것인가?
99% 넓은 시장으로 눈을 돌리면
1000배 많은 기회가 있다!

사회적 서비스망이 잘 갖춰져 있지만 아직 청년과 비즈니스맨들의 아이디어, 도전정신이 부족하다. 세상을 들썩이게 하는 아이템은 우리보다 기술적으로 뒤처진 미국, 중국, 인도에서 나오는 것이 현실이고, 오히려 우리나라는 미투(me too) 전략 같은 후발 주자로서 유명 콘텐츠를 따라가기에 바쁘다. 이 책에는 지난 30여 년 간 국제 비즈니스 무대를 온몸으로 경험한 저자의 이야기가 담겨 있다. 우리 청년들이 주인공으로, 세계무대에 설 수 있는 기회를 놓치지 않도록 100배, 1000배 큰 세계 시장에서 가능성을 펼칠 수 있는 구체적인 방안을 알려준다.

삼성처럼 프레젠테이션하라

박지영 지음 | 13,800원

이기는 PT를 하고 싶다면 당장 따라 해라
당신을 바라보는 상사들의 눈빛이 바뀐다!

많은 직장인들이 효과적으로 프레젠테이션을 하는 데 도움을 화술, 슬라이드 작성법 등에 관심을 기울인다. 그러나 프레젠테이션은 멋지게 발표하는 것이 목적이 아니다. 프레젠테이션은 청중, 고객, 상사, 경영진을 설득하기 위해서 하는 것이다. 매끄러운 화술과 폼 나는 이미지로 호감을 사고, 웃기고, 사로잡고, 감동을 주려는 것도 모두 그들을 설득하기 위한 것이다. 그들을 설득해서 상품을 팔고, 계약을 따내고, 프로젝트를 승인받는 것이 프레젠테이션의 목적이다. 삼성물산에서 해외사업을 담당하며 프레젠테이션의 노하우를 쌓은 저자가 쓴 이 책은 그럴 듯하기만 한 프레젠테이션이 아닌 계약을 따내고 성과를 올리는 프레젠테이션을 하는 데 도움을 줄 것이다.